三国说说

刘雅茹◎著

上海文艺出版社
Shanghai Literature & Art Publishing House

图书在版编目（CIP）数据

三国说说 / 刘雅茹著. -- 上海 : 上海文艺出版社，2021
ISBN 978-7-5321-8134-6

Ⅰ. ①三… Ⅱ. ①刘… Ⅲ. ①中国历史－三国时代－通俗读物 Ⅳ. ①K236.09

中国版本图书馆CIP数据核字（2021）第194612号

出 版 人：毕　胜
策划编辑：刘连生
责任编辑：崔　莉
营销编辑：李　恒
装帧设计：马顾本

书　　名：三国说说
作　　者：刘雅茹
出　　版：上海世纪出版集团　上海文艺出版社
地　　址：上海市闵行区号景路159弄A座2楼　201101
发　　行：天津华文天下图书有限公司
印　　刷：三河市中晟雅豪印务有限公司
开　　本：700mm×970mm　1/16
印　　张：20
字　　数：275千字
印　　次：2021年12月第1版　2021年12月第1次印刷
I S B N：978-7-5321-8134-6 / K・442
定　　价：49.80元

自序
轻松说故事，深入挖人性

一、预谋

这部三国，算是预谋已久了。

想法一直挺明确：写一部好看的大三国。小故事连缀大故事，历史规律贯穿其中，细节处生动，壮阔处恢宏，让看《三国演义》累得慌、看三国史论又头大的读者们，在轻松有趣之中，领略一部不走偏门、透透的三国史。

有位老友问：写三国的人那么多，你为什么还要写？

——因为，咱家三国和别家的不一样。天下下蛋的鸡那么多，可每只鸡蛋都不同。

历史方家写三国，写规律，写探微；热血作者写三国，写战纪，写阵仗；咱家写三国，写人性，写情怀。让我们一块儿，去为曹老板的志气叹惜叹惜，为诸葛丞相的心怀倾慕倾慕，为周公瑾的炫亮惊艳惊艳，为陆大都督的悲凉心疼心疼……总之，预谋如此：

轻松说故事，深入挖人性。

那历史规律呢，要不要写？——写！必需的。比如，我当然得给读者整清楚：三国为什么会出现？东汉为什么会灭亡？晋朝为什么能统一？袁绍怎么就那么有人望？……只有把规律整清，这部三国才能叫“透”，才是完整的生鲜活体，而不是一大箩筐的故事会。

那战纪呢，要不要写？当然。还是重头戏！本来，三国这道大餐的主菜，就是战争和权谋，战纪是最过瘾的！十轮全局性特大战争，几十场重量级局部战役，细节冲突更是数不胜数。三国本身，就是一部战史。所以战纪，最是情节紧张、扣人心弦！

有句话说，三国是个筐，啥啥都能往里装。哈哈，那就装一下看看。争取装里面的每颗果子，都新鲜好看，滋阴润喉。我澄心静意地装，您就轻松有趣地尝，也不失为人生快事之一端吧。

二、和《三国演义》的关系

先回答：没关系！

这部三国，说的是“真史”。我每日里琢磨的史料，是《资治通鉴》《后汉书》《三国志》《全三国文》《世说新语》《建康实录》《汉晋春秋》……还有各种杂七杂八，总之全不受《演义》影响。

——很想说的是：其实“真史”，比“演义”更惊心！

《演义》是文学小说，老罗已经把历史戏剧化了，也就是套路了，你想看到的故事结果，其实作者早都设计好了。戏本子里的情节么，总是作者带着读者去实现某种愿想的。这不，老罗已经把几百年以来、不只十几亿的中国人，成功地套路成了蜀汉的死忠粉。（连我家的10岁儿子都是。）

但真史——没套路。你永远想不出，下一步棋，古人会怎么走。唯其真实，才惊心动魄！

举一个感触极深的例子：关于……诸葛亮。

《演义》里，诸葛丞相的形象，够完美，简直是民族智慧的化身，用鲁迅先生的话说，已经像个“妖”了。所以，从小时候，我就谈不上喜欢他。他太无瑕，太高太上，像我这样的普通娃，哪有资格喜欢这等神圣。他不能让我产生亲近感，让我不敢去“爱”，当然，更不敢有半句微词。

真的喜欢上丞相，是读了《资治通鉴》和《三国志》，还研究了一段时间之后。的确，爱了。在真史里，我读出了他的各种不易，各种无奈，他的知其不可为而为，还有，各种境遇下，那始终如一的“品”。我已经能触到他，能感受到他的点点悲喜。以至于带娃去游秦岭，驻足子午道前，心情久久不能平，想，秦岭的猎猎秋风，正像丞相当年兵出祁山时的心情吧……

在“真史”里，丞相是有血有情的，不是神更不是妖，而是像你我一样的——“人”。但他，却做出了我们怎么也做不到的事儿！于是倾慕和心疼，油然而生。《演义》让我膜拜于一个符号，真史，却让我心悦诚服地喜欢上了一个“真”人。

所以，在这套三国里，诸葛丞相，不会掐不能算也没有借东风，但是，他自有故事，自能动人。甚至有些桥段，对于《三国演义》的老读者来说，还是陌生的。

丞相是第一例，类似还有诸多，比如曹丕，比如关羽，比如……呃，太多太多。总之，此三国非彼三国，终归是那句：没有关系。

三、相关碎碎念

再把重要的几点，一并念叨念叨。

第一，文字风格。轻松！戏份比重是：第一说故事；第二谈规律；第三挖人性。

第二，读者对象。全体华人，老少咸宜，哈哈……

第三，说说读者们比较关心的：适合不适合给娃读？

答案是——

如果娃已经 9 岁 10 岁，有了一定的历史概念，比如，他知道，三国前边那个朝代叫东汉，后边那个朝代叫西晋，他还知道，夏侯渊跟曹操一头儿，属魏国；周瑜跟孙权一头儿，属吴国；赵云跟刘备一头儿，归蜀国，那么，可以看！这套三国的主体是故事，正是娃们最喜闻乐见。即便讲历史规律的部分稍显复杂，但话语方式也是轻松有趣类型，即使不能尽懂，也可先作熏陶。其实，我动笔写三国的初衷，就是希望我家 10 岁的猴儿也能爱看！写作当中，常常一章还没完，他就冲上来，喊着要第一个读，每每还能看得很投入。所以，可以让娃一试，一读，很可能会有意外的惊喜。

——那么，闲话不多说，我们的三国就此开篇吧！

目录

第一章 前奏：大汉的魔幻怪局

第二章 大佬出道

第三章 暴风血虐扫黄巾

第四章 谁敢说你不是反贼

第五章

惊天剧变的洛阳城

第六章

兄弟们，路在远方！

第一章

前奏：大汉的魔幻怪局

01 谁说只有康熙牛？从东汉那个小娃说起

这部三国，就从一个小孩开始吧。

如果说三国是棵大树，这个小孩，就是这棵大树的种子；如果说三国是个炸药桶，这个小孩，就是炸药桶最早的导火线。

这娃身份特殊，是位皇帝（能成三国导火线的，自然不能是咱寻常百姓家的铁蛋狗剩了），他名叫刘肇，是东汉第四位天子，史称汉和帝。

虽然刘肇在历史上没啥名气，但他小时候，干过一件极了不起的事，跟后来的千古圣君康熙有一拼！

康熙小时候最出名的，莫过于捉鳌拜的故事，地球人都快知道了：

小康熙计划铲除鳌拜，就招了一帮精壮小孩，天天在宫里玩摔跤。鳌拜可是满洲第一“巴图鲁”，最能打的！小康熙看娃们武艺练得不错了，就暗中布置好，把鳌拜诳进宫来。趁鳌拜不备，突然，这群娃一拥而上，你抓胳膊我压腿，捉大鱼一样，把个鳌拜牢牢按在了地上。大权臣就这么搞定了！小天子的智慧和神勇，也一下成了全中国娃们的楷模。

……的确很牛。但是，在康熙之前1500年，刘肇早就干了这么一桩——他捉了大汉朝的“鳌拜”！

比起康熙，刘肇确实惨了点儿，康熙是千古圣君，名声比打雷都响，可刘肇，却没什么存在感。

不过，在咱们三国的开篇里，刘肇可是第一个重要角色！

——来说说刘肇的故事。时间聚焦：公元 88 年。

公元 88 年，小娃刘肇登基当皇帝了。这年，他 9 岁。

举行仪式的地点，是洛阳皇宫的崇德殿。两千年前的大汉皇宫，可不像咱们紫禁城，红墙金顶亮堂堂，看着就喜庆。那时的皇宫，颜色以灰、棕、黑为主，很森冷威严的。

小刘肇就在崇德殿里登基了。听着大臣们一起高声朝贺，刘肇极度不安。9 岁的娃，面对这等阵仗，能有啥反应？除了害怕，还是害怕！

不但场面吓人，周围的人更吓人。刘肇身后，挂着一道珠帘，帘后坐着一个女人，这是窦太后。垂帘听政！在咱古代，如果皇帝年纪小，由他母后挂道帘子，在后面发号施令，是很正常的事。但不正常的是，这位窦太后不是刘肇的亲娘！那刘肇的亲娘在哪儿？早被窦太后害死了。

再往朝堂下面看，那个坐在最高位、神情极度傲慢的大官，是大将军窦宪——窦太后的亲哥哥。

孤儿刘肇，就这么当了皇帝。每天毕恭毕敬地喊窦太后“母后”，可这女人，是他的杀母仇人！每天战兢兢地瞧着窦宪脸色，万事都请大将军做主，只怕大将军一个不开心，一巴掌就把他拍死了……

这就是悲摧小皇帝刘肇的童年。除了没底线的被虐和一个空空的皇位，啥也没有。不过，这只是本故事上集，下集可就是另一番景象了。

且看下集故事。

老天没彻底绝了刘肇的路，没爹没娘没亲人，但是，没让他惨到没朋友。

刘肇有朋友，而且不止一个，是一批。当在宫里抓蛐蛐抓不着，坐草窠里大哭时，立刻就有个“朋友”蹦出来，三下五除二就帮他逮住了，还慢声细语地安慰："陛下不哭，这不，奴才给您抓来啦！"当在外面受了气，想砸宫里的东西还不敢，独个生闷气的时候，立刻又有个"朋友"来安慰，又是劝又是叹的，还陪着他一块掉眼泪……

这些"朋友"是谁？——宦官！（东汉时还没有"太监"这称呼。）他们是刘肇小时候的玩伴，长大以后的知音。他们最懂刘肇的心，还能替他保密，跟他一头儿。

就是这群宦官"朋友"，让刘肇彻底翻了身，雪了恨。

刘肇恨死了窦家（能不恨嘛），比康熙恨鳌拜更狠，于是，行动起来也比康熙更猛。康熙抓鳌拜时，已经快 16 岁了，刘肇捉窦宪那年，才 13 岁。

13 岁的小孩能干啥？别说，刘肇真就干了。而且，前前后后策划得极度周密。他早就看准了一个人，当然，这人是宦官。

这个宦官名叫郑众，是中常侍兼钩盾令。中常侍相当于皇帝的顾问，那"钩盾令"又是什么官？——主管皇宫里的园林亭台、花草池塘。刘肇少年慧眼，早看出这管花花草草的"太监"不一般，不但有智谋，有毅力，人品还好到不行！真是最优人选！

刘肇早跟郑众贴了心，秘密把大事商议起来。一切布置停当后，大戏开局。

公元 92 年，13 岁的刘肇给窦宪下了一道诏书，让窦宪立刻带领亲信们进宫，他要亲自给他们逐级封赏。（刘肇这是铁了心，要一网打尽！瞧瞧这娃的谋略和胆气！）

小天子这么干，难道窦宪就没一点疑心？还真没有。人太得意了，就难免会发失心疯，窦宪以为，这小孩儿早就被吓破胆了！说不定已经打算把大汉江山让给窦家呢！窦宪毫无顾虑地哈哈大笑，带着手下们进了城。

可就在他洋洋得意、雄视这座京都时，所有的城门都悄无声息地关闭了。几个身穿黑色深衣、头戴惠文冠的人，小心翼翼、紧锣密鼓地联络各方将领，片刻工夫就把禁军指挥起来，天罗地网地向窦氏发起了抓捕！

为首的那人冠上饰着金珰，冠右斜插貂尾，指挥若定，机敏果决，比身在沙场的将军也毫不逊色！窦宪及其党羽再怎样狂叫威胁，也已经来不及了。窦氏一干逆贼被一网捕获。这时，人们又把目光投向指挥者，再仔细瞧他冠上的“金珰右貂”，这才真相信了，全权策划这场大抓捕、把大将军置于死地的头号功臣，居然是一个在后宫里掌管亭台花草的宦官！

这就是郑众，刘肇最信任的宦官“朋友”。“金珰右貂”，是宦官帽子上的特殊装饰，一看就知道是啥身份、啥级别，意思跟军装上的军衔差不多。

就这样，刘肇除掉了窦宪。谁说只有康熙牛？这一比，刘肇不但成事年龄小了3岁，在时间上还早了1500多年！就是东汉的存在感有点低，托不起刘肇的光环。假如刘肇身后也有个康乾盛世啥的，弄不好历史就改写了。当然，如果那样，我们的热血三国也就不用说了。

后来刘肇长大成人，干了很多好事。又是减赋宽刑，体恤百姓，又是招贤纳士，奖励农耕，让东汉达到了鼎盛。田地最广，人口最多，社会最安定，是一个好皇帝无疑。

刘肇的故事说到这儿，有朋友就该问了：刘肇这娃厉害没错，可这跟三国有啥关系？他怎么就是三国这棵大树的种子了？好吧，因为——刘肇在人生的最后关头，犯了个错。结果这个错被子孙后代继承了去，一而再再而三，直到有一天大汉朝再也撑不住，“砰”的一下爆掉，咱们的三国才能登场。

那这个错是啥呢？是——

他、挂、了。

刘肇这辈子犯的最大错误就是——不、该、死。至少不该27岁就死。其实，他父皇章帝已经开始早挂（31岁），刘肇则更加早。

刘肇肯定想不到，他父子俩开的这个早挂先河，后浪皇帝们都学去了，个个习惯性早死。跟后浪们相比，刘肇还算长寿的。

就因为“皇帝惯性早死”，整个中国史上最离奇、最诡异的一段历史也将开始登场……

02

魔幻怪局：那一百年就是转圈儿

这里，我们先来解个局。这个局很魔幻，但特别有用。解开这个局，三国前那一百年扑朔迷离的疯狂史，也就一目了然了。

公元 92 年，小皇帝刘肇干掉了窦宪，让大汉朝过上了太平日子。看着真是不错。可是，历史永远不在你的想象之中！谁又能料到，一个极度诡异的怪局就从这个时候开始了……刘肇只是这个局的开头。

这是个什么局？又是怎么形成的？

先说两件特重要的事。

第一件，刘肇以后东汉所有的皇帝，都早死。

第二件，刘肇以后东汉所有的皇后，都没有亲生儿子。

先说皇帝这边。从刘肇到汉献帝之前，一共 10 个皇帝，桓帝活得最长，35，殇帝活得最短，1 岁多。平均寿命 18 岁。唯一的特例，居然是亡了国的汉献帝，活到了 53 岁，比夺走他皇位的曹丕死得还晚。

再看皇后们。也有一个特例，就是灵帝的何皇后。何皇后生过一个儿子刘辩，只做了几个月皇帝，就被董卓弄死了。其余所有皇后，都是整齐划一的绝后。

皇帝早死，皇后绝后，这两个小概率事件一叠加，于是，效果炸裂，怪局形成！

来看看这里面的逻辑：

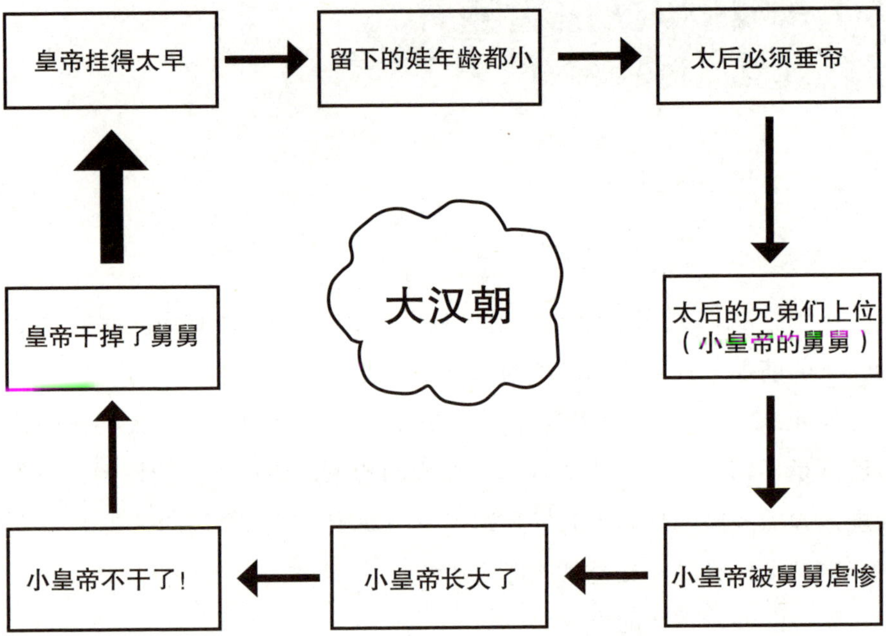

循环！从刘肇算起，不到一百年，循环了六圈！

前后六位皇太后垂帘听政，六拨儿舅舅横行天下，刘肇的故事一遍遍重演，魔幻得简直不可思议。但，这是大汉朝的真实历史！

那么，我们就可以说：三国前的那段历史啥样儿？——魔性循环。就是转圈儿！

这圈儿怎么转起来的？因为皇帝早死。不是一个早死，是全都早死！

这可真是（想起了胡彦斌那句歌词）：天要灭你轮回早已注定……

我把刘肇之后六轮垂帘的皇太后们列了个清单：

魔圈轮次	皇帝	继位年龄	皇太后	继位时间
第一轮	汉和帝刘肇	9 岁	窦氏垂帘	88 年
第二轮	汉殇帝刘隆	100 天	邓绥垂帘	106 年
	汉安帝刘祜	12 岁	邓绥垂帘	106 年
第三轮	汉少帝刘懿	不详	阎姬垂帘	125 年
	汉顺帝刘保	10 岁	阎姬败后顺帝亲政	125 年
第四轮	汉冲帝刘炳	2 岁	梁妠垂帘	144 年
	汉质帝刘缵	7 岁	梁妠垂帘	145 年
	汉桓帝刘志	14 岁	梁妠垂帘	146 年
第五轮	汉灵帝刘宏	12 岁	窦妙垂帘	168 年
第六轮	汉少帝刘辩	13 岁	何某垂帘	189 年
	汉献帝刘协	8 岁	平生遭遇不可胜计	189 年

（小注：小皇帝为什么能对舅舅下狠手？因为，东汉皇后都没有亲儿子，太后不是小皇帝的亲娘，舅舅当然也不是亲舅舅，一个名义而已，被虐这么多年，终于忍到翅膀硬了，当然干掉你没商量！）

好，解开了怪局，历史轮廓也基本呈现。这里，有一件很要紧的事儿：在这六轮魔圈里，隐藏着三国这场大戏的形成密码！

如果我们要回答这样的问题：三国为什么会出现？雄视地球儿的大汉朝为什么会分崩离析，粉碎得就像松脆的香酥饼干？——答案就在魔圈中！

那么，在三国开场之前，我们很有必要先观摩一下魔圈里的诡异剧情，看看曾有怎样的疯魔。关于最具特色的三个能量群体：外戚、宦官和党人，我们也会分头做个特写，在领略过他们的各种疯狂和斗争之后，三国大戏也就水到渠成地揭幕了。

下面，就来聚焦第一个能量群体：外戚。也就是魔圈里的“魔”，皇帝的舅舅们。他们是前三国时期的第一支祸祸“生力军”，大汉朝终于被糟蹋到崩，他们可是立了头功的。那么，就瞧瞧这“外戚”究竟是什么品种。

03

皇帝的舅舅惹不起：东汉外戚跋扈记

说起前三国皇帝的舅舅们，一句话——惹不起！

老百姓惹不起，官员们惹不起，连皇帝也惹不起。

就以被刘肇干掉的窦宪为例。

自从公元88年刘肇登上皇位，窦家人的野蛮生长就开启了。

父子兄弟，个个位列高官，宅子修得比皇宫都高级。这几个货还一边修一边比："是你家更豪，还是我家更豪？皇宫算什么？看看咱窦家！"满朝文武大员不听天子的，每天都得领会窦家人的意思，一个不留神，就是朝廷正三品，都被整得非自杀不可。窦家的门客仗人，更是鸡犬升天，横行洛阳城中，欺百姓、抢财货、劫犯人、霸妇女……只有你想不到，没有他们干不来。

于是，但凡窦家人出现，满大街的人都会奔走相告："了不得了，那姓窦的又来了！"小贩们一听，立刻卷席子挑担子，麻溜逃跑；市民们也急忙关窗闭户，特别家有女儿的，可得把闺女藏好了……

窦宪这个舅舅，够"作"！但是，这只是魔圈的第一轮，如果以黄巾起义为三国故事起点的话，那么还有100年。窦宪只是个"开局"，是给后来的舅舅们做"示范"罢了，最"作"的那位，不是他。跟那位相比，窦宪还差着级别呢。

那位真正独占鳌头的舅舅，到了魔圈第四轮才出现，他就是——东汉的头号大外戚，大名鼎鼎的梁冀。这时是公元 150 年左右，距离黄巾起义还有 34 年。

话说三国前的这段历史，真是够魔性。那个转圈的怪局就已经魔幻到不行，老天却还时不常地再降点魔障下来，就比如梁冀。

要说这天下的巨奸大恶，其实外表一般都不会很恶。有的甚至还慈眉善目的，比如篡了西汉的王莽。现实中的巨恶，一般不那么挂相。可梁冀，偏偏就是万里挑一的特例，他是真的表里如一！

这人天生一副阴鸷凶邪的外貌，鹰一样的肩，狼一样的眼，眼神又凶又利，还斜视！难道是老天看大汉朝被糟蹋得不够，再降个撒旦下来助助兴？

梁冀自幼好狂饮，喜游荡，飞鹰走狗，跑马斗鸡。一过了青春期，更是邪恶放肆，魔性冲天！

他父亲有个好朋友，实在看不惯他这恶相，就私下跟他爹说："你这儿子，得好好管管！"哪知这事儿被梁冀得知了，一不做二不休，梁冀立刻派人把这个"父友"给做了。事后还说："这都是他的仇人干的！我得给他报仇！"于是，梁冀又派人捕杀"父友"的仇人，连宗族带宾客，一网干掉了一百多。这回一把干净，永绝后患了。

天降撒旦有没有？魔鬼的行为法则，真不是咱凡人能领会的。

梁冀混成国舅，靠的是妹妹梁妠。梁妠当了三朝皇太后，三次垂帘。梁冀也早就完成培养，活脱脱成了一个大魔王！

8 岁的汉质帝刘缵虽然年幼，但很聪明，在朝堂上忍不住指着梁冀的鼻子大呼："此跋扈将军也！"大臣们吓得大气不敢出，心想，天子果然是个孩子啊，这么不要命的话都敢说！梁冀没说话，斜眼里透着狠呆呆的阴森。

“跋扈”这个词，就这么留给了我们后人，可小刘缵也马上付出了代价。当晚，他的御膳里就被投下了剧毒。聪明的小天子一命归西，好像他这辈子就是为给后人记下“跋扈”两字来的。

弄死了天子，梁冀的魔威更是如日中天。堂堂大汉朝，被整得不像个国家，倒像黑社会：

从洛阳城里到郊区，梁冀和老婆孙寿比着建大宅和猎苑，就看谁最大，谁最豪。这孙寿美貌妖冶，生性歹毒，梁冀很忌惮。（大魔王居然还怕老婆！）从弘农到荥阳，从鲁阳到黄河，连绵上千里，全成了这夫妻俩的地盘！有人不小心杀了园里的一只兔子，十几个人就被抓来，全都处死，凭啥？给梁家的兔子抵命！

扶风郡有个叫士孙奋的，家里很有钱，梁冀听说后动起了心思，他给士孙奋送去一驾马车当抵押，要跟人家“借”五千万！说是“借”，其实明摆着是抢！哪知这士孙奋竟敢跟梁冀讨价还价，只送来了三千万。结果，士孙奋的老娘立刻被诬为窃贼，一家子被抓进监牢打死，没留一个活口。士孙奋的一亿七千万家财，全进了梁家府库。

孙寿还挟制梁冀，让孙家人冒充梁姓做官，这些人上了位，个个都继承了梁冀的风格，让门客分头探查各郡的有钱人，再编排罪名抓进监狱，命令家属拿钱来赎，交钱少的，不是处死就是流放。

大魔王祸祸天下的本事，真是登峰造极！《封神演义》里的妲己奉了女娲之命去祸祸商朝，不知梁冀这位撒旦，又是奉了哪方神灵的命令来可劲儿祸祸大汉了。

梁家的财产不知道究竟有多少，后来汉桓帝刘志也像刘肇一样，发狠干掉了梁冀，他把梁家财产收集拍卖，竟卖出了 30 多亿，抵掉了天下老百姓租税的一半！

桓帝还把梁家的党羽都免了官，有三四百人，这下倒好，等桓帝上朝一看，整个朝廷空空荡荡，都不剩几个官员了。

这就是前三国的“外戚”——皇帝的舅舅们。他们是“坏人”？

不，是“魔鬼”才对头！哪个好端端的国家能经得起这等祸害！

小皇帝们恨得咬牙切齿，我堂堂大汉，岂能容你们这么糟蹋！所以，从刘肇之后外甥和舅舅的关系，不是亲戚，是天敌！别说东汉后期的皇帝都不出名，不成器，刘肇诛窦宪，刘志灭梁冀，都相当了不起，必须点赞的。只是，他们运气真是不太好。如果从刘肇开始，皇帝们都好好学学养生，每天多打几趟五禽戏啥的（《五禽戏》是华佗发明，刘肇时他还没出生，这里是借指），好歹让自己多活二十年，那大汉天下真不至于被毒到这地步。

说到这儿，就有个问题了，这些魔鬼舅舅，最后都被小皇帝干掉了，小皇帝怎么就这么有本事？他们不过是刚长成的小苗，魔鬼舅舅早都权倾天下了，小皇帝又怎么能赢？

关于这个问题，刘肇在第一轮里已经给大家做了示范，小皇帝找到了金手指！这金手指就是——宦官。虽然，宦官是小皇帝没有选择的选择，（除了宦官，还有谁能跟他贴心？）但在对付外戚这事上，宦官真是出人意料的好使！也正因为太好使，小皇帝们都忘了，其实宦官也不是省油的灯。在这件事上，他们是金手指，可在其他事上，就不一定喽。他们要毒起来，那毒性，一点儿也不比魔鬼舅舅逊色！

那么，前三国的另一支祸祸“生力军”——宦官，出场了。下面，我们就去扒一扒，作为历史上最特殊的人类，他们是怎么当金手指，怎么帮皇帝干掉外戚的，又是怎么爆“毒”，毒得比魔鬼舅舅们还猛……

04 第三种人类太惊悚：东汉宦官折腾史

我们来聚焦宦官。

其实，从前面刘肇的事儿里就能看出来：宦官，很牛。管花花草草的，都能指挥禁军，干掉大将军！

但是，那是在特定的历史条件下。当国家权力秩序正常时，宦官不会大规模闹腾。该管吃饭的管吃饭，该管送信的管送信，该管花草的管花草，还是挺温顺。可等国家的权力秩序不那么正常，宦官的机会可就来了。

如果说宦官是历史上一朵最妖的奇葩的话，那这朵奇葩，就“怒放”过三回。第一回，就是东汉的前三国时段；第二回，是中唐，那时的宦官连皇帝都敢杀；第三回，是明朝，东西厂的公公们，在哪部电影里都能纵横天下。这三回“怒放”，到底哪回更爆更牛，说法不一，但不用怀疑的是，东汉这回，是史上第一次宦官能量集体大爆发，没有前例的！

最“靓”的宦官

第一位爆了头彩的宦官是谁呢？想必大家都猜到了，郑众。那个帮刘肇一网捕了窦宪的钩盾令，管花花草草的。如果没有郑众，刘肇是不是能拿下窦宪，难说得很。

不能否认，郑众是真“靓”。又沉稳又聪明，为人还正直。诛窦宪立了头功，更得刘肇宠信，不但官位晋升，还被封为鄛乡侯，食邑 1500 户！（就是把 1500 户百姓每年的赋税直接赐给郑众。）

注意，郑众是中国历史上第一个被封侯的宦官！不要说我们后人，就是当时的人，也都会惊掉下巴。宦官居然能封侯？史上哪有这样的先例！

但刘肇不管这些。谁在朕最需要的时候帮了朕，朕就信谁，更何况，朕和郑常侍的关系，好多年了，俺们是发小！你们这些大臣，谁能比他对朕忠心？朕就信他，管它是不是有先例呢！

刘肇不但给郑众封侯，国家大事什么的，也全跟郑众商量。在他眼里，郑众早不再是个“内官”，倒像一位宰相！

所以我们说——宦官干政郑众始。

于是后世就有无数的骂声，指责刘肇和郑众这一对儿。“东汉之所以天下土崩，罪大恶极就是宦官！开启罪恶的，就是这俩人！”总之意思就是：刘肇不是好皇帝，不该信郑众；郑众也不是本分宦官，不该给皇帝出主意，国家大事不是宦官能管的。

其实，这种漠视人性的事后诸葛亮，真没太大意义。谁不是在各种凶险、压力和夹缝中活着？刘肇和郑众，没啥不可理解。

皇帝不是人吗？他也有情有心，和你我一样。如果非要每个皇帝都成圣人，太苛刻不说，也完全不可能；宦官不是人吗？虽然后面的一拨拨宦官大多很败坏，但并不是说，郑众也必是坏的。

干掉外戚，宦官上位，以当时的情形看，根本避免不了。而且，这时的宦官确实挺“靓”，全没后面那么溃烂。

郑众给刘肇当第一参谋，公正稳重，绝无私念。皇帝赏赐的好处，他只要少的不要多的，只要小的不要大的。以致整个东汉皇室都对郑众的“功德”念念不忘，后世的皇帝皇太后，都争着给他的干儿子以及干儿子的儿子承袭爵位……

说完郑众，必须插一笔的是，这时“靓”的宦官，除了郑众，还有一位著名的公公。这位在历史上的光辉，跟美国的爱迪生有一拼，他的名字叫——蔡伦。

蔡伦用树皮、麻绳、破布和渔网创造了纸，位列四大发明，是中国古代最可骄傲的科学大事件之一。

发明造纸术已经够伟大了，可蔡伦的本事，绝不仅仅是造纸。

蔡伦家世代冶铁，家境不错，所以他小时候也受了不错的教育。小蔡伦一边在私塾里饱读诗书，一边研究各种自然科学，什么种麻啦，养蚕啦，都是兴趣点。当然钻得最深的，还是他家的祖传秘籍——冶炼。在今天来说，该叫“金属工艺学”。

蔡伦每门学问都钻得深，学得精，其实在入宫之前，他就称得上是位“科学家”了，至少该算个“专家”吧。

蔡伦在宫里的职务是中常侍兼尚方令，主管尚方署，尚方署是干什么的？专门给皇帝打造刀剑弓弩、贵重器物等宝贝。比如我们都知道的尚方宝剑，就是尚方署打造的。

尚方署是全天下工艺最牛、水准最高的皇家作坊，刘肇让蔡伦当尚方令，真是极大限度地发挥了蔡伦的特长！看看刘肇多会用宦官。

蔡伦主管打造的兵器，无论强度、密度，还是工艺设计，都是“国家最高标准”，全行业的标杆。蔡伦死后几十年，后人还说：“手里要有一张蔡侯打造的弩，一把蔡侯制作的剑，你就能满世界去炫耀，名扬天下了！”

谁说宦官不入流？蔡伦真的很精彩。他在尚方令任上，带着一众小宦官创造了纸，还特意选用树皮、渔网、破布这些特别廉价的原材料，以降低纸的价格，让普通老百姓都能用上。

蔡伦拿造好的纸写了一道奏章，给刘肇呈上。刘肇接过端详，真是头回见到，好神奇！太惊艳！立刻龙颜大悦，下令把造纸术在全国推广！于是，到了三国，纸就开始流行，到了两晋，更是普遍到不行。所以就出现了，左思写了篇《三都赋》，人们都争相传抄，竟导致洛阳纸贵这种奇观了。

后来蔡伦也像郑众一样，被封了侯，所以人们都叫他“蔡侯”，他发明的纸，就叫“蔡侯纸”。

蔡伦很对得起这爵位。本领惊人不说，性子还忠直，为了国家大事，他敢跟刘肇当面顶撞，非把皇帝的毛病纠正了不可。哪儿还像个宦官，简直是肩负着国家重任的大忠臣！

郑众、蔡伦，他们都很“靓”。如果说刘肇用宦官干政，这事本身是错了，但他用的人，还是相当不错的。

但是……不能否认的是，郑众和蔡伦，他们只是一个开始！在六轮魔圈里，他们在第一轮！大家一定发现过这么一个规律：所有的事物，都经历着一个从“靓”到“黯”的过程，一个新事物刚出现，往往都是靓的，可这个“靓”经不起时间的考验，不用多久，就开始发乌，更有甚者，最后都溃烂了。比如我们日常家用的各种器件，刚装上时，都明光锃亮，等用过几年十几年，取出再看，已经锈迹斑斑，甚至千疮百孔了。

这是普遍规律，适用于方方面面，不管是宦官还是下水管子。郑众和蔡伦，处在宦官的“明光锃亮”期。不过，这个“明光锃亮”期，实在相当短。很快，污了，烂了，腐了。那么，我们就去观摩观摩，“明光锃亮期”之后的宦官们，又有怎样的惊悚和疯狂……

最“牛”的宦官

首先，我们这里说的“牛”，不是指宦官的本事有多大。东汉宦官的本事都很大，一拨比一拨厉害，很难判出个高下。“牛”指的是——受封的爵位大，在国家里的地位高。既然这么得势，他当然“牛”上天了！

这位最“牛”的是谁？——单超。汉桓帝刘志的中常侍。

单超因为给刘志当金手指，干掉了梁冀，得封新丰侯，食邑20000户！

数字看着很吓人，不过别惊，我们先来盘一盘，这史无前例的20000户，究竟怎么来的。我们回到魔圈第四轮，去看一看，汉桓帝刘志诛灭梁冀的始末。

时间：公元159年。距黄巾起义还有25年。

159年，这时的刘志已经27岁了。他14岁登基，被梁冀可劲儿虐了13年。太后是梁冀的妹妹不说，连他自己的皇后，也是梁冀的妹妹！宫里到处都是梁冀的眼线，好多宦官也成了梁冀一党，刘志的饮食起居，一举一动，梁冀都掌握得一清二楚。

看看刘志的处境：上朝时，在大将军面前要装乖乖宝；回了宫，在皇太后面前继续装；甚至晚上睡觉，躺在老婆身边，还得装！咬碎了牙往肚子里咽，他能神志正常地活到27岁，已属难得了。

刘志实在忍得太久，终于等到了159年。这一年，老婆梁皇后死了，这时，梁家的两个女人都已死（之前梁太后已经去世），后宫可算有了点儿空间，能让刘志稍稍松口气。然后，他的“复仇计划”就提上了议事日程。

刘志暗暗看好了一位帮手，当然，还是宦官。这宦官名叫唐衡，也是中常侍。刘志极度谨慎，只说上厕所，要唐衡来侍候。

进了厕所，刘志试探性地问：“你知道朝里有谁跟皇后家（梁家）不和吗？”

唐衡也特别小心，轻声地说：“臣听说中常侍单超、左悺他俩跟梁家有仇，还有徐璜、具瑗，私底下经常痛恨梁家作恶，可嘴上不敢说。”

刘志点点头：“那就把单超和左悺都叫来。”

这就是公元159年的“厕所密谋”！大家可能要感叹，皇帝被欺负到什么份上了，跑厕所里去定计划，环境得多恶劣！其实也没那么糟，大汉朝皇家的厕所，环境是相当不错的，装潢也华丽，很可能还有独立更衣间什么的。不然，当年汉武帝在姐姐平阳公主家上厕所的工夫就宠幸了卫子夫，没个温馨环境，可怎么行？那还是公主家的厕所，更不用提皇宫的了。

于是，密谋就从一个华丽的厕所开始。

单超和左悺一进来，刘志也豁出去了，立刻义正词严地说了诛梁冀的打算。

单超和左悺一听，眼睛一下就亮了。本来跟梁冀就有仇，恨不得他明天就死，这回皇帝要出手，真是天赐良机！

这俩立刻说：“梁冀实在是国家的大奸贼，早就该杀了！就是我们力量太弱，不敢干呀！”

刘志说：“你们要真有这个心，咱们就一起干，除掉他！”

单超有心机得很，这么大的事，皇帝虽然现在说得好，可万一临时改主意，他们几个的小命可就奉献了，于是说：“除掉梁冀不难，只怕……陛下您心里犹豫不定呀。”

刘志被单超一激，更来气了，斩钉截铁地说：“奸臣胁迫国家，必须让他伏法，有什么可怀疑的！”于是又把具瑗、徐璜也叫进了厕所。

其实，刘志也怕这几个临时反悔，就决定歃血为盟。可没有血怎么办？总不能再去御膳房弄只鸡来。于是，单超伸出了胳膊。

刘志一口咬破单超的胳膊，搞完了结盟仪式。

我们从后面的事来看，单超这点儿血，真是没白流。得封20000户侯，可算史上最贵的血了。

皇帝带着这几个歃血，谋划大事，梁冀那边又有什么反应？

梁冀也有点猜疑！两个妹妹一死，对宫里的控制能力弱了，皇帝又在壮年，正是搞事的年纪。他就派了一个宦官张恽到宫里监视。刘志已经横了心，既然策划好了，那就——起事！刘志立刻让具瑗把张恽抓了，罪名是“图谋不轨”，然后立即行动，绝不给梁冀半点儿准备时间！

刘志亲临前殿，连下了三道命令。

第一，命尚书令尹勋守住朝廷中枢，把各处的兵符令牌什么的，都集中看管，以防梁冀党羽的反扑（想干什么都晚了，兵符都没了）；

第二，让具瑗带着一千多禁军，和司隶校尉张彪一起包围进攻梁府，捉拿梁冀；

第三，让光禄勋袁盱，没收梁冀的大将军印绶。

一看就是计划周密。这几位官员都属清正类型，不是梁冀一党，所以，必是单超他们事先联络好的。

具瑗带着禁军突进大将军府时，梁冀根本没有防备，只能就擒。

梁冀知道自己肯定不得好死，于是，选择了自决，跟老婆一块自杀了。

《后汉书》说，桓帝诛梁冀这天，举事十分突然，只见刀兵忽起，直袭大将军府，报信的战马来回飞驰不停，整个京城闹腾得人声鼎沸。朝里的官员们，除了几个事先参与的，全被蒙在鼓里，老百姓更是满脸迷惑，所有人都不知发生了什么！几天之后才安静下来，一打听，原来是皇帝把大魔王梁冀干掉了，老百姓没有不欢天喜地、拍手称快的，简直是普天同庆。

大魔王覆灭了。那么，该轮到谁上位了？当然是——“厕所同盟”。

于是，史上最“牛”的宦官出现，单超得封新丰侯，20000 户。刘志这“盟主”做得真够义气。当然，另外几个盟友他也没忘，徐璜，封武原侯，15000 户；具瑗，封东武阳侯，15000 户；左悺，封上蔡侯，13000 户；唐衡，封汝阳侯，13000 户。比起第一轮刘肇给郑众的封赏，高出了 10 倍多！

——这就是著名的“五侯”。

唐朝诗人韩翃有一首《寒食》：“春城无处不飞花，寒食东风御柳斜。日暮汉宫传蜡烛，轻烟散入五侯家。”“五侯家”，就是指这几个宦官在洛阳的宅邸。

我们来看现在大汉朝的局势，皇帝亲自主政，该封的也都封了，那一切都好了吧？但是，没有。

“五侯”闹腾起来了。这些宦官，可再不是郑众和蔡伦。想想那个“下水管规律”，这已经是魔圈第四轮，早不是郑众他们那个“明光锃亮”的时代。宦官们败坏了，就像陈年的下水管，马上就要千疮百孔。

五侯作恶的时代开始，比外戚有过之而无不及。

他们也疯狂地盖宅子，一边盖一边比；他们的狗和马身上，都披着金银首饰；他们还弄来成群的美女当姬妾，宦官要姬妾干啥？不干啥，看着豪就行；他们的兄弟以及亲戚全当了地方官，个个为害一方。说来也真难得，这五侯的兄弟和侄子们，居然没有一个是好的！百姓们被祸害得受不了，都想逃进山里去当贼。

刚被外戚狂魔祸祸过的大汉天下，还没缓过气来，接着又来了一群宦官恶妖。老百姓还给这几个编了歌谣：左回天，具独坐，徐卧虎，唐雨堕……

什么意思？左悺有回天的本事，具瑗威风独霸，徐璜厉害得像一只老虎，唐衡想干嘛就干嘛，好像天降大雨，谁都没本事阻拦……

也许大家会问，宦官这么作恶，皇帝就纵着不管？

其实，刘志不是没管，但他不可能管得彻底。宦官跟外戚不一样，外戚是要欺负他，甚至想弄死他的，所以是天敌。可宦官本来就跟他一头儿，是陪着他、哄着他的。皇帝在心理上依靠宦官，这根儿从小时候就种下了，长大也改不过来。就像现在，我们小时候原生家庭留下的阴影，可能一辈子也弥补不了。而且，宦官好使还听话，又不会跟皇帝争天下，宦官再坏再妖，皇帝也恨不起来。更何况，他们还有当年“厕所同盟”的情分呢！

所以，五侯再恶，下场也比梁冀强多了。因为皇帝没想让他们死。顶多就是降他们的爵，惩处一下他们的亲戚。最后，除了左悺畏罪自杀，其余几个都是正常死在家里的。临死，刘志还很念旧地给他们赠了官，赏了墓地。

宦官太得势有没有？不错，在前三国时段，在跟外戚的较量中，宦官总是赢家。所谓“魔高一尺，道高一丈”，如果说外戚是魔，宦官就该是“道”，不，其实应该叫“妖”。宦官哪有什么“道”，“妖气”倒是十足！说起来，东汉的魔幻怪圈，根本就是一轮又一轮的妖魔争霸！而且，每轮都是妖胜！

为什么？因为宦官行使的是——皇权！他们不仅是金手指，还是皇帝胳膊的延长线！

于是，灭掉了“魔”之后，在皇帝的宽容之下，“妖”们的天下就开始了。前三国时代，也终于定型。

05 这就是“前三国”：一条金环蛇

宦官干掉外戚，“魔”被灭掉，“妖”的时代开始。这个从魔到妖的转换，复现了六轮！每一轮里，外戚舅舅们都唱上集，宦官公公们都唱下集。

其实，前三国这段历史，与其说是魔圈，倒不如说它像极了一条蛇，一条金环蛇。如果，外戚是一道道金环，那宦官，就是一道道乌环，两者规则交错，接力登场，你祸祸完了我糟蹋。

我们来个直观图解，也就一目了然了。

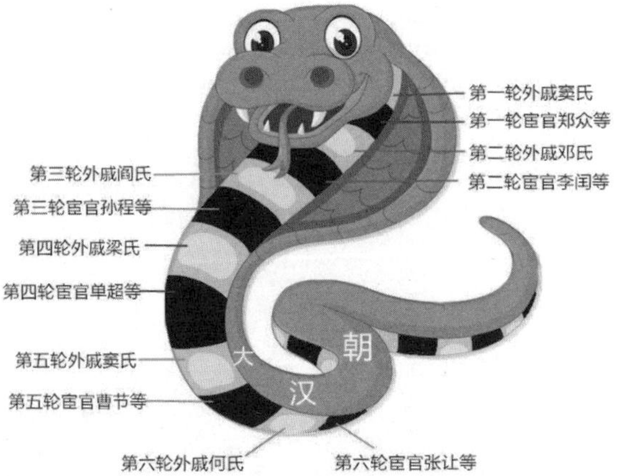

这条金环，就是从刘肇开始，东汉历史的全景。（所以，为什么说刘肇是三国最早的导火线呢。）经过这六轮搭配，天下剧毒完美造就，这条金环就在大汉朝的上空，疯狂荼毒了一百年，直到这个国家再也撑不住了……

到最后关头，直接点火、搞得民怨沸腾的，是宦官。这也是必然，因为在跟外戚的较量中，他们总能笑到最后，总是赢家。而且，他们的祸祸能力，也比外戚更上档次。我们很有必要，来全局围观一下，宦官们的妖力和能量。用一句话来说就是：凡有权有利之处，必有宦官！

当国家总理

东汉的权力机关尚书台，长官是尚书令，那时的权力快赶上宰相了，也就是国家总理。然而，我们却在这个“总理名单”里，看到了一个让人惊掉下巴的名字——曹节。一个险恶得像赵高一样的宦官！

一个宦官，居然掌着国家总理一样的实权！而且名正言顺！曹节是魔圈第五轮的头号宦官，想想那议政场面：尚书台大小官员，商议国家大政，正中坐着的领导核心，却是个饰着金珰右貂、神情狡诈、举止猥琐的阉人……

不过，曹节这个“国家总理”，对已经妖气弥漫的大汉来说，实在不算什么，他只是众多妖中的一只，后面的妖们更令人咋舌。

当代理皇帝

《后汉书》里有这么一个记载：汉灵帝熹平元年，公卿大会朝堂，皇帝却没来，主持朝会的，居然是中常侍赵忠！赵忠是著名的“十常侍”之一，跟曹节一样恶贯满盈，和张让一起是第六轮魔圈的头领。

朝会是个什么场合？那是国家头等庄重的仪式，正常时，必须由皇帝亲自召开、亲自主持。皇帝实在来不了，也得让丞相或者三公来代行，居然，又换成了宦官！

满朝文武大员面面相觑，谁都知道这赵忠凶蛮霸道，所以都不发言，心里又是气又是叹：唉！我大汉的天下呀……

曹节能成总理，赵忠就能代替皇帝。看看妖们还能干啥？

当全国人事总监

宦官全方位把持了用人！各级别的人事总监，都被霸占！宦官们要么亲自上阵，要么就派给亲戚和党羽。

我们知道，东汉时的选官制度，叫“察举”，就是地方长官随时观察、探访自己管片儿内有什么优秀人才，经过考察后，向上级或者中央推荐。核心就是——“推荐”。

可到了汉末，也就是魔圈第五、第六轮，宦官的亲信已经遍天下，不是担了要职，就是占了肥缺，地方上推荐人，你不拿巨资贿赂宦官，根本不可能出头！连一向讲究中正的史书，都直接说：那时候地方上选人，从来不挑有德有才的，专看谁能敛财能行贿。儿歌里也唱：“举秀才，不知书，举孝廉，父别居。”——推举秀才当官，其实这人一点学问也没有；推举有德行的孝廉，其实他早把老爹扔别处不管了，哪有什么孝道……

真是崩坏！腐烂和溃败，就这么从核心向周边蔓延。有见识的人已经开始念叨，“天之所废，不可支也”，这大汉是果要完了。

当三军总司令

历朝历代，啥时候听说有太监当将军的？有，但绝对凤毛麟角。可东汉，有的是。一开始，宦官领将军衔，是虚的。都是皇帝喜欢的宦官要死了，就赠他个将军称号，比如单超和曹节，临死都赠了车骑将军。

可虚着虚着，就实了。后来，汉灵帝派赵忠当车骑将军，这回可不是临死赠官了，而是手握实权的正二品，真能统兵打仗的！还有一位更出奇，大家知道，曹操出道时，曾经在京都担任典军校尉，是汉灵帝特设的“西园八校尉”之一，另有一个中军校尉，是袁绍。曹操和袁绍都归谁管呢？蹇硕。一个体格雄壮的宦官。那时，蹇硕不仅仅是西园校尉的头领，根本就是“天下兵马大元帅”，连大将军何进都要听他的！

真是文武齐全！曹节当国家总理，赵忠代理皇帝，蹇硕就当了三军总司令。那这天下还有什么是宦官做不了的？

当最高法官兼监狱长

东汉有座很特别的监狱，叫“黄门北寺”，设在皇宫内部，由宦官全权负责。逮捕对象不限，审讯流程不限，法律依据不限，逼供手段不限，还不接受监督。凡是皇帝下诏，让宦官审理的案子，还有宦官一心想迫害作践的人，上到朝廷大员，下到民间士子，都能弄进黄门北寺。

只要在皇帝那儿能交代，一切都由宦官说了算。这黄门北寺，简直就是一座黑恶势力盘踞的人间炼狱！除了皇帝，可踩踏一切！

宦官公公们无处不在，无所不能。那么，大汉朝已经妖气遮天，有没有？

叹，这运气实在是不济。先是天降恶魔，后又群妖狂舞，而且，完完整整六轮循环！这国家得多钢铁侠，才能不崩！

那么，国家已经败坏成这样子，真就没一点儿正义的声音？咱们的爱国人士都到哪儿去了？难道真要在沉默中灭亡了？

当然不是。爱国人士们不但喊了，喊的声音还特别大，付出的代价还特别高，只是效果……唉，一言难尽。我们就去看看，大汉朝最后的爱国人士们在做什么……

06

谁才是真心高亮：像个党人才叫牛

正义的“愣头青”们

说前三国这段儿，必然要说党人。“党锢”“党人”这俩词，也是整个三国历史的常见。党人是那个败坏到溃烂的世道里，最高、最亮的正义之音。而且，三国好几位大佬都跟“党人”有扯不清的关系，这点关系严重影响了大佬们出道时的气场和光环。所以，党人，我们还得正经地扒一扒。

党人是怎么出现的？

我们知道，汉武帝“罢黜百家，独尊儒术”，此后整个汉朝成了儒家的黄金盛世。太学也很发达，到桓帝时太学生已经达到了 30000。除了太学，东汉的私学更兴盛，“私学”就是现在的“民办学校”，但这个“民办”可不是一般的“民办”，师资力量极雄厚，很多学富五车的大儒，宗师级别的，都亲自开馆讲课，慕名而来的学生，少的几百几千，多的上万。

这么多太学生、民间学子，学成后就得走向社会，要当官、要报国济民啊，可偏偏宦官全方位把持了用人，把所有仕进的路给堵死了！于是，正直的儒士，还有太学生、民间学子，就“联合”了起来，专门跟宦官对着干。凡是宦官反对的，他们都支持；凡是宦官支持的，他们都反对。

他们——就是“党人”。

严格地说，其实这些士人不能算“结党”，也从没真的有组织有策划地干成过什么，所谓“联合”，只是你抬举抬举我，我抬举抬举你，起个好听又惊人的名头，相互标榜，诸如“三君”“八俊”“八顾”之类。“联合”，也就是联合起来一块儿喊“杀宦官”。既然被欺负得只剩一张嘴了，那就用尽生命去嘶吼吧！但汉桓帝后来给定了性，定罪为“结党”，所以史上叫他们“党人”。“党锢”，就是对党人实行“禁锢”，不许他们再出来做官。

那么，怎么评价党人？这八个字挺合适：正义有余，智术不足。

党人代表天下正义，这是没错的，而且他们追求的是“绝对正义”。在“党人”眼里，天下败坏成这样，万恶之源就是宦官。宦官是天下至浊，他们是天下至清。他们就是要“激浊扬清”，要为国家去污。所以，党人的“灭宦官”行动极其果敢，也极有骨气。

李膺，在司隶校尉任上，中常侍张让的弟弟张朔当县令，贪财残忍，竟杀死了孕妇。张朔害怕李膺追查，就跑到哥哥家里，躲进了张让家的空心柱子。哪知李膺啥也不管，直接带人闯进张让府，砸碎柱子，把张朔抓走了。审讯之后，一拿到认罪口供，李膺也不上奏，就把张朔杀了。这时期，宦官们个个战战兢兢，就连放假都不敢出宫门。桓帝奇怪，问：“你们怎么都不回家，守在朕这里干什么？”宦官们痛哭流涕地跪倒在桓帝面前，无比委屈地说：“我们害怕李校尉……”但最后，李膺却因为“党锢”而死。

刘祐，担任大司农，中常侍苏康和管霸仗着在宫中主事，在民间大肆霸占良田美地，山林湖泽，当地官员和老百姓个个眼里看着，敢怒不敢言。刘祐直接发公文到当地，把宦官们霸占的全部没收。哪怕触怒皇帝，让他去服苦役，都在所不惜。后来，刘祐因为“党锢”被罢免，最后死在家里。

岑晊，担任弘农县功曹，有个叫张汎的富商，特会玩雕刻，他下工夫贿赂了宦官，在民间仗势横行。岑晊把张汎抓了起来，可偏赶上桓帝大赦，还得放人。岑晊一不做，二不休，管他是不是大赦，直接把张汎杀了，还杀了他家的宾客两百多人，都杀完了才上报。桓帝大怒，岑晊就此逃亡，也被奉为党人的典型。

……

这就是党人的“正义”。不但跟宦官对着干，也跟皇帝对着干。

但是……宦官的势力遍天下，要干成大事，总得有点组织策略，研究研究大家怎么配合，一步两步三步怎么走，特别在皇帝那边，该怎么进退？面对这些最有用的问题，党人们却好像从没认真想过。或者他们认为，一群阉丑小人哪配让他们动这些心思，简单，一杀了事，也就是——灭了宦官。最好但凡不长胡子的，都一个不剩（当然，最后这个愿望被袁绍实现了）。

后来，党人和外戚窦武联合，打算“消灭”宦官，可到了举事时，又不精于谋划，被宦官嚣张反扑，败得一塌糊涂。

他们可能从没意识到，皇帝本来是可争取的，做成这事，是需要些手段和策略的，读书人的任务，是重振大汉天下，而不是去找一群阉人报仇。

这下，皇帝彻底站到了宦官那边，还特意设了黄门北寺狱，专门审讯和关押党人。甚至黄巾之乱爆发后，有人劝灵帝杀掉十常侍，好顺应天下人心，灵帝还委屈地说：“全杀了？难道十常侍里就没有一两个是好的！”看，皇帝对宦官是很有感情的！所以，党人这种你死我活的愣头青式“正义”，本身就不太明智，政治手腕也欠灵光。

于是，最后的结果是：宦官不但干掉了外戚，也干掉了党人，干掉了“正义”。前后两次“党锢”，正义之士被杀的被杀，逃亡的逃亡，剩下的都被轰回了家，不许出来做官。官场，彻底成了阉人的天下。

不过，党人虽然被害惨，但他们依然是时代的高亮！而且，还引领了时尚！

啥叫时代明星

党人等于正义。不但全天下的老百姓信，在朝的官员们也都信。而且，他们要的是“绝对正义”，因为“绝对”，就更有号召力了。民心这东西，向来是感性的。民众的心声，不问过程和结果，要的就是喊出来！先吐一口恶气再说。党人，恰恰跟这个“心声”极合拍，也是不问过程和结果，拼上性命，也要喊出来！

党人收获了天下人心。老百姓恨宦官，也顺带着怨皇帝，党人，正好替他们出了这口气！而且，党人都是读书人，个个学问好，品性高，还风度恢宏，现在这天下，还有什么可推崇？当然只能是他们！

李膺号称“天下楷模”，全世界都向往。学子们挤破头地去拜访，谁要是被李膺接见了，就叫“登龙门”，简直像科考中了进士一样！就连出身颍川荀氏这等金标家族的荀爽（荀彧的叔叔），某天替李膺赶了次车，回来都喜滋滋地跟人说：“今天，我总算能给李君赶车啦！”

还有一位叫景毅的，在朝廷做侍御史，他儿子拜了李膺当老师，党锢时，幸运地没被划进党人名单，躲过了抓捕。要换成平常人，早该谢天谢地，百般庆幸了，哪知景毅却十分不满，“我儿子明明是李膺的学生，凭什么不记他的名字！俺们是李膺的正牌弟子，凭什么抓党人，却把俺们漏了！”于是，景毅立马上书辞官回乡，自己要求禁锢去了。

看看李膺在天下人心中有多神圣！权力富贵不重要，身家性命也不重要，“党人”的灿烂光环，才是吐血的追求，做个党人，才真叫“牛”！就算一时做不成，那“像”个党人也行啊！

还有……党人“明星”范滂，党锢后出狱回家，汝南、南阳两个郡的士大夫恨不得都跑来欢迎，车子挨挨挤挤排得没边儿，总共几千辆！这哪是接待刑满释放人员，根本是热烈庆祝英雄凯旋返乡！

党人“明星”郭泰跟李膺交情特好，于是也名震天下。郭泰从李膺那儿出来，整个京都的士子们都赶去送，排队的车子，也是几千辆！郭泰跟李膺坐一条船走，粉丝们眼巴巴地远远瞧着俩人，疯狂尖叫，“他们哪还是凡人，一定是两个神仙！”——绝对是“明星”。郭泰一不小心就引领了时尚。有一回赶上大雨，郭泰的头巾淋湿了，大概是为了方便，他就把头巾折了个角，想想那形象，其实挺狼狈的。谁曾想这个狼狈的“折角”被粉丝们瞧见了，没几天就风靡了天下，满大街的书生，头巾个个都折起了角来！这折角头巾还成了品牌，因为郭泰字林宗，所以就叫“林宗巾”。就算你是个屌丝书生，只要戴上“林宗巾”，立马就能加入时尚，成潮流中人了。

要说这年轻人追星，也真是人类社会的永恒规律。只不过时代不一样，星的种类也不一样罢了。总之，前三国那些年，那个外戚和宦官金环蛇一样狂虐天下的时代，真正的时尚明星们，是党人。想被人看得起，夸你有才有品，那就去当个党人吧。当不成，那就“装”得像个党人好啦！

袁绍曹操的小片花儿

年轻人爱追时髦。那么，我们就要插一笔，说一下两个非常可爱、非常聪明、更非常超量级的追时髦年轻人了，他们就是三国的两位大主角——袁绍和曹操。

熟悉三国的朋友都知道，袁绍和曹操是发小，一块儿在洛阳混大的，那是打小一起和尿泥的交情！不过，关于他俩的捣蛋事，进了三国再细说，这里主要扒一扒，这俩纨绔小青年是怎么追时髦、“装”党人的。

其实那时跟袁绍、曹操一起混的，至少还有三位——张邈、何颙、许攸。张邈和何颙，都是真正的党人！张邈是“八厨”之一，何颙呢，跟李膺他们关系特别好，已经接近党人核心了。许攸，也是著名的反宦官热血青年。

这一伙人里，袁绍是头儿，大家都是奔袁大公子来的，论家世论气度，谁比得了。曹操是跟着哄的，没有袁绍，人家谁也不鸟他。时代主题是“反宦官”，你曹操的爷爷就是大宦官，瞧见你躲还躲不及，谁会跟你一头儿！

曹操是不是很尴尬？但尴尬也得混啊。曹操有志气得很！他就是不甘心当个宦官之后，不甘心被时代淘汰，他也得跟上潮流！正好，借着袁绍的光环，也能跟党人一块儿说天下、论英雄了。

曹操得个好评真是太难，因为他脑袋上的锅实在太黑，正义的党人没把他踹进宦官的沟里，一脚踩死，已经算客气了！所以，当党人明星何颙终于给出一个好评时，曹操简直美得手舞足蹈。

何颙一声叹息，说：“汉家将亡，安天下者，必此人也。”大汉就要灭亡，能安定天下的，一定是这个曹操吧！

评价够高！要知道，党人明星好评一次，顶级福利可就是名扬天下！难怪曹操高兴得手舞足蹈。那何颙又“叹”什么？给了好评，难道还有遗憾？没错，何颙大赞曹操，确实有点儿遗憾。遗憾就在，曹操出身的巨锅。何颙还有半句话没说出来呢：“可惜了你啊，是个阉党之后……”

曹操铁了心抛弃“阉三代”的得意日子，很“像”个党人似的怼宦官、踩宦官，虽然我们家就是大宦官，但我还是要反宦官！我曹吉利，就是这样的冲浪青年！（吉利是曹操的别名。）

——曹操就是这么出道的。从跟着袁绍“装”党人开始。那袁绍呢，又是啥情况？

相比曹操的尴尬和拧巴，袁绍从容多了。四世三公，出身顶豪，袁大公子天生就带着金标。曹操脑袋上罩着大黑锅，衬得满脸黑线，可袁绍头顶却光芒四射，人看着都帅多了。曹操想出头，只有折腾，蹿上跳下地求好评，袁绍呢？淡淡一笑足矣。大可以放下身段，低调，再低调，他越低调，别人的评价就越高。“折节下士”这成语，夸的就是袁绍。

袁绍是这群“冲浪青年”的头儿，表面上不问世事，朝廷让他做官也不去，却暗中通过何颙给党人提供各种帮忙，哪个党人需要营救，袁绍帮想辙，哪个党人需要避祸，袁绍帮联络……渐渐地，大家都知道了，京都那个小青年袁本初，禀性正直，气度非凡，倍儿有范儿！于是，年轻士人都愿意跟袁帅哥结交。

看看这袁绍，已经是个“小盟主”了有没有？后来，关东群雄讨董卓，为啥大家意见那么一致，“公推袁绍为盟主”，这个“盟主”可不仅仅是一个“四世三公”的招牌就能搞定的！人家袁绍是真做了，而且是在“暗”中！

这个“暗”，很高明。袁绍不会像党人那么冒尖，那么激进，头脑明智又冷静，把局面看得明明白白。党人为什么反宦官？虽然话说“为国家去污，重振大汉天下”，但实质的原因是，宦官挡了他们的仕进之路！但是……宦官可没有挡他袁本初！因为，根本挡不住。朝廷还召唤他去做官呢！只是袁大公子不感冒而已。袁绍不会真像党人一样去跟宦官有你没我，有今没明，他要借党人的劲儿继续养他的“人望”，把这个时髦追足。

所以，袁绍跟党人的关系，那叫“赶了个时髦，就一网捞得天下美名”，“像个党人”，才最恰到好处，才是真牛。

真成了党人，一爆而散，一刺而折，就是死，也没多大价值。“像个党人”，才是成功的真境界！既保全了自己，又博来了名望。袁绍这小伙，绝对是那个时代的超一流……

那么，在“装党人”这事儿上，袁绍和曹操都挺成功，都弄来了自己想要的。一个养足了“人望”，名扬天下；一个基本刷新了“阉三代”的面目，人们都已经知道了，曹操这小子确实不是阉党阵营，人家是潮流青年，真心反宦官！

因为袁绍和曹操的起家，跟党人的关系相当密切，所以，我们先把两人出道的事儿说了。不过，这不是他俩的正式出场。现在，我们得先整完大汉朝的魔幻怪局，把一切都打理停当，然后，三国人物们就可以闪亮登场了。

07

大汉一去不复返：天要灭你轮回早已注定

现在，我们该解决这个问题了：东汉为什么会灭亡？三国为什么会出现？

记得有个随时可以吵架、又永远也吵不完的话题：大汉朝跟同时代的罗马帝国相比，谁更牛？貌似吵架的结果，是“我们”占了上风。至少，有这么美丽的故事：大汉朝的军队击败了匈奴，匈奴狼狈地跑到欧洲，居然在那边完虐一切，最后还把西罗马帝国给整趴了！（故事是有的，可内情太复杂，实在不像说出来的这么美丽。至于汉朝和罗马谁牛，还是留着大家慢慢吵吧……但不管怎样，说大汉朝足以雄视当时的地球，还是没问题的。）

可是……如此“强汉”，它就亡了！亡得这么透，这么彻底。岂止“国已不国”，那叫天下土崩！

一个空前规模的大乱世，就从这里开场。其实，三国只是这个乱世的第一幕，一个开头而已。魏晋南北朝，从184年张角黄巾起义，到589年杨坚统一中国，将近400年，中国大地分崩离析，五胡乱华风云变幻，乱得好透，好久，好喧腾。

那么，原因在哪儿？大汉为什么会亡？

正经点儿的说法是：天将降灾异于斯国也。

不太装的说法是：唉！你咋就那么倒霉呢？

最直接的说法：真是——撞了狗屎运了！

外戚和宦官咋蹦出来的？金环蛇咋炼出来的？兜兜转转，其实核心原因就一个：皇帝死得太早，全体遗传式早挂！不过，咱不用怀疑老刘家的基因，难道刘彻、刘秀都染色体异常？而且皇族后裔们，长寿的也大有人在，偏偏谁当皇帝谁早死！洛阳汉宫那个皇座的顶上，气运环肯定是黑爆了，比曹吉利脑袋上的阉党巨锅还黑。

以上狗屎运第一条，皇帝集体早挂。

下面，狗屎运第二条：太阳也疯了？

没错，天将降灾异于斯国也。连太阳都跑出来帮忙！真是天劫难逃。有专家研究指出，前三国这100年，正好是太阳黑子在1600年里活动最衰弱的极小期！

极小期意味着啥？地球上的气候会极度不正常。于是，东汉非常不幸地成了中国历史上自然灾害最频发的时段。山崩、地震、大旱、洪水、暴风、鼠害、蝗虫，凡是能赶上的，哪个也没躲过去，还常常是数灾并发。而且每次大灾之后，必定紧跟着大瘟疫。

自然灾害摧毁了老百姓的日子，但这还不算最可怕的，真正恐怖的是，频发的天灾，摧毁了大汉人民的信仰！

摧毁了生活还有救，就像割韭菜，只要你人还在，心没乱，割了一茬还能再长一茬；可摧毁了信仰，就等于连根拔！让你连怎么活下去都不知道了。

大汉人民的神圣信仰是啥呢？当然是——儒学！自汉武帝“罢黜百家，独尊儒术”后，儒学就把天下彻底征服了，从皇帝到官员，从士子到老百姓，爱儒家都爱成了迷信。

比如那句名言："遗子黄金满籝，不如一经。"给儿子留满筐的金子，还不如给他留一部儒家的经。

又比如，当时有人靠读经就被免了赋税，这是何等福利啊，读书免税！全天下能不都爱学习嘛！有人因为特懂《易经》，就当上了朝廷两千石的大官！在汉朝，两千石可是高级官员的门槛；还有一位叫公孙弘的，因为对《春秋》有研究，居然没几年就从一个白衣当上了汉武帝的三公，顶级高官！

再比如，那时候法官审案子，可以不完全依据法律，那依据什么呢？还是那个字——经！拿出儒家的经书就能判罪。这就叫"春秋决狱"，是我们司法史上极有特色的一笔……

那时儒家，不仅仅是一门学说，简直成了国教，所有人都全身心地信、全身心地爱啊。

可是，如此"神圣"它就……崩了，跟东汉的国运一起走向了末路。要问罪魁祸首，很明确，就是天灾。或者说，是太阳一不小心打了个盹儿，弄了个黑子极小期，于是，大汉人民的信仰，呼啦啦似大厦倾……

天灾又是怎么毁了儒学、毁了全体人民的信仰的呢？这就必须得说，董仲舒老先生那个伟大的"天人感应"理论。

汉武帝用董仲舒的提议"罢黜百家，独尊儒术"，"天人感应"正是董仲舒这一整套的核心。

"天人感应"是这么教我们的：皇帝之所以是皇帝，因为他是"天"选定的，是"天"让他来统治人民的。老百姓不要不服，因为这是"天命"。

有人就要问，皇帝是老大，是不是就可以为所欲为，谁也管不了？不是。董仲舒说，"天"既然选了这个皇帝，那"天"就会负责，就会管。

如果，皇帝是好的，把国家治理得井井有条，"天"就会降下吉瑞，对皇帝进行表扬。我们常在史书里看到，哪座山上又发现了祥瑞神鸟，哪块地里又刨出了五彩神石，皇帝一听说，都高兴得手舞足蹈，这正是“天”在表扬他的政绩，夸他干得好呀。

如果皇帝干了不好的事，“天”又会怎么办？那就降下灾异。所有的自然灾害，都是“天”对皇帝的警告和惩罚。就是太空里掉下块陨石，昆仑山发生了雪崩，东海刮几天台风，也都是因为皇帝犯了错，是“天”对他的惩戒。所以，一逢灾异，皇帝立马诚惶诚恐，赶紧救灾不说，还得立刻写检讨，发诏书，这叫“自谴”“罪己”。这种检讨，光武帝刘秀就写过四回。

后来皇帝们不愿再“罪己”了，灾太多，检讨不过来，那总得有人来“顶灾”吧，于是就“策免三公”。啥叫策免？就是把太尉、司徒、司空这等顶级大官先教训一通，再免职回家。国家出了问题，当然得有人受罚，得有人丢官，这样才能对“天”、对老百姓有交代呀。

可无奈的是，东汉的自然灾害太恐怖了！据《中国灾害通史》统计，东汉一百多年间共发生：水灾，75 次；旱灾，77 次；地震，101 次；蝗灾，54 次；风灾，21 次；雹灾，28 次；冻灾，18 次；瘟疫，37 次……

皇帝得发多少“罪己”诏，难不成周周写检讨？那就策免三公吧，可是……三公的人头太少，哪够用。西汉时“策免三公”，是真“策免”，免了官就回家，再不录用了。可到了东汉，“策免三公”早变成了走形式，做样了，成降级任用了。你今天被“策免”，从“公”变成“卿”，但过不多久又发生自然灾害，那个顶职上去的，就又被“策免”了，于是，你又被提拔，当回了“公”。所以东汉不少“三公”，这辈子都被“策免”过好几回。

神圣的儒学，人人都信奉的“天人感应”，现在简直跟玩过家家一样，甚至连皇帝自己都开始不踏实了。我赈灾了，罪己了，策免了，可

“天”怎么还看我不顺眼呢？山洪还是暴发，陇西还是地震，瘟疫还是流行……难道……难道是儒家的说法有问题了？难道“天人感应”本身就不对头？

从皇帝到小民，人人都开始怀疑，可人人也都不敢说出口。直到有一天，汉桓帝忽然拜起老子来了！皇帝拜老子，这标志着啥？儒学的黄金盛世，是真的已成往事，国教一样的神圣信仰，是真的崩了……

国家溃败，信仰崩塌，真是一场天劫。任你钢筋铁骨，计谋百变，也禁不住三坨狗屎运。早死的皇帝们和熄火的太阳黑子，终于把大汉朝送上了不归路……

那么最后，我们就来画一幅图，一幅大汉的“千里江山”，去看看那些末世中的人物们都在干啥。

场景一：洛阳汉宫。

洛阳宫里，荒唐又爱财的汉灵帝，在后宫大摆市场，让宫女太监们扮成小商贩，摆摊叫卖，他在一边高兴得欢蹦乱跳。其实，灵帝早嫌玩过家家不过瘾，早就做起真买卖来了。那他一个皇帝能卖啥？卖官。都标好价：两千石的官卖两千万，四百石的官卖四百万，几千万卖一个公，几百万卖一个卿。钱赚来了，皇帝满意了，拉起大宦官张让和赵忠的手，快乐地说：“张常侍就像我亲爸，赵常侍就像我亲妈呀……”

场景二：京都大官们的府宅。

在这些深宅大院里，新时代的年轻人成长起来了，他们在思考，在探路，给自己探路，也给天下探路，他们一块儿策划，一块儿折腾，一块儿逞能，准备在马上就要到来的乱世中脱颖而出，比如袁绍和曹操。

场景三：边荒之地凉州。

一个雄壮威猛的侠士，杀掉了自己家的牛，请一群羌人头领喝酒。

这侠士有本事，力大无穷，能左右手射箭，为人还特讲义气，所以羌人们不服别人，就服他。于是，这个侠士在凉州渐渐成了气候……这个人，名叫董卓。

场景四：遥远的江南。

江南吴郡，富春县，一个帅帅的男孩长大了。这小伙打小就不同一般，性格豁达，行事威猛，走到哪儿都抢眼。跟老爸出去办事，正遇上盗贼抢商人，别人都吓得抱头就跑，小伙却淡定地跟老爸说："这伙强盗我能搞定。"说罢提刀上前。他一边走一边用刀比画，做出指挥手下左右包抄的样子，强盗一看，这小子带了多少人呀！一定是官兵来了！吓得立刻丢下财物麻溜跑了。小伙跟着冲过去，一人追杀一窝强盗，还斩首了一名……周围的人又惊又服，急着问：这是谁家孩子呀？也太厉害了吧！这个人……名叫孙坚。

场景五：洛阳缑氏山中。

大学问家卢植的学馆里，书声琅琅，一群年轻人正跟着卢老师读经。学生里有两人最引人注目，一个身材挺拔，模样俊俊的，说话也好听，特别善于辩论；一个闷头不开口，看不出喜怒哀乐，特深沉，但他性子随和，待下人很好。这俩学生是好朋友，不过，书都念得不咋样。特别是那个不爱说话的，为人义气，好交朋友，可就是不喜欢念书，所以这俩也算不上卢老师的得意门生。谁又能猜到，这俩差生后来的叱咤风云……又俊又能说的那个，名叫公孙瓒，貌似深沉的那个，名叫刘备。

场景六：风雨飘摇的中原大地。

一个道人，披着头发，拄着九节杖，手里还捧着一碗水，碗上贴着符。他面前，跪满了穷人百姓，人们朝他不断磕头，排队等喝他手里救命的“符水”。道人身后，随从和信徒更是成百上千。道人自创了一个教派，名叫“太平道”。他一出来布道，动静比当地太守都大。穷人老百姓现在不是没人管了吗？好，我来管。这道人自称“大贤良师”，一边教育百姓们一心向善，一边救济他们，给他们治病。治病的办法是；喝符水。符水治百病！老百姓们没得可信，都拼命地去抓这根最后的救命稻草，“太平道”的信徒简直呈几何级数增长，很快达到了几十万、上百万！遍布整个中原！老百姓就看这道人亲，比皇帝有爱多了，为了他连性命都能豁上……这个道人，名叫张角。

这就是乱世。英雄枭雄，神魔鬼怪，高士清流，地痞瘪三，人人眼里放光，都攒足了劲儿，等着要出场！看看眼前的世道，规矩坏了，信仰塌了，空间大了，自由度高了，谁都能一展身手，各种能量都可以无压力地爆发！

那么，开始吧。

华丽丽的三国乱世正式开场……

第二章

大佬出道

01
第一位大佬：从曹吉利家的暗黑史说起

“吉利”

我喜欢管曹操叫“吉利”。

一来，“吉利”是曹操的别名，出处是《三国志》裴松之注引《曹瞒传》，“吉利”不算小名，曹操小名叫“阿瞒”。很可能，“吉利”，是曹操小时候的常用名。

二来，这名字确实喜庆，透着欢乐，连写文章的心情都轻松了。给娃起名吉利，可见曹操的爷爷、爸爸心态既佛系又朴实，是想让娃欢乐过一辈子的，完全没做鸡娃计划，更没指望他能成为改变世界的奇才。

三来，这娃小时候指定聪明，猴天猴地，这才像个小“吉利”嘛。那种天生自带深沉气场的娃，怎么也当不了吉祥物的，名字也该是“弘远”“修齐”这种，再不济，也得像“梓轩”“俊杰”“子豪”吧。这些哪有“吉利”欢乐爽快。

四来，在三国里，曹老板时常自带喜感，打小的猴性，不知啥时就会冒个头。比如偷偷跟关羽抢老婆，骂人家孙策小疯狗，一下就错乱了时空，这哪是威风八面的大枭雄，分明就是上蹿下跳的曹吉利嘛！

所以，“吉利”这名字，在咱这套三国里是常用词，正好，我们也跟着曹老板，一儿块沾点喜气。

吉利的爷爷们

了解三国的朋友，大都知道这件事：曹吉利的爸爸是养子，过继给他爷爷的，爷爷是个大宦官。

的确，史实如此。不过，吉利享受到的好处，并没有因为爸爸是“养子”，就有什么亏损。在咱们古代，即便是过继，地位也是很“正”的，待遇跟亲生的没区别。吉利的爷爷叫曹腾，把官当到了中常侍大长秋，一个顶顶大的宦官。曹腾他爹，也就是吉利的曾祖父，名叫曹萌，人品特好，没做过官。其实，想想也就知道了，曹萌不大可能有权有势，有权势的人家，谁肯把儿子送进宫去当太监?

有一个流传很广的故事，说的就是曹萌，故事主题是——找猪。

曹萌一家子住在谯县乡下，邻居家养了头猪，曹萌家也养了头猪，看毛色花纹还有模样啥的，两头猪挺像。有一天，邻居那头猪跑了，怎么也找不着。邻居又焦虑又生气，就跑到曹萌家了。非说曹萌的猪是他家的猪。曹萌一看说不清，也不辩解，居然就让那人把猪牵走了，绝对是万里挑一的中国好邻居。

后来，邻居的猪自己开了悟，又跑回来了。这邻居好惭愧，立刻领着猪来敲曹萌的门，又是赔罪又是感激的，曹萌只是淡淡一笑，把猪收下，没一点儿怪罪。于是，乡里的人都夸曹萌真是“仁厚”，真有修养!

这就是吉利的祖爷爷，名声相当好。不过，对比祖爷爷，爷爷的名声更好！曹腾是位极少有的好宦官！在东汉，“宦官是好人”的概率，几乎可以小到忽略不计，要不袁绍怎么把所有不长胡子的都砍了呢。可曹腾，偏就是个例外。

曹腾打小就进了宫，经历了四朝天子，三十多年，从没出过错，也没使过坏。他是大长秋嘛，宦官里最大的，按江湖规矩，地方官要在宫里办事，必定得“孝敬”他，但曹腾从来不收。

有一回蜀郡太守托人给曹腾送礼，结果这送礼的人还没进京，在路上就被益州刺史种暠给查了。那时的刺史相当于纪检组长，专门缉查官员的不法行为。种暠向汉桓帝上奏，又呈上送礼人的书信，说曹腾受贿，应该抓起来问罪。桓帝一向知道曹腾的人品，认为书信是从外面来的，不关曹腾的事，于是没有怪罪。事儿是过去了，也还了曹腾清白。但我们细想，如果换成旁人，肯定对这种暠恨之入骨了，你这不是存心陷害吗？可曹腾非但不记恨，在别人议论种暠的时候，还特别公正地替人家说话，说种暠很能干，是个好官。事实上，种暠也确实能干，很得老百姓的爱戴。

曹腾还推荐了很多人，都是有本事、有品行的，后来都当了大官。但曹腾从来不自夸，不居功，还是能帮人时就帮人。

看看这正气和胸襟！必须得说，曹家祖上这家风不是盖的！吉利祖爷爷是万里挑一的好邻居，吉利爷爷就是万里挑一的好宦官！所以，吉利脑袋上的阉党巨锅虽然黑，但非常幸运的是，他顶的是他爷爷，是曹腾，人们虽然都躲着他这个“阉三代”，但爷爷是好“阉党”，很给力，很加分！这也是最后天下能接受他这个“阉三代”的原因。如果当初吉利爸爸不是被曹腾收养，比如换成张让，那可就糟了。曹家必然一黑到底，遗臭万年。曹丕还想当皇帝？张让之后？天下要不群起灭之都是怪事。

我们说了吉利爷爷的好，但其实，人还是蛮复杂的。曹腾虽然名声特好，但细品起来，也不是好到无瑕，也干过很惹争议的事，比如，跟梁冀的关系。

梁冀那个无恶不作的大魔王，曹腾居然跟他关系不错。梁冀立桓帝刘志的时候，朝臣有一批反对的，人家想立清河王刘蒜。刘蒜年龄大，名声好，能力高，不像刘志还是傻乎乎的小孩儿。人家反对得有理，梁冀都快坚持不住了。偏偏这时，吉利爷爷出场了，实实在在地给梁冀打了一剂强心针。

深夜，曹腾密访大将军府，他低声对梁冀说："将军几代都是皇亲，掌权这么多年了，宾客也很多，啥样人都有，难免有做得不好的地方。如果现在立了有本事的清河王刘蒜，恐怕将军就要大祸临头了。不如立蠡吾侯（刘志），还可以长保富贵。"

曹腾这番话什么意思？他可不是仅仅给梁冀提建议来的。曹腾更深的目的在——代表宦官，来向大将军表态！您如果立小的，我们都支持！梁冀一看，这么有能量的宦官都站自己这边了，心气一下就定了。"好！就依公公！"于是，梁冀不容置疑地拥立了14岁的刘志。又是小皇帝上位，东汉的魔咒怎么也打破不了了。

那曹腾为什么要支持梁冀，非要立小皇帝呢？这不是给天下添乱吗？曹腾当然有他的心思。皇位交替，这么大的事，宦官们自然也要为自己打算，也得自保不是？曹腾曾代表宦官去拜访清河王刘蒜，结果刘蒜爱答不理，特别傲慢，一脸的看不起。曹腾一瞧这状况，心想，如果清河王当了皇帝，那我们宦官恐怕真没好日子过了。于是，一不做，二不休，你干脆别上位了！所以，就有了那次深夜密谈。

看看宦官的本事有多大！分分钟就左右了皇帝人选。而且这一次，梁冀记曹腾的好不说，桓帝刘志也特别记曹腾的恩！因为迎立天子有功，曹腾官位大升，还被封为费亭侯，风光了一辈子。

吉利爷爷确实很了不起有没有！从小娃时入宫，三十几年，混成了后宫顶级大官，年薪两千石，都快赶上丞相了！在险恶的深宫掖庭，这需要什么样的手段和心机？而且，身处一片臭泥塘中，他居然就开出了一朵香花，一点没跟坏心宦官们同流合污。这又需要什么样的定力和城府？！看他为人，平时仁厚大度，可处境凶险时，出手冷静果断，没一点拖泥带水，轻轻松松成功自保……这等能耐，恐怕连曹吉利都没有，他可不像爷爷这么能沉得住气。

所以，曹操的成事，第一位立功的，是爷爷。而且，是决定性的功！如果没有曹腾这个不得了的开端——从一个乡村小地主的儿子逆袭成顶级大官，吉利再是有能耐，这辈子也难说在哪儿玩泥巴呢！

吉利家的暗黑史

说完了爷爷和祖爷爷，我们再往上撸撸曹家的家谱。这下完了，完全陷入“暗黑”。这个“暗黑”包括两方面，也就是关于曹操出身的两个“谜案”。

1. 曹家祖宗之谜

说法有三种。

第一种，曹吉利自己说的。

他作了一篇《家传》，说自己是“曹叔振铎之后”。振铎是周文王的儿子，周武王的弟弟，被封在曹地，于是就姓曹了。既然是周文王一家，祖上就该姓姬。

第二种，《三国志》说的。

《魏书武帝纪》：“太祖姓曹，讳操，字孟德，汉相国参之后。”说曹家是西汉名臣曹参的后代。两者的联系是：曹参是沛国人，曹操也是沛国人。

第三种，魏明帝曹叡说的。

曹叡是曹丕长子，曹操的孙子。曹叡当皇帝后，干了件特别吊诡的事。有一回，在祭天的时候，他居然把舜给认成祖宗了。他爷爷说，我们是文王之后，该姓姬；他就说，我们是舜之后，该姓姚！曹家那时是皇帝，皇帝的祖宗，还能三天一改，快成搞笑记了。这说明了什么呢？——其实曹家人自己，对祖宗是谁，也搞不清楚！曹操明明说是文王，曹叡还敢改，正是说，其实他既不清楚祖宗是谁，也根本不在乎。什么虞舜文王的，只要是个圣人，够忽悠天下就行了，是谁都没关系！

所以，关于曹家祖上，绝对是一道永远也扒不清的暗黑课题。流传最广的说法还是《三国志》，即西汉名臣曹参之后。但这个"貌似最可信"的，前几年也遭到了打击。

2013 年，复旦大学历史学系和现代人类学教育部重点实验室联合课题组发布重磅消息：关于曹操家族的 DNA 研究取得最新成果，百分之百确定了曹操家族的 DNA！

课题组公布了一串神秘字符：O2*-M268。这串神秘字符的神秘解释是：曹操家族 DNA 的 Y 染色体 SNT 突变类型……

什么？不懂？那就对了，反正这个符就是吉利他们家的代码，家族身份证号，基因里有这符的，是自家人；没这符的，去去，少来冒充，俺们可是皇族！

课题组还研究了曹参的后人，很不妙的是，曹参相的 DNA 里，没有 O2*-M268！好不容易透点亮光，给自己找了个有头有脸的祖宗，快把大半个天下忽悠了，谁知这一下又被踢进了黑暗中……

那么，现在我们就可以说结论了：曹操家族哪里来的？究竟是什么人之后？正确答案是——不清楚。

好吧。既然东胜神洲的石头缝里能爆出个孙悟空，那咱们就当中原大地的茫茫青天上，也掉下了个曹吉利好啦！

2. 吉利的真爷爷之谜

曹操的爸爸是过继的。从哪儿过继的？爸爸的亲爸爸，也就是吉利的真爷爷，到底是谁？又姓什么？

历来的答案是：夏侯、夏侯、夏侯。原因是：看，曹家和夏侯家那么好！裴松之注《三国志》这么说，胡三省注《资治通鉴》这么说，许多人都这么说。

但关于这个说法，早就有反驳。比如，曹操把自己的女儿清河公主嫁给了夏侯惇的儿子夏侯楙。这是啥概念？吉利如果真的姓夏侯，那他的女儿也该姓夏侯，清河公主夫妻俩，就是一对儿夏侯！这可大大违反了咱们古代极严格的“同姓不婚”制。

就好比《红楼梦》，贾宝玉可以娶林黛玉，娶薛宝钗，虽然一个是姑表亲，一个是姨表亲，但都是“表”的，是外姓，可以娶。如果换成“堂”的，堂姐堂妹，那就万万娶不得了。假如吉利姓夏侯，那清河公主嫁夏侯楙，就是贾宝玉娶贾惜春的即视感！这叫啥？妥妥的乱伦！

虽然说吉利向来任性，有股子不服天管的劲儿，但也不至于粗犷到回去做原始人。所以反推，吉利爸爸不该姓夏侯。

争论，快两千年没停。这时，神秘又权威的 O2*-M268 又出场了。别吵啦！告诉你们一个秘密，科学家已经发现，夏侯家后代的基因里，没有我好吧！——也就是说，曹操的真爷爷根本不姓夏侯！

相比吵架，O2*-M268 显然更坐实，别的都该叫“推测”，人家这可叫“证据”！

那么，第二个暗黑之谜也可以揭晓了。吉利的真爷爷是谁？答案是——反正不是夏侯。

那曹家跟夏侯家怎么那么好？人家是同乡好吧？而且世世代代联姻，后来吉利起事，更是跟夏侯家成了一体，谁也离不开谁，跟冬虫夏草似的，很正常。

那吉利的真爷爷不是夏侯家的，又是谁家的？最自然合理的推测——曹家自己的！爷爷曹腾哥儿四个，他最小。过继哪个哥的娃都可以，为啥要去找外姓？所以，吉利是曹家自己的根儿，才是最大的可能。

曹老板的身世，基本扒清了。下面，我们就去瞧瞧，曹吉利是怎么长大成人的，小时候究竟猴儿成了啥样。镜头聚焦——皇都洛阳。

02
不折腾的男娃不算牛娃：曹吉利的猴儿耍童年

猴儿

曹操小时候是一个猴儿，跟吉利这名字特搭。大概从出生就不是省油的灯，所以才得了这个又活脱又喜庆的名字。

要说娃娃们的天性，真是造物的鬼斧神工，实在不是我们凡人能左右的。规律是：你出生时是猴儿，必然一辈子是猴儿，一岁有一岁的猴儿，十岁有十岁的猴儿，长大以后，还有长大以后的猴儿，即使老了，也是老人堆里的猴儿！所谓“别看现在淘，大点就好了”，就是自我安慰用用，根本不存在的。

不过，后天教育也不是没用，多少能调理调理猴儿性，限制一下继续猴儿化，早点像个正经人。

但曹吉利，是猴儿得很彻底的，都当大佬了，还时不时猴儿性爆表。

他怎么能这么猴儿?

第一，天生来的，这个连亲爹亲娘都无能为力；

第二，没接受去猴儿化训练，亲爹亲娘都没管。

所以，吉利一猴儿到底，再不回头了。

绝对放养的童年

吉利家的育儿思路，绝对是放养，全开放式。

吉利是他们家的大儿子，下面有好几个弟弟。可他这个长子，从小就不招老爸待见。大概太猴儿了！管起来实在头疼，老爸曹嵩根本懒得理他。老爸不待见，那总有亲妈吧？可吉利的命实在不好，亲妈很可能不是正室，也很可能早逝，完全没存在感。后来吉利都老大了，还特别沉痛地写诗：

自惜身薄祜，夙贱罹孤苦。既无三徙教，不闻过庭语。

乍一看，还以为是个孤儿呢！

——我是真可怜哪！从小就没福。生来就低贱，没人疼没人管。既没有老妈给我“三徙”的教育，也没有老爸给我“过庭”的指导……我真惨哪！

“三徙教”“过庭语”，是两位顶级大人物的育儿典故。

“三徙”，指的就是“孟母三迁”。

话说，孟子老爸死得早，孟子跟着他妈长大。一开始，他家住在墓地边，孟子就跟着邻居小孩一块儿玩哭丧，又是下跪，又是捶胸顿足地号，学得跟真的一样。孟子老妈一看，这哪儿行！就说：“这不是我儿子能住的地方，咱走。”于是搬家。

搬到了市场附近，邻居是个屠户。这回可好，孟子又跟邻居小孩学起杀猪来了，不但学杀猪，还学会了怎么卖猪肉！孟子老妈又皱眉了，“这也不是我儿子能住的地方，咱走！”又搬家。

最后，孟子老妈把家搬到了学馆旁边。每天听着琅琅书声，不错，清心。孟子还能跟着一块儿读。每月初一，官员们还到学馆的文庙来参拜，一个个端端正正，连走路姿势都讲究。孟子也学得有模有样。孟子老妈这才点了头：“嗯，这个地方，才适合我儿子住。”于是，孟子家终于实现了定居。

就是这么一位不怕“搬家”这天下第一烦的伟大母亲，让曹吉利羡慕得牙痒痒，我怎么就没有这样的亲娘对我进行教育呢！

另一个“过庭语”的故事，说的是孔子教育儿子。

一天，孔子端正地站在堂前，儿子孔鲤经过，诚惶诚恐地一溜小跑，孔子威严地开口：“你过来。”孔鲤乖乖走到爹面前。孔子又威严地问：“今天，你读《诗》了没？”孔鲤低眉耷眼地回答：“没有。”孔子说：“不读《诗》，你怎么懂得表达？”孔鲤赶紧点头：“是是。我这就去读。”

另一天，孔子又端正地站在堂前，孔鲤又一溜小跑地经过，老爹又威严地把他叫住了：“今天，你学《礼》了没？”孔鲤又摇头：“没有。”孔子说：“不学《礼》，你怎么知道为人处事？”“是是，我这就去学。”

孔子问的这两次“学了没”，就叫“过庭语”。

说到这儿，大家是不是已经很有感了，太熟悉了有没有？

“你课文背完了吗？”“你练习做完了吗？”

咱老父老母们哪天不得跟娃吼个几十遍。只不过孔子是圣人，问了两遍“作业完了没”，就成了千年经典，育儿楷模，咱凡人老爸就是吼一万遍，也只能算狂躁发疯，最后还全没效果。

这就是“过庭语”的典故。曹吉利一想到这事儿，心里就不忿。我爹怎么就不能像孔子老爷爷那样吼我做作业呢？真是完全放养啊！所以你看看，我都成问题少年了！

嗯！如果按凡人娃娃的标准来衡量，曹吉利这小孩还真有问题。比如下面这个故事，都能跟魔鬼梁冀有一拼了。

就奸诈，就逞能，怎滴

吉利小时候跟梁冀还真有点儿像，从不干正经事儿，每天飞鹰走狗，闯祸不断。飞鹰走狗，本身指打猎，也可引申为到处游荡，游手好闲。在古代，飞鹰走狗，是权贵子弟不成器的标配词。

因为太放荡，吉利也跟梁冀一样，被人在老爹面前告了状。不同的是，给梁冀告状的，是他父亲的朋友；给吉利告状的，是他的亲叔叔。最后，魔鬼梁冀把老爸的朋友给做了，那吉利呢？实话说，他真没梁冀那个魔性。他是猴儿，梁冀是魔，还是有本质区别的。

吉利怎么干的？他想了个阴招，把老爹诳了，还把叔叔给陷害了！

有一天，吉利在路边玩儿，老远看见叔叔来了，立马挤眉弄眼，一张小脸立刻嘴歪眼斜。叔叔一看吓一跳，赶紧问他，你这是咋了？吉利惨兮兮地说："我突然中了风，就成这样了。"娃中风，这可不是小事，叔叔麻溜地找他爹去汇报。老爸曹嵩一听，也急了，赶紧把吉利叫到跟前。可等儿子来了一看，一切正常！小脸干干净净，五官都在原地儿，哪有中风的迹象！

曹嵩就怀疑了："刚才你叔叔说你中风了，难道他说错了？"吉利满脸的委屈："叔叔不喜欢我，所以老说我的坏话。我根本就没中风。"

结果吉利阴谋得逞，老爸完全上当！后来，叔叔再来打吉利的小报告，曹嵩就不怎么信了。

曹吉利好奸诈有没有？看这计策的每一环，都合情合理，哪由得你不相信！难怪他后来一辈子跟人斗智斗狠，每每都是赢家。所以，要论"奸诈"的素养，那绝对是天赋！

吉利陷害了叔叔，心花怒放，更为所欲为，彻底地猴儿上天了。

论曹吉利的猴儿性，奸诈是一个爆点，还有另一个爆点，也"闪闪放光"，那就是——逞能！

南朝学者刘昭写过一部《幼童传》，记载了这么一个故事：曹吉利小的时候，大约 10 岁，在家乡的谯水里洗澡，洗着洗着，有一只蛟从水里慢慢游过来，朝他逼近。吉利一点也不怕，“自水奋击”，从水里全力袭击，居然把蛟给打跑了。吉利洗完澡，没事人一样，上岸回家了。

后来，有人在水里又看到了这只蛟，吓得哇哇怪叫，抱头就跑。吉利在一边嘲笑这几人：“我早就碰到过它！我的手下败将啊！不就一只蛟嘛，你们就吓成这个样儿！哈哈哈哈……”这几人惊魂未定，瞧瞧吉利，心里暗想，这小子还真不是一般小孩儿啊！

这里有个问题，“蛟”指的是什么？难道是蛟龙？当然不是。毕竟咱们是说历史，不是讲神话传说。那这个“蛟”又是啥呢？很可能是鳄鱼。也就是说，曹吉利在 10 岁的时候，徒手打跑了一条大鳄鱼！

看看这能逞的，很凶险也很够味有没有？不知道是无知无畏，还是真的胆大过人。反正吉利对干架这事儿，兴趣一直特浓厚，一辈子也没变。人小的时候就打架，人多的时候就打仗，还经常自个儿带头冲锋陷阵，这有多过瘾，多能耐啊！

就这样，吉利一边爆着各种坏水，一边试着各种凶险，猴儿过了童年。转眼十几岁了。奸诈的素养和逞能的爱好，一点儿没变，就是表现方式跟小时候不一样了。而且，他还开始探索人生问题，琢磨自己要做什么样的猴儿了。那么，吉利生命中最重要的领路人，大哥兼伙伴、盟友兼仇敌就要出场了，他就是——头顶金标、光芒四射、人见人爱的大帅哥——袁绍大公子。

03

其实俺们真是队友：袁绍曹操少年游

曹操和袁绍是真朋友，打小一块儿和过尿泥的！

虽然曹操这辈子打交道的人多了去了，但标签无非就这么几种：亲戚、手下、敌人、女人。还有，该杀的、该整的、该清的、该算计的、该拉拢的，等等等等。

但就是“朋友”这标签底下，相当稀少。曹老板很寂寞啊！还不如咱吃瓜群众，要清点的话，总能点出几个狐朋狗友来。

曹操一个政治家，不能说有“真朋友”。但如果刀架脖子上，非逼他说出一个，那么，除了一位鲍信，我想他也一定会说：俺本初大哥。

吉利是从小就跟着袁绍混的，袁绍也乐意带他玩儿。年龄上，袁绍比吉利大一点，具体几岁，史书记载不明，我们也无须深究，总之稍大就是了。

看这两个葫芦娃，一个是官五代，一个是阉三代，俩人家里官位都大，势力都豪，妥妥的纨绔子弟组合。但他们俩能玩到一块儿，原因还挺微妙。

袁绍家的爷爷、爸爸、叔叔、伯伯，个个都是人又好官又大，被大家夸了一百多年，袁公子天生就带着光环。吉利呢，脑袋上却顶着“阉”字大黑锅。按理，光芒四射的袁大公子，不该看上满脸黑线的曹吉利。但袁绍的灿烂光环里，有瑕疵；吉利的大黑锅上，也有闪光。于是，相看两不嫌弃，俩娃真心混到一块儿了。

袁绍的瑕疵是啥呢？——他的生母是婢女。就是说，他是丫头养的，庶出！在古代，这个正出跟庶出，可是美玉和破石头的差距，具体待遇可以参见贾宝玉和贾环。虽然后来袁绍被过继给了二伯，摇身一变成正牌长子了，但小时候，这个庶出，可像乌云一样罩在头顶，郁闷了他很多年。而且，他还有个正出的亲弟弟袁术，也常跟他们一块玩儿，更衬得袁绍灰头土脸。

袁绍和袁术互相看着不忿。袁绍想，明明我是你哥，可你眼里哪有我？啥好处你都占先，还嫌不够？见了我，眼睛就跟长头顶上一样，你这个弟弟，不要也罢！

袁术想，你本来是一个丫头生的，我这根正苗红的娃，还得毕恭毕敬地喊你哥，你也配？我就不理你，又怎样？

这对亲兄弟打出生就没好过，互相嫌弃了一辈子。小时候，袁术在娃群里排挤袁绍，让哥哥难堪，等老大了，袁术还跟别人说，袁绍是他的家奴呢！

所以，袁绍不是灿烂得没挑，短板也很抢眼。吉利呢，虽然顶着黑锅，但也有闪光，这闪光就是，他爷爷是个不错的宦官！说不定，吉利的爷爷和爸爸，跟袁绍那些官大名高的父辈祖辈，关系还挺好。

同病相怜的味道有没有？你是庶出，我是阉党，俩人心里都郁闷，还都没法说出口。好吧，就算别人嫌弃，咱俩可以组队啊。所以，袁绍和吉利很小就混在一块儿了。

本来袁绍性子比吉利沉稳，可现在被这个猴儿友一带，袁绍也猴性开挂了！

这说明了啥？对付葫芦娃们，让一个上蹿下跳的去跟一个沉稳乖巧的学乖，结果一定很悲摧。因为必然会是沉稳乖巧的娃，一瞬间就学会了上蹿下跳，上蹿下跳的那个呢，更是猴上加猴，敢造反太空了。指着猴儿跟人家学乖，根本没可能啊！就好像杀鸡给猴看，结果没吓着猴，反倒让猴也学会了杀鸡一样。

于是，袁绍跟吉利猴儿到一块儿了，偌大的洛阳城，没有这俩不敢干的，折腾得昏天暗地，真是京城一景儿。

关于这俩的折腾，《世说新语》里记载了这样一个故事。

有一回，袁绍派人偷偷拿剑去刺曹操。细品这事的起因，也不难理解，以吉利那性子，平日肯定没少跟袁绍逞能，什么徒手退蛟龙之类，肯定没少吹。袁绍心想，行啊，你不是牛吗，那我就试试你。

他们两家离得不远，袁府、曹府都在洛阳的富人区，俩娃这么多年互相串门、猴闹，早混得跟自家似的，所以袁绍派人进曹府，是易如反掌的事。

当时吉利正在床上躺着，周围垂着帐子。这来人鬼鬼祟祟地一进门，他就觉察了。

果然，一把剑突然从帐外刺来！吉利一挺身，躲开了！剑从他身下刺过，低了。吉利心想，好你个袁绍啊，居然派人暗算我！再冷静一想，一剑没刺成，必定还有下一剑。这剑刺低了，那下一剑，肯定刺高！于是，吉利紧紧把身子贴在床上，一动不动。第二剑又刺来了！果然高了！

看看吉利有多能耐，多奸诈！《世说新语》把这个故事放在了假谲篇，就是想跟后人说，曹操这小子真是打小就奸诈得藐视古今啊！

再说说袁绍这把剑，其实未必是真剑，他再怎么猴儿，也不会想把自己难得的发小杀了吧？再怎么有预知力，也不会料到这最要好的朋友，几十年后会是他最大的仇敌吧？袁绍不过是逗逗吉利，吓吓他，想煞煞他的吹牛爱好罢了。

但从这个故事，我们似乎也能大致看出，论起使诈、耍滑，袁绍还真不是吉利的对手。还是那句话，“奸诈”这素养，那绝对是天赋！

这个“行刺”的故事，虽然听着挺险，但毕竟是小孩儿的事，他俩

没闹出圈。下面这个“劫新娘”的梗儿，那可就是真真的扰乱京城治安了，谁听后都得拧眉瞪眼。

有一天，这哥儿俩在街头穷逛，正赶上有人家办婚事。这俩一边看热闹一边就打起坏主意来了。当然，主谋必是曹吉利。俩人悄悄对话。

吉利说：“你信不信？我能把这新娘子给劫了！”

袁绍说：“别吹了你！那么多人，你怎么得手？”

吉利说：“你看我的呀！”然后，在袁绍耳朵边低语半天。

袁绍一听，也来了精神：“行啊！那就干！”

俩人混进人家的园子，办婚事很热闹嘛，人来人往的，很多人相互都不认识，所以看到这俩孩子，谁也没觉得不正常。这时，吉利突然在人群中扯着脖子喊开了：“抓贼啦！有小偷！抓贼啦！”

古代的婚礼都要搭个帐子，新娘在里面，叫青庐。主事的和张罗的，也大多在青庐里。吉利在外面这一叫，里面的人都惊了，赶紧跑出来看，于是帐子里就剩下了新娘。

吉利一看得逞，跟袁绍换个眼色，哈哈，妥啦！俩人一块儿冲进去。吉利拿出随身的短刀，把新娘给劫持了，还押着新娘往外走。

太无语了有没有？哪儿见过这样的劫匪！不为劫财，不为劫色，就为了在发小面前逞个能！

可是，周围的人当然理解不了吉利的追求，真是如临大敌，纷纷高喊：“抓强盗啊，别让他们跑了！”

这俩一看人这么多，也有点怕了。反正吉利劫持新娘的能耐已经显摆完了，目的达到，索性赶紧跑。

吉利丢下新娘，拔腿就跑。他俩慌乱之中选的道还不一样。要说犯坏时的敏捷和机灵，袁绍真是不如吉利，一个不小心，掉进荆棘丛里，一动也动不了！吉利一看急了眼，不能把好朋友给扔了呀，于是又扯起脖子喊：“小偷在这儿哪！在这儿哪！”人们一下都被吸引了，冲过来抓吉利，袁绍这才从荆棘堆里爬出来，逃了。

当然，以吉利的能耐和奸诈，最后还是平安回了家，袁绍也顺利脱身。就是俩人回家后，会不会被老爸痛揍，就难说得很了。

人在童年时的友情，必是真挚的，全凭本心，全凭喜欢。只有长大了，心不那么干净了，才会懂得相互利用的法则。

这俩是儿时郁闷中的小伙伴，是一块儿犯坏时相互帮衬的小萌贼，是三国乱世里两颗最饱满、最有生命活力的好种子。

老天弄人，实在是世之常情。观赏着这对小萌猴，让我们怎么去体会，袁绍读着陈琳写的讨伐曹操的檄文，从曹操的祖宗开始骂起，骂得狗血遍地、不忍卒听时，那是什么心情？

我们又怎么去体会，曹操击败袁绍，攻占邺城，走进袁府，看着袁绍日常用过的每件器物时，又是什么心情？

所以人生常态，就是事事无常。哦……后话还很远，咱们还是赶快把心情收回来，陪着他俩一块儿继续长大吧！

04

谁的成长之路不烧脑：洛阳小友成名记

袁绍和曹操，都是在宦官妖雾的笼罩下长大的。

单超他们帮刘志诛梁冀那年，曹吉利 4 岁，袁绍大概五六岁。想想当时，俩娃肯定是先流着鼻涕、瞪大眼睛观摩了一场京城大混乱，然后又活蹦乱跳地加入了庆祝诛杀大魔王的狂欢人流。娃嘛，只要过节就蹦高，管它是什么节呢。

然后，宦官就疯了。不过，宦官再疯，也没疯到袁绍和吉利头上来。袁家和曹家，宦官想拉拢还来不及呢。

先说袁绍这边儿。袁绍出身东汉最豪的汝南袁氏家族。关于袁绍他们家，我们常提到的词儿叫“四世三公”。就是说，袁家连续四代都有人做到了三公的职位。三公是秦汉时代的顶级大官，直接向皇帝汇报的，比部长级还高。其实，如果把后来曹操让给袁绍的那个大将军也算上，那袁家就是五世三公了。在当时，除了弘农杨氏（杨修他们家），再没有能跟袁绍家相提并论的。

袁家几代人不间断地积累，他们的下属、学生，还有推荐的官员，满天下都是，不知多少人受过老袁家的恩义和照拂，于是，就有了另一句常用语：门生故吏遍天下。

袁氏极其兴旺！民国大枭雄袁世凯，家里就有这么一副对联：“汝南家声旧，舜裔世泽长。”说他自己是汝南袁氏的后代，为此还特别骄傲。直到今天，河南省驻马店市汝南县，还有两万多的袁姓人，有好多村子都以“袁”来命名，比如袁庄、袁老村、后袁庄等。

就是这么一个顶显赫又顶得人心的豪门！那些在朝廷里得势的，不论是外戚还是宦官，如果不是脑子进水，都不会跑去招惹。相反，还得巴结讨好，以便从老袁家借点势力和人心。比如当年的魔鬼梁冀，就特别注意跟袁绍他爸袁成搞关系，特听袁成的话（袁成是袁绍法律意义上的爹，袁绍本是袁成弟弟袁逢的儿子，过继给袁成的）。

没错，管你天下血雨腥风，我老袁家就是强，雷打不动。而且，袁家人也极有家族智慧，特懂乱世保身的道理。梁冀又邪恶又跋扈是吧，好，我们虽然不跟你一头儿，但也不得罪你，你来攀交情，我们来者不拒。所以，袁成跟梁冀关系不错。但等到了桓帝诛梁冀的时候，袁家可是铁了心站在皇帝一边的，记得刘志起事时，那个去没收梁冀大将军印绶的光禄勋吗？他叫袁盱，是袁绍的亲叔公。看看这变通的能力！

这就叫世家大族！对他们来说，天下是小，我家是大，家族利益永远排第一！至于爱国爱皇帝，那得排老二。在三国里，这样的大族可不在少数。后面他们会一个个地出场，到时，咱们再去好好观摩他们的智慧和能量。这里必须说一句的是，世家大族，他们几乎决定了历史的走向！当然这是后话，咱们到时细说。

现在，宦官疯上了天，袁家的长辈们，虽然看着心里也恨，但绝不会像党人那样，真拿性命家资去追求正义。所以，他们就希望小辈们消停着，踏实着，最好都宅在家里，别出去跟着闹。宦官再疯，也没疯到我家头上，没招惹我们不是？

但袁绍不听，他比那些叔叔、伯伯有志气！我虽是庶出的娃，但却才自精明志自高，让我无风无浪地在朝廷里混个官，顶多再给家谱添两笔，我不乐意！

袁绍跟吉利一起，还有另外的几个小友，张邈、许攸等，也包括弟弟袁术，还是一心想着当下最热门、最亮眼的话题：斗宦官。看着党人明星们被全天下崇拜，他们就算不能去当党人，也得走在时代的前头！其实袁绍的心思明显比那几个更远，也比吉利深沉。他已经开始有意结交各方人士、各路英才了。而且，看他待人接物，又恭敬又谦虚，把自己放得特低，没一点儿顶级豪门贵公子的架子，大有孟尝君倾心养士的范儿。

袁绍很有眼光！显然，他料定天下就要大乱，已经在为干大事做准备了！

我们来看看现在的袁绍。

他已经快二十岁了，再不是那个跟吉利闹得昏天暗地的幼稚娃。而且，他的身份也发生了脱胎换骨的变化——被过继到了二伯袁成家，从丫头养的变成了堂堂正正的袁大公子！名分比整天自恃正根的弟弟袁术还高！

袁大公子人长得英俊，气宇不凡，还言语谦和，待人温馨。现在又正了名，那灿烂光环一下就爆开了。这样的小伙，谁见了不喜欢！满京城的年轻人都想跟他结交，把自恃正根的弟弟袁术气到了吐血！

当然，对这个，袁绍已经完全不在乎了。跟弟弟这么多年的较量，他已经完胜，面对弟弟的猴急上房，他只要“淡淡一笑”就行了。

没错。在那时候的洛阳城，年轻人里最靓的光环，是属于咱本初大公子的。

我们插句后话。

从此以后，弟弟袁术就开始了一辈子的恨。我们看后来袁术的出场，除了丧心病狂地自封皇帝，欺负孙家，让人印象最深的就是怎么骂他哥、怼他哥了。袁术恨袁绍，比恨所有的敌人更恨！一家兄弟做到这份上，也算绝了。

说完了袁本初，我们再来看曹吉利。

其实，曹家的长辈们也是反对吉利整事的。

第一，咱本来就是宦官家底儿，要什么志向？宦官要有志向了，那就出事了。一辈子平安富贵，就是宦官最好的人生。

第二，虽然，咱家祖上不是坏宦官，名声还不错，但咱也是宦官啊，好多世交关系啊，都是宦官这堆里的。现在，你要反宦官，你让咱家可怎么自处？

但曹操不听。跟袁绍一样，他也有他的志气！只是，他的志气比较模糊，的确是这个问题：他一个宦官之后，能有什么志向？敢有什么志向？这一点，他实在比不了他本初大哥。他敢想，或者说能想的事，只能是：我要当个官。也不敢想多大，当个郡太守就行啦。我要在任上好好干，要反宦官，要正风气，让人们都知道我有能耐，有本事。就这么简单，这么实！

说到这里我们就发现了，袁大公子关注的，是天下、是格局、是长远；吉利看到的，只是眼前这条窄窄的路。吉利不是不想看格局，是老天根本没给他这个机会和资格！所以他就有不了那样的眼光。吉利看到的永远都是“实”的。

其实，这也正是袁绍和曹操最大的区别。袁绍玩得“虚”，也特别擅长玩“虚”，把“虚”的效果发挥到了绝顶；曹操来得“实”，一辈子就认看得见摸得着的东西，最后把“实”干到了极致。其实，玩“虚”和玩“实”，都很牛。我们不能轻易地论高下。而且，“虚”和“实”，也都有短板，都有事儿干不成的时候。

所以，袁绍和曹操，路子完全不一样。虽然小时候是一对小萌贼，彼此也很有爱，但长大以后，就越走越远了。道不同，那个“爱”也就渐渐冲淡。这也是后来俩人都能下狠手、非要弄死对方的原因。

那现在，袁大公子折节下士，成功树立自己的美好形象，吉利又在干什么呢?

曹操是真郁闷。看着袁绍那光芒，更衬得自己脸黑了，就连长相都跟人家差几个等级。来拜访结交的，都是冲着袁大公子，谁答理他曹吉利！好不容易认识的这几个，也是因为蹭了袁绍的人气。

曹操已经认定袁绍是带头大哥了，现在，大哥真比他牛。他必须跟着袁绍混。但只当个跟班，吉利是肯定不满足的，他也要整事，不干点儿啥不罢休！

曹操整事的思路，还是没有变，两个字——闹腾！跟小时候一样。其实有点没新意。关键是他还没找到新出路，新方式，只好故技重施。

东晋学者孙盛在《异同杂语》里记录了这个故事。

话说有一天，曹操偷偷闯进了大宦官张让府里。去干什么？故事里没说，是行刺？是吓唬？不好说，但肯定是去犯坏的，肯定要对张让不利。

我们来判断一下，以吉利当时十几岁的年龄，还有他一贯的行事，行刺这种捅破天的大事，估计是不敢干的。那么，是想抓住张让吓唬威胁一下？或者把张让揍一顿，警告他少干坏事？这倒很有可能，很合吉利的脑路。

但是，吉利没得逞，被张让发觉了。张让立刻吩咐：来人！一看家丁都包围上来，吉利疯狂舞起了手里的短戟，施展武功冲出重围，跃上高墙跑了。

是不是像极了武侠小说？吉利还是那个折腾范儿。咱不是要反宦官吗？那我一定要为反宦官事业做贡献。可我没别的招啊，那就还来横的吧！其实，现在大家长大了，已经不流行这个了，人家袁绍已经妥妥地玩起政治了，吉利还来“武力胁迫”，就显得有点小儿科。而且，结果也可想而知，肯定成功不了。袁绍听说这事后，恐怕又会“淡淡一笑”吧。大概还要象征性地表扬吉利几句，你很有胆气、很有才武嘛。

这里有个问题，张让如果知道来“行刺”的是曹操，会怎么想？难道不会对曹家不利？其实这次也没那么严重。在张让眼里，曹操是个小孩儿，还是宦官阵营里的，自己人，就算干了坏事，看在他爷爷的面上，也不好过分追究。而且，小孩儿本来就脑路清奇，这小子又出了名的猴儿，所以整出什么来都不奇怪。于是，也没见宦官怎么报复曹家，大约张让弄清是曹操之后，也就很无奈地骂一句：“又是这猴崽子！”然后就了事了。

好，本初大公子和曹吉利都已经开始了人生追求。袁绍已经找准了路，吉利呢，还在荆棘中摸索。那么后来，曹操是不是找到正路了？

05

求个好评有多难：曹吉利的蹦跶人生

说到这里，我们先来看看到什么年代了，看看三国的时钟，指在了哪儿。

现在是汉灵帝建宁年间，大约公元 168 年到 174 年，离天下土崩的黄巾之乱，还有 10 年。

袁绍快 20 岁了，曹操也十七八了。袁绍已经定型，基本成名。可曹操呢，还在找路。

不得不说，曹操实在挺悲摧：相比袁大公子的人见人爱，曹吉利基本上是人见人嫌。你个阉三代已经够黑了，还到处蹦跶，长得丑不是你的错，可你别出来吓人好吧！一个顶着黑锅的闹猴儿，谁会看好。

但是，曹操不甘心。他觉得自己“能”！确实，曹操真的“能”，不管是诳老爹陷害叔叔，还是徒手退大蛟；不管是劫新娘还是行刺张让，哪件事都透着能耐，真不是寻常娃能干的。绝对是天才！像袁绍那样的世族大公子，虽不能说一撸一把，但历史上并不难找；可像曹操这种天生的奸诈和敢干（当然，我们也可以用褒义的说法，天生的聪明和胆识），那真是千载难寻其二！很原始很野性，但极具生命力！

没错，曹操不甘心。现在闹腾这条路走不通，那我再找。于是，曹操想出了新策略——求好评。

求好评，还真是千古不变的定律，大名人给你点个赞，再写上几句好评，小喽啰也能身价倍增。不过，古代是不能刷单的，咱古人太讲气节，特别在东汉的时候，名人们个个都是“清流”，你胆敢给人家送钱，让人家给你刷单，那结果必然是——人家非但不接受，还会立刻给你个大差评，从此你这名声就直接掉进黑洞，万劫不复了。说起来，咱们的古代社会，有些地方还真挺让人怀念。

曹操厚着脸皮求好评去了。当然，十有八九都是遇冷。要不然，就是连名人的门都进不了；要不然，就是进了门，可人家却爱答不理，走大街上跟名人碰见，人家也会把他当空气。

比如，有一回吉利去拜访大名人宗承。宗承是南阳郡的大名士，人品高尚，特受人敬重。吉利一大早赶去拜见，发现要见宗承的人还真多，得排队，于是就老老实实地等，终于得个机会进了正厅。见到了宗大名士，可这屋里的客人太多，宗承跟这个寒暄寒暄，跟那个打打招呼，看都没看吉利。终于，见宗承得空了，吉利立刻蹿上去，拉着人家的手要跟人家攀谈。哪知宗承使劲儿把手抽走了，把脸一扭，理都不理。吉利那一脸无辜的热情啊，立即石化。

其实，以宗承的见识，当然知道来人是谁，不答理吉利，就是因为看不起。看不起吉利这顶着黑锅的猴儿。你出身不好，品性不好，风度不好，有什么资格来跟我结交？

后来，曹操成了事，当了司空，总揽国家大权，又见到了宗承，还很有意思地问：“现在，你愿意跟我结交了吗？”人家宗承还是目不斜视，看也不看地说：“我的志向就像那松柏，不会改变的。”

这就叫名士清流！我管你是不是权倾天下，该瞧不起你，还是瞧不起你！曹操一听，也没生气，反正小时候被鄙视惯了。而且，对这些真正的清流，他还是打心里敬重的。宗承这么怼他，他也没报复，还让儿子曹丕他们向宗承行弟子礼，拜人家当老师。

宗承这样的例子，吉利真是没少碰，走哪儿都是一脸灰。

不过，这世上的事，只要你的梦想不是太离谱，一般还是有回报的。老天不会辜负苦心孤诣的孩子。吉利终于得到了回报，真有几个人看上他了。有一位不仅看上了他，还把他当成了忘年挚友!

那么，都有谁看上曹操了呢？总共四位。

第一位，咱前面提到过，跟袁绍关系特好的党人明星何颙。因为常跟袁绍在一块儿混，何颙和曹操也熟得很，于是就给了他“汉家将亡，安天下者，必此人也”的评价。这句话可把曹操美爆了。

第二位，名叫李瓒。这李瓒谈不上多出名，但他老爸太有名了，于是他说的话自然有分量。李瓒他爸，就是党人的头号首领，被奉为“天下楷模”的李膺。李膺儿子的话，当然非同凡响了。其实，李瓒没当面夸曹操，是私底下跟家人说的。他快去世的时候，跟儿子们谈后事，就教育儿子：“天下就要乱了，论英雄没有能胜过曹操的，张孟卓（张邈）是我的朋友，袁本初是你们的外亲，但你们别跟着他俩，一定跟着曹操！”后来几个儿子听了李瓒的话，都跟着曹操，果然善终。

第三位，王儁。王儁是汝南名士，跟袁绍同乡。人都说，这王儁“外静而内明”，虽然不说话，但心里跟明镜一样。王儁跟党人明星范滂、岑晊都有交情。

有一回，赶上袁绍母亲去世，袁绍跟袁术回老家安葬老娘，曹操和王儁都去了。当时葬礼的场面空前，有三万多人参加！那时候，袁绍干点什么都能引发大型集体事件。

看着袁家兄弟搞仪式，行祭礼，三万多人真的假的一块儿痛哭，曹操的奸诈劲儿就又发作了，拉着王儁一边窃笑一边说鬼话。吉利说：“我看这天下就要乱了，将来啊，罪魁祸首必是这兄弟俩！为了给老百姓请命，咱现在就把他俩给杀了吧！”王儁一听就乐了。他是少有的明白人，当然听懂了曹操这玩笑里的深意，看看，袁家真是倾动天下呀！一个老娘的葬礼就来三万人！等到天下一乱，可不就看他们的了？王儁也很有深意地一笑，说：“嗯，你说得对。我看以后真能济天下的，只有你啊！”曹操跟王儁相视大笑，这时吉利的心里真是乐开了花。

不过玩笑归玩笑，王儁可是真心看好曹操的，后来也没忘了给曹操帮忙。官渡之战前，刘表和袁绍结盟，反对曹操，王儁就去劝刘表，原话是这样说的：“曹公，天下之雄也，必能兴霸道，继桓、文之功者也。”

王儁这话虽然是夸，但非常到位，也极有说明意义！他说，曹操是天下之“雄”，必能兴“霸道”。没错。曹操是“能”人，“能”得空前绝后，极有英雄潜质。虽然除了“能”，再没别的长处了，但这个“能”，正是整饬乱世最需要的！这也正是这四位都欣赏曹操的原因。

虽然袁绍很牛，资本极雄厚，为人也有眼光、有志向，但袁绍的资本，能让他成大事，也会让他受牵制。很多曹操能干的事，袁绍干不了。乱世需要行“霸道”，但袁绍不行。他是世家大族的带头人，不敢凌驾于世族之上，还得照顾世族的利益，受他们的制约，这样才能得到他们的支持，才能把他这个“虚”玩到极致！

可曹操无所谓，如果把脑袋上的黑锅一摘，就是个有家底的豪强，所谓“光脚的不怕穿鞋的”，他没家世，没人望，没品行，简直就是三无青年。但他“能”，就靠这个“能”，闯遍世界全无惧！天下土崩的大乱世，呼唤的是真雄杰，是有能耐、能干实事的，不是风度高雅的大名士。

王儁真心欣赏曹操，曹操对王儁也感激涕零。后来王儁去世，曹操听说了特别伤心，等到他平定荆州，还亲自到江边祭奠，把王儁当先贤一样敬重。

我们看，吉利也有特别深情的一面，在咱们以后的故事里，他这深情也会时不时地蹦出来，让我们感动一把。吉利确实奸诈，确实野性，但也确实是个有情人。在他最落魄、最没价值感的时候，真心给过好评的人，吉利个个都特别追念，还情不自禁地给人家写文章。

那么下面这位，就是曹操最感念的一个了。

06
据说爷爷也能当知己：曹操和桥玄的爷孙事

曹操多年如一日，上蹿下跳地求好评，难得是一个执着，终于，得来了有数的几个赞，他是又激动又感恩。何颙、李瓒、王儁，在吉利心里，个个都是知己。但最“知”他、最喜欢他的那个，得数桥玄。

桥玄是何许人?

先说桥玄的年龄，公元109年出生；曹操呢，155年出生，俩人差了46岁，皇帝都换了五轮！曹操跑桥玄府上求好评时，不到20岁，桥玄已经快70了！妥妥的爷孙组合，要数代沟的话，都不知道多少代了。

可偏偏这个桥爷爷就看曹吉利顺眼！难道真是爷孙情结？老爷爷一般都喜欢小孙子能蹦跶嘛，眼看孙子上房揭瓦，还开心地笑，“孩子嘛！越折腾越聪明！”反正，不管是不是爷孙情结，桥玄是真的跟吉利对上眼了。

再说桥玄的官职，绝对的顶级大官。看上吉利的这四个人里，数桥玄官大。司徒、司空、太尉，当时的三公，桥玄转圈儿当了个遍。其实，桥玄做过大大小小的官，从中央到地方，全都历练过，甚至还当过将军，跟鲜卑人、匈奴人打过仗，结果大胜而归，把边境搞得特别安定。

桥爷爷真是阅遍了天下变幻，人世沧桑。最难得的是，他还保持了一辈子的正直性情，为人果断刚毅，从不向黑恶势力低头。

年轻的时候，桥玄在县里当了个小官，对当地还有周边的坏人坏事很了解，旁边陈国的长官叫羊昌，作了很多恶。等专管监察的豫州刺史周景来了，桥玄就拦路跪拜，义正词严地一条条上报羊昌的罪恶，极其诚恳地请求，让他去彻查羊昌。周景一下就被桥玄的正义感动了，当即同意，让桥玄办这个案子！

可就在这时，变故突起，这个羊昌跟梁冀的关系特别好！梁冀听说这事，立刻派出快马，传书到当地，要求停办！刺史周景哪敢不听，赶紧跟桥玄说，案子快停，别办了，还拿出梁冀的信给桥玄看。哪知桥玄接过信，连封都不拆，直接放一边了。他反而更抓紧地审讯，直到把羊昌的罪恶都查清了，关进囚车，这才上报。于是，桥爷爷的不畏强权和刚正不阿，一下就出名了。

关于桥玄，还有一个故事，特能表现他的个性。

桥爷爷的小儿子 10 岁时，独自在外玩耍，突然蹦出三个劫匪，把娃给劫持了。几个劫匪劫了孩子，来到桥玄家的阁楼上，让桥玄拿钱来赎。桥玄不给。他不是心疼钱，就是不想助长劫匪的气焰。在这种僵持局面下，司隶校尉（主管京城一带监察的官，手下管着训练有素的法警队）带着手下官兵赶到了。大家都担心桥玄儿子的性命，谁都不敢往上冲。哪知这时候，桥爷爷翘着白胡子，声如洪钟地说："恶徒没有人性，我怎么能因为是自己的儿子，就纵容了贼人，让他们再去为恶，你们还不快上！"大家还是犹豫。桥玄一再催促，士兵终于冲上去，擒获了劫匪，可怜的小娃也在混战中被杀。

桥爷爷失去了最小最心疼的儿子，性情好刚烈！虽然这事很痛心，但也收获了极大效果。当时天下越来越乱，劫匪越来越多，可经过这次，劫匪们知道了，原来官兵抓人，根本不管人质死活啊！那这票营生可还怎么干？于是，从桥爷爷失去儿子后，就再没发生过劫人质事件。

这就是桥玄，一个特刚毅、特敢干、特能干，还气场倍儿足的正义老爷爷。是不是跟吉利有那么一点儿相似，比如这个“敢”，这个“能”。桥爷爷一看吉利，就勾起了对自己年轻时的某些回忆？反正，不管怎样，桥爷爷真是看上了吉利！

桥爷爷又惊异又兴奋，对吉利说：“天下将乱，安民生者，其在君乎！”——天下就要大乱了，能给老百姓安定日子的，一定是你这个娃吧！

吉利当然是激动得快哭了。更料不到的是，桥爷爷的真心喜欢还在后面，他不但大赞吉利，等两人混熟以后，还跟吉利说，我也一大把年纪了，必将不久于人世，日后，我这妻子孩子的，就都托付给你啦！

吉利感动得无以言表，一定会猛拍胸脯、热泪盈眶地说“你老放心，一定包在我身上”的吧。

吉利和桥爷爷的交情实在不寻常，既是知己，又是朋友，还是爷孙。感情很复杂，情意很深厚。吉利深深地记了一辈子。

桥爷爷为了帮吉利早早成名，还替他谋划，给他出主意。他对吉利说：“你要成名，有条好路，也算一条捷径啦，就是——去结交许劭。”吉利一听，立刻记在心头。

于是，因为桥玄的这个提醒，一个特别著名的故事就发生了。

不过，在说这个故事之前，我们先得扒一扒——这位许劭。

许劭，字子将，汝南人。没错，又是汝南，这汝南真是多名士啊！

许劭是汝南的大名士，很得人们赏识。他跟从兄许靖，在汝南老家开了一个论坛，专门品评当代人物的品行、才能。不管这人是当官的，还是在野的，都在品评之列。因为当时官场太败坏，他们就想通过这个论坛，激浊扬清，给天下人树立好楷模，好榜样。而且，这兄弟俩特别有识人之能，凡被他们评价过的，往往很快就能得到验证，评得倍儿准！于是，这论坛一下就火爆起来了，没多久就闻名天下。因为许劭兄弟是每月初一开坛评论，所以就叫“月旦评”。

月旦评虽然维持时间不长，但在历史上很有名气，比如到宋朝，大词人秦观在给老师写挽词的时候，还写道：月旦尝居第一评，立朝风采照公卿。门生故吏知多少，尽向碑阴刻姓名。

月旦评在当时的影响力可是太大了。天下士人们就算啥都不怕，也怕许劭的那张嘴。许劭一个好评，你转眼就能名动天下；许劭一个差评，你这辈子基本完蛋。许劭当了汝南郡的功曹，一个小官，可汝南的大小官员们，都吓得战战兢兢，个个检点行为，半点坏事不敢做，生怕被许劭随口来个差评，自己就别再混了。就连咱袁绍大公子，回汝南老家时都得防着许邵。本来，他带了不少的车马随从，等快到家了，一想不行，我可不能让许子将看见我这么奢侈！他要是说我坏话，那事儿就大了。于是，袁绍赶紧把车马另行安置，自个乘着一驾车，装模作样地回家了……

当时的许劭就这么厉害。

所以，桥爷爷建议吉利去跟他结交。要是得句好评，那得有多高的含金量啊！

吉利立马去了，可结果不出意外，许劭不搭理他，跟大多数清流一样。连去了好多次，还加上撒泼耍赖，仍然没半点儿用。许劭还是不置一评。

曹操真急了。已经开始打歪主意，我就不信，刀架他脖子上，他还能一句话不说！史书说，曹操最后是“伺隙胁劭”，人家才开了口。其实细品，还真不一定是“胁”，像许劭这等大名士，恐怕是不会吃威胁这套的。最大的可能是，吉利太执着，也太烦人了，许劭实在受不了这个“唐僧”，索性给他评了吧！反正关于曹操的评语，他心里早就有数了。

那么，许劭给了曹操什么评价呢？那真是三国里最有争议的一句千古名言！

07

英雄奸雄大枭雄：你到底算哪只熊

一句话之谜

曹操不断地去拜访许劭，比三顾茅庐还殷勤。

许劭被折磨得实在没办法，终于开了金口，然后他就说出了一句谜一样的大名言，然后……我们后人，就为这句名言，吵了一千多年。

许劭说：

君——清平之奸贼，乱世之英雄。

您是——天下治平时的奸贼，天下大乱时的英雄。

这是《后汉书》的版本。重点在最后，评价是“英雄”！

我们再看另一个说法。

许劭说：

子——治世之能臣，乱世之奸雄。

你是——天下治平时的能臣，天下大乱时的奸雄。

这是《三国志》裴注的版本。最后的评价是“奸雄”！

而且，前面的意思也是反的，一个说“奸贼”，一个说“能臣”；称呼也不一样，《后汉书》说“君”，也就是“您”，裴注《三国志》说“子”，也就是“你”。显然，两部史书对吉利的尊重程度也不同。

我们再看看其他古籍的记载。《世说新语》：落款——“奸雄”！《三国演义》：落款——“奸雄”！

同是许劭的一句话，史料记载却大相径庭，几乎相反！要问原因呢，其实是取决于做史的人自己对曹操的态度。看来在咱们古代，吉利这个人，确实不太招人喜欢，所以那么多的史料都把他记成“奸雄”，于是在戏台上，吉利也是几百年一贯的大白脸。

那么“英雄”和“奸雄”，到底哪个是真？许邵到底是怎么说的？我们看看后面的故事，虽然史料上这句话差别特大，你说“英雄”我说“奸雄”，但曹操听完之后的反应，记载却很一致：曹操听后，大笑、大喜、大悦而去。简直美上天了。

我们不妨反推一下，这句话能让曹操美疯，难道能是“奸雄”？许劭一评，力度跟盖棺定论差不多，如果他真说的是“奸雄”，虽不能说极度恶评，但肯定不算好，曹操能美颠颠地像得了大宝贝？

所以，许劭这一评，我以为还是《后汉书》更可信，评的是“英雄”。不过，我们也不必太跟史书较真儿，不如跳出来，咱们也当一回许劭，来品品曹操这个人。

你究竟是哪只熊

总结一下，要弄清的问题是两个：

第一，在太平盛世的时候，曹操是个能臣还是个奸贼？

第二，在天下大乱的时候，曹操是个英雄还是个奸雄？

先说第一个。太平盛世。

我以为，太平盛世，曹操必是一个能臣，不会是奸贼。

原因有三条。

第一，曹操是个真干事的人。我们前面分析过，曹操的路子，跟袁绍完全不同，他玩“实”，袁绍玩“虚”。曹操的脑路很实际，就看什么最有效，最能达到目标。虚无缥缈的遥远的事，曹操不考虑，也不感冒。因为出身阉党，他打小就没有“看格局”的资本，所以也培养不出“看格局”的能力。如果是太平治世，皇帝派他一个重任，他就会拼上能耐把事儿干漂亮，让人人都夸他。曹操的能耐我们不用怀疑吧，说史上难找都不过分。所以，论做事儿，吉利必能干好。

第二，曹操是个有理想的青年。所谓“理想”，首先得是“无私”，得是“为天下”。如果您这大志当中，还包含着给自家谋利益，那就谈不上理想，只能叫野心了。这也是他跟袁绍的另一个区别。曹操是有纯洁理想的，但袁绍不是。在爱国爱民之前，袁绍更看重他的家族，或者他自己。当然这怪不得咱袁公子，谁生在那个四世三公的顶豪家族都会一样，因为他那个家太值得维护了。可曹操家，没人家那分量。于是，他就可以没有牵累，一心追求理想去。吉利想为天下干好事，干实事，这点上，真是不带私心的。

第三，曹操特别特别希望被人尊重。小时候太憋屈了呀！他的一切蹿上跳下，不就是在刷存在感，想让别人重视，也算他一号人物吗？如果，你给他表现的机会，他肯定攒足了劲儿往上冲，一定拿出最好的本事来！比如不久后，他当洛阳北部尉，在任上干的，真是很拼啊！

所以，如果以《后汉书》为准，“清平之奸贼，乱世之英雄”的评价是真，那我就想小小地质疑一下许劭了，我以为，清平之世，曹吉利也会是一个能臣。

我们说第二个问题，也是争议最大的：天下大乱时，曹操到底是一个英雄，还是一个奸雄？

关于这个问题，就像大汉朝和西罗马谁强一样，吵了不知多少年了，一直也没吵出结果。在古代，因为特讲品德，所以一个“奸诈”就足够把吉利砸趴，一辈子别想翻身。于是，吉利一直都是“奸雄”。

到了近代，咱们不再只认孔子一个老师了，对“道德”的理解也就更复杂，更宽泛。于是，就开始有人为曹操正名，还都是绝顶级别的。比如，鲁迅先生就说：“曹操至少是一个英雄。”郭沫若和翦伯赞两位学界大佬，也先后写文章，替曹操翻案。郭沫若先生说“曹操应该被称为民族英雄”，翦伯赞先生说“应该替曹操恢复名誉”，前些年易中天先生品三国，他也说：“曹操是一个英雄。”

那么，曹吉利到底是不是英雄？英雄、奸雄，再加一个陈琳写檄文时骂他的“枭雄”，他究竟是哪只“熊”？我也姑且说说自个儿的认识。

我以为，曹吉利，不是英雄，也不是枭雄，更不是奸雄。总之，他不是一头熊！其实让他做个人不好吗，为什么非要当“熊”？如果必须得说“熊”的话，那么我认为，他是英雄和枭雄之间的一种，杂交熊。或者说既是英雄又是枭雄，两面熊。

说到这里，我们就得分析分析，英雄和枭雄这两个词，究竟是什么含义。

英雄，有仁心，甚至是圣心，道德门槛很高。枭雄呢，足够强横，手段厉害就行了，道德门槛基本没有。就像武侠小说里名门正派和魔教的区别。枭雄要再极端起来，就是恶魔了。

有时候，吉利真的像个英雄，他定北方，清边境，抑豪门，济贫弱，兴屯田，选人才，让一个已经崩到粉碎、老百姓几乎没了生存可能的天下，又整合起来了，社会秩序重新建立，让人们回到了烟火生活，这是救了多少生民啊！论功业，当然算英雄。而且，他也确实有英雄心，自小就有理想，要济天下的。

我们读曹操的诗，比如《蒿里行》：“铠甲生虮虱，百姓以死亡。白骨露于野，千里无鸡鸣。生民百遗一，念之断人肠。”满满都是对乱世中悲摧的老百姓的爱啊！

再比如《却东西门行》：“奈何此征夫，安得去四方？戎马不解鞍，铠甲不离傍。冉冉老将至，何时返故乡？”也是真心怜惜常年在外作战的将士们。

可有时候，吉利又真的……我们如果把吉利分成两半，就看这边的一半，英雄无疑，史上都难找出相像的。但再看另外一半，简直……惨不忍睹。

那一半的吉利，真的像个枭雄，还是很极端的那种！刹那间魔王附体，干出来的事，说作恶实在太便宜他，该叫罪孽！

比如，他攻徐州，屠杀百姓几十万，尸体把泗水都堵住不流了，五个县被屠成无人区。

比如，他攻邺城，又屠城。

比如，他攻乌桓，再屠城。

还有……他杀掉吕伯奢一家，又留下那句千古名言：宁我负人，毋人负我。

这是那个写下“生民百遗一，念之断人肠”的吉利吗？这是那个很有理想、要解天下之困的好青年吗？可不管你信不信，这些都是曹吉利。为百姓疾苦真心垂泪的是他；魔性上来，随手搞个“屠万方为雄”的也是他。

所以，无论史家怎么好评，说曹操是“英雄”，我总是不能很信服。英雄在一个“仁”字，从吉利身上哪能找到？他为百姓伤心，是感动，是发自天然，但是，到不了必须经过道德考量的“仁”的高度。

所以，我弱弱地认为，曹操不能算真英雄。

但我们也不能因为他干了魔王事，就抹杀了他的大功，说他是大枭雄、大魔王，就像几百年来戏台上那样，永远画个大白脸。所以，曹操也不能算真枭雄。

至于“奸雄”一说，这个词跟吉利的气场和能耐不太搭，曹操在细节处事时奸诈，但在大局上，并不是靠阴谋手段，所以“奸雄”的说法显然有点不够档次，咱就不多扒了。

说到这里，我们还得回答，那曹操到底算哪只“熊”呢?

其实，我还是想回到最开始的那句话：咱让他做个人不好吗?为什么非得是“熊”？各种“熊”都是有定义的，都是简单的。可是人这东西，偏偏最复杂。

一个娃，原生家庭这么特殊，生活年代又这么混乱，他成长得多千奇百怪、惊世骇俗，都属正常啊！我们只需记住他很复杂，记住他可爱的时候特可爱，可恨的时候又特可恨就够了。至于什么“熊”，那是大汉斗罗马、关公战秦琼，永远不会有答案的。

所以，如果再碰到曹操究竟是什么“熊”的问题，我也要学学许劭了，不予置评，大概这才是最合适的方式吧。

好了，我们终于把“熊”的事扒完了。咱们回到故事。

真心念你一辈子

曹操从许劭这儿弄到了“英雄”这俩字，美得连道谢都忘了，欢天喜地地跑了。确实，因为这一评，曹操的声望值很快长了一大截！桥爷爷给他指的道，真是捷径！吉利对桥爷爷更感激了，俩人关系好到了不行。

过了几年，桥爷爷去世了。曹操每次经过他的墓，都特别伤心，诚心诚意地洒扫祭奠。直到建安七年（公元 202 年），这时的曹操已经 47 岁了，他终于写下著名的《祭桥公文》，让人们好好地感动了一把。

在这篇祭文里，曹操先是称颂了桥爷爷一辈子的高风亮节，然后写道：

“我小的时候，顽劣鄙薄，斗胆登上您的厅堂，被您这样的大人君子接纳。我增添了荣光，增长了见识，这些都得自您的嘉奖和帮助。……士为知己者死，这句话我永生不忘。记得当时，您跟我开玩笑说：‘等我过世之后，你经过我的墓地，如果不拿斗酒或者拿只鸡来祭奠我，等你的车马走过三步，肚子疼可别怨我啊！’虽然这是您跟我开玩笑的话，但是，如果我们不是至亲至好，又怎么会有这么亲密的言语呢！今天，我奉命东征，驻军在家乡，向北遥望您的陵墓，全心地惦念啊！恭敬地为您准备下微薄的奠礼，请您享用！”

一个多深情的曹吉利！用他自己诗里的话说，真的是“心念旧恩”。这篇文章感动了无数后人，特别感动了一位绝顶级的大人物，他就是苏东坡苏学士。

苏学士写下千古名文《文与可画筼筜谷偃竹记》时，就是受了曹操这篇祭文的启发。他在文里说：“当年曹孟德《祭桥公文》，有‘车过腹痛’的故事，所以，我也写了我和与可平日里的嬉笑之言，来以此纪念他。”

写下《祭桥公文》时的曹操，是一个可爱的曹操，一个真心有情人。由此可知，吉利是多么复杂！这个人，既奸诈又老实，既真情又冷酷，既爱民又残暴，既自卑又狂傲，既务实又放纵，既浪漫又直男……简直是人类各种品性大集合！好吧，那句话放到这里也适用：曹操是个筐，啥啥都能往里装啊……

现在，曹吉利的名声亮了，上蹿下跳的求名，终于有了好结果。那么，他的人生之路又该何去何从呢？他的好发小袁绍，如今又怎么样了？

答案是——他们都等来了机会，都要开始人生新阶段了！

08

五色棒子管天下：曹吉利洛阳当官记

曹操和袁绍等来了机会。其实也说不上机会，对他们来说，该叫必然。他俩都开始当官，算是正式出道了！

当然，还是袁绍抢先。他年龄比曹操大，名声又好，当然是优选。袁绍先到朝廷当了一阵子郎官，即皇帝身边的小侍从之类，像他们这样的官几代，出仕时大都先当郎官，也算试用试用，能力好的，过不了多久就会被派出去当县令、县长。

袁绍干得不错，很快就被外派，当了濮阳县长。那时，他还不到20岁。这个濮阳县，也是当时的发达地区。头顶金光的袁大公子就是不一样，走到哪儿都一路顺风顺水。

那这时的曹操在干啥？曹操正在一边牙痒痒呢！眼看袁绍得了好差事，再看自己，还是布衣，越咂摸越不是滋味儿。很有可能，是曹操心急，缠着老爸去给他折腾，所以，袁绍当官没多久，曹操也出道了！

袁绍靠的是他们家的声望，直接当了郎官，曹操呢，被举了孝廉，也做了郎。

我们说说这个“孝廉”。孝廉，就是孝顺清廉，指某人在这两方面品德高尚。

东汉的时候，地方各郡每年都要推举孝廉。我们在史书上也常常看到，谁又被举孝廉了，好像举孝廉司空见惯，比比皆是，跟现在考上公务员似的。但实际情形要惊悚得多。

那时规定：人口 20 万以上的郡，每年可以推举孝廉 1 人；20 万以下的郡，每两年推举 1 人；10 万以下的郡，每三年推举 1 人！难度比考公务员大了万倍不止。也许有朋友会说，那就别举孝廉了，干别的不行吗？关键在古代，大家只认做官是正途，其余行业都是三教九流啊！所以，这就可以看出，平民百姓当个官有多难！

我们在史书上随处可见的“举孝廉”，是因为，咱们的正史都是精英史，记的是那二十万分之一的人！就像鲁迅先生说，是为帝王将相做家谱么。至于老百姓，在史书里大多都是以数字形式集体出现的。比如张角的黄巾军多少多少万，曹操在徐州屠了男女多少多少万。至于他们生活怎样，心情如何，那基本是湮没在历史的长河中，永远不会有人知道了。

好，曹操就占去了这么一个珍贵的“孝廉”，这当然是他老爸曹嵩整的。对于他们家，占个“孝廉”名额，那是信手拈来的事。于是，曹操“举孝廉为郎”，也上道了。

曹操开始策划自己的前途。这个郎官，只是一个过渡。他很快就要被外派，那会被派到哪儿去呢？正琢磨着，一个机会来了。

洛阳令司马防调任河南尹，洛阳令这个职位空缺了！司马防是谁？就是咱三国里真可称大枭雄的司马懿的爸爸！他们司马家是河内郡的大世族，司马防生了八个儿子，号称“司马八达”，老二就是司马懿。

司马防一升官，曹操心里就打起小算盘了。现在洛阳令空缺了呀，是不是……能派我去当当？洛阳虽然也是一个县，可它是京都啊！你袁本初弄个濮阳县长，俸禄 400 石，看着挺牛哈，我这回弄个洛阳令，俸禄 1000 石，看看是不是比你强！

曹操打着如意盘算，要想当这个洛阳令，两个人很重要，一个是刚刚升官的司马防，另一个就是主管这事的选部尚书梁鹄。

梁鹄又是何许人？他是一位非常著名的大书法家。

我们随手查查梁鹄的史料，就会发现，梁鹄在史上留名，不是因为当过什么官，而是因为他高超的书法造诣。梁鹄特别擅长八分书，在魏晋时相当有名。后来王羲之还曾到许昌探访他的遗迹。汉灵帝非常喜欢梁鹄的书法，因为书法好，就给他升官。曹操也很推崇梁鹄，还把他写的条幅挂在墙上，天天看着认真学。

可就是这位让曹操崇拜的大艺术家，却让他失望了。你崇拜人家，可人家不理你啊。

曹操托人向梁鹄转达想当洛阳令的请求，梁鹄问也没问，直接否了，人家还是看不上曹吉利！跟清流们一样。虽然许劭已经夸曹操是英雄了，但是，要想把阉党加闹猴儿的底子彻底转变，可不是一朝一夕的事。

曹操无奈，再去找司马防。司马防淡淡一笑，也不表态。显然，不同意。司马家算不上一流世族，但也相当有地位和名望，曹操嘛，入不了人家眼！

相比于袁绍的顺风顺水，曹操真是磕绊又拧巴。

最后，司马防和梁鹄终于给曹操做了判决：由司马防推举，让曹操出任洛阳北部尉。

洛阳北部尉是个什么官？尉，是主管兵事或者刑狱的官。汉朝时带“尉”的官很多，基本上武官都叫“尉”。洛阳北部尉，就是洛阳北区管治安的武官。当时洛阳分成四个区，东南西北。不过，它虽是京都，但行政级别是县级，不像咱北京，首都直辖市，跟省平级的。

洛阳北部尉的级别就是：一个县的北部地区的公安分队长。跟曹操想要的洛阳令——整个洛阳县最高行政长官，根本不在一个级别。就是跟袁绍的濮阳长也没法比，人家好歹是县长啊！不过，洛阳这个县比较特殊，地处京都，算给曹操稍微长点面子。

没错，洛阳北部尉，是个小官。曹操当然很失望，他对这事也一直不忿，后来等他封了魏王，还特意把司马防叫到封地邺城，一边拉着人家喝酒，一边狡猾地问："今天再让你推举的话，你还会推举我做洛阳北部尉吗？"司马防一笑，说："当年我推举大王您的时候，您就适合当洛阳北部尉啊！"两人相视，哈哈大笑。

好吧，不管怎样吧，曹操去干洛阳北部尉了。这可是他当的第一个官！他已经憋足了劲儿，官小就官小，再小我也要干好！非拿出点儿真本事，让你们都开开眼！

一上任，曹操就开干了。果然是一鸣惊人。

第一件事——修门！先把官府的四门修得崭新，倍儿威严。看看，这就叫新官新气象。紧接着，他又命人造了五种颜色涂成的大棒子，十好几根，高挂在门前。想想那场景，颜色很丰富，很亮眼啊！

曹操又颁下命令："都看见五色棒了吗？谁要胆敢违抗法令，一律棒杀！到时可别怪我没通知！"老百姓们瞧着，个个又惊又疑，这位小公安队长，气场真是不同一般。大概是被威慑住了，敢违禁的一下少了好多。

但是，就有不在乎、不怕死的，或者说，就有压根儿不怕曹操，认为曹操不能把自己怎么样的。比如，小黄门蹇硕他叔叔。蹇硕我们前面提到过，就是那个体格雄壮，后来当了西园校尉头领，几乎成了天下兵马大元帅的宦官。小黄门是个不大的官，可汉灵帝特别喜欢他，于是，蹇硕自然跟一般宦官不一样了。

于是，蹇硕叔叔也觉得自己跟一般人不一样了，别人看曹操那架势，都不去招惹，但他不怕。蹇硕叔叔公然违反宵禁命令，半夜跑大街上溜达，被曹操的手下拿个正着儿。

这真是件棘手的差事。曹操已经有言在先，违令者"棒杀"，可这是蹇硕他叔啊，难道就为了一个"半夜上街"真把他打死？搁谁也不好办。

哪知曹操一点儿都没犹豫！"棒杀"没商量！他小时候学党人，装党人，现在到了任上，行事风格还真像个党人，干掉跟宦官有关系的，绝不手软！很可能抓到蹇硕他叔，曹操还高兴呢，正愁没机会表现，这下正好拿你开刀，明天全洛阳都能记住，我曹孟德何许人也！

曹操一声令下，拿五色棒子把蹇硕他叔打死了。果然，这事马上轰动了京城，整个洛阳的治安一下好了。不但民间小贼们害怕曹操，连宫里的宦官十常侍他们，也都皱起眉来了。

曹操今天能干掉蹇硕他叔，谁知明天会不会干掉我叔？而且，蹇硕他叔官小，本来没他们那么恶贯满盈，这都被干掉了，那他们那些作恶多端的亲戚，谁知会不会栽在曹操手里。

曹操这个洛阳北部尉，一个四百石的官，竟让高高在上的常侍们没安全感了！宦官们这回也认清了，曹操这小子是彻底背叛了宦官阵营，忘了本了！以后，再不能惯着他纵着他，必须当敌人对待。

宦官们开始想招。可曹操都是依法做的，谁也挑不出毛病来。这几个暗暗商量，既然一时扳不倒，那就退一步，把他弄走也行啊！于是，宦官们居然一块儿去替曹操说好话，推荐他升官。

就这样，曹操在一群公公的交口称赞之下，当上了顿丘县令。终于

跟袁绍混了个平级。这年，曹操23岁。后来，他东征孙权，留儿子曹植守邺城，为了给儿子念咒，他就说："我当顿丘令那年23岁，现在回想起来，在任上我没干过一件后悔的事。现在你也23岁了，要好好地干啊！"

不过，曹操这个"没干后悔的事"是什么意思，现在已经弄不清了，因为他在顿丘令上干了啥，史籍全无记载。但可以肯定的是，像"干掉宦官叔叔"这种暴力式正义，应该没再发生。如果发生，必会留点蛛丝马迹。

现在的曹操也开始琢磨了，靠蛮干去对付宦官，毕竟不是好办法。太危险！一个人如果连自己的命都保不住，还能干什么大事？谈什么天下理想？如今宦官把他弄出京都，其实处境倒安全了。

不过，曹操这个顿丘令没当多久，朝廷里就发生了一桩大事。汉灵帝废了宋皇后，还杀了宋皇后的父亲和哥哥！这事本来跟曹操关系不大，但宋皇后的哥哥宋奇，娶了曹操堂叔的女儿，这就算远亲了，结果曹操被株连，把顿丘令给免了。

光和二年（公元179年），曹操被免了顿丘令后，直接回了老家谯县，重新思考人生去了。

于是，在当了三四年官之后，曹吉利又混回了布衣。

不过，现在的曹操，可不是当初那个闹猴儿了，他对官场已经有了感性认识，知道是怎么回事了。他打算好好地静一静，想一想，以后可该怎么办？

09

乱世碰撞，你拿什么显神通？

曹老板的舒心日子

曹操回了老家，一住就是三年。

这三年，真是没白过。至少，曹操干了两件大事。

第一件，他开始玩命读书了！

小时候飞鹰走狗，偷鸡打鸟，辜负了好时光。这是要把失去的损失补回来？其实，这是曹操深思熟虑的操作。现在人人都看清了，乱世马上就要到来，要想玩得有水准，必须施展个人强项。他的强项在哪儿？

本来，他看到了名声的重要，就上蹿下跳、撒泼打滚地求去了，难得求来了几个好评，可人们还是看不上他，司马防还是不推荐他当洛阳令！所以现在，曹操也看懂了，名声这事儿，大概这辈子只能擦肩而过。

没有名声，那靠啥？曹操最大、也是唯一的长处是——能！他当然很明白，也很自信。既然别的没有，就这点“能耐”，那就让这“能耐”更大更强吧！小时候的“能”，叫“逞能”，现在大了，二十好几了，这个“逞能”，就得变成“真能”！那怎么做到呢？——读书！曹操走了最正最王道的路。

曹操真心开始读书了。一边读书，一边继续跟袁绍他们保持联络，关注时局。话说苏东坡的老爸苏洵，27 岁才开始发奋念书，相比之下，曹操还早了几年呢。

第二件，读书的同时，他还高效地解决了个人生活问题！

曹老板总还是有娱乐的，他的娱乐方式也很直接，打猎和美女。果然是真男人，够纯粹。这两项都是直男最爱啊！曹操爱美女，爱得就像黄河泛滥，从不问美女家世出身，嫁人与否。只要“美”，就足够！当然了，这不叫“真爱”，只能叫“好色”，倍儿纯洁的“好色”！

在曹操心里，女人大致就分两种，一种是正妻，另一种是正妻以外的所有。对正妻，他挺有情，也挺敬重；正妻以外的嘛，那就省事啦。第一，美不美？美，好，那就霸占！绝对高效，绝不讲理！曹老板可没耐性跟女人玩风花雪月，他能对着宇宙时空伤心千古，热泪纵横，但决然不会跟哪个美女柔情缱绻。

这时的曹操二十四五岁，早有了正妻丁夫人，妾室刘夫人，长子曹昂也两三岁了。但这些满足不了他爆棚的娱乐心，于是，曹老板搞上了这辈子最重要的女人——卞夫人。

别说谯县那地方小，再小再土的地方，也有娱乐不是？更不用说老曹家本就是当地豪强。也许是哪回曹老板看书看累了，到哪家简陋的青楼妓馆去喝喝花酒，也许是在家闲得无聊，就请当地巡演的歌舞班子来唱个堂会，反正，曹操是在听歌看舞的时候遇上卞姑娘的。

卞姑娘是戏班子里的一名歌女，当时刚好 20 岁。她出身卑下，一家子都是歌舞伎人。据说，她出生的时候，整个房间都闪起了金光。她父亲害怕，跑去问算命的。算命的说：“这可是吉兆啊！这闺女的前途不可限量！”当然了，这种梗在古书里随处可见，但凡是成功实现逆袭的，出生的时候大都伴有奇观。

反正，曹老板一下就看中了卞姑娘。这姑娘人好看，歌好听，性子还乖。又美又省心，那真是直男最爱啊！于是简单又直接，曹操把卞姑娘收做小妾了。

对曹操来说，这本是小事一桩，不值得多想的。可就是这位出身卑下的卞姑娘，却成了对曹老板这辈子影响最大的女人，甚至关乎着他千辛万苦挣下来的江山！后来，卞姑娘给曹操生了四个儿子，除了最小的曹熊早逝，剩下的三个——曹丕、曹彰、曹植，哪一个不是光芒四射！而且，哪一个不是让曹老板费神到了不行！

当然了，这是后话。现在曹操的日子还挺舒心，舒心读书，舒心打猎，舒心跟老婆儿子们耍，以至于他都想，干脆就这样吧。这么过一辈子，也没啥不好。

袁大公子的洛阳隐居

曹操在老家重塑人生，那我们的袁绍大公子呢，现在又在干吗？是不是官运亨通了？没有！

袁绍在濮阳县长任上干了没几年，留下了相当好的名声。然后，他就遇了母忧。也就是母亲去世了，他必须回老家给母亲守孝。于是我们前面说到的那个三万人参加的老母亲葬礼就举办了。

现在的袁绍，也对官场有了感性认识，那真不是什么好地方！要想干点儿事业，时机太不合。他暗暗打定了主意，还是先避开险恶的时局，别去掺和，然后发挥自己的最大专长，把名声人望养得更高更亮，等时机一旦来临，就会是一呼而天下应啊！

袁绍主意打定，官嘛，他是不当了。给老母守了三年孝后，他又说，想起早逝的父亲，心里悲伤得不行，我要把当年没给父亲守的孝也补回来，于是又守了三年。不过这六年，他可不是在闲着，一直跟曹操他们一众小友密切来往，暗暗帮助党人，名声是越来越响。

这几年里，倒是他弟弟袁术真真官运亨通了。袁术先举孝廉，做郎官，后来连续调任，升到了河南尹，比曹操眼馋的那个洛阳令高了整一级，俸禄两千石，已经算大官了。

不过，袁绍可没心情跟弟弟较劲，以他对袁术品性的了解，早料定这小子成不了大器。别看现在蹦跶，以后走不长远。袁绍心思很定，守完了丧，他就回了洛阳，开始“隐居”。朝廷屡屡征召，他就屡屡不去。

我们来看，这算什么“隐居”？谁听说过首都还能“隐居”的？所以，袁绍的“隐居”相当高调，简直就是在告诉全天下，我没有做官，想来跟我结交的，尽管来啊！与其说“隐居”，还不如说是“召唤”。于是，不出袁大公子所料，天下士人，不分贵贱，但凡有点本事的，都巴巴地赶着来拜访，盼着跟他结交，各种车子填满了大街小巷，洛阳城时不时就因为袁大公子发生交通堵塞。

弟弟袁术在旁看着来气，虽然自己混得比哥哥官大，可来的人里十有八九都是求见袁绍的，他这个正牌嫡子、河南郡长官，居然没人答理。

其实，不光袁术看着来气，连宫里高高在上的常侍们，也看得咬牙切齿。有一天，宦官头子赵忠恨恨地在宫里喊上了：“袁本初坐作身价，不应呼召而养死士，不知此儿终欲何为！”——这个袁绍，天天抬高自己的身价名声，不应朝廷征召，专养能为他效死的人，这小子究竟想要干什么？

没错，赵忠的话问得好，袁绍究竟想要干什么？——他要做大事，做他那些叔叔伯伯们干不了的！让他庸庸碌碌地点缀家谱，他不甘心。袁家长辈也觉察了袁绍的心思，再加上赵忠这一喊，叔叔袁隗实在坐不住了，跑回家教训袁绍：“你这是要倾覆我们的家门呀！”

其实，按袁家人的意思，宦官不会把咱家怎么样，你就别整事儿，别招惹人家，踏踏实实安享富贵，难道不好吗？

袁绍用实际行动给了叔叔回答：不好。被袁隗训了以后，他虽然没当面反驳，但也全不听话。该怎么干还怎么干，宾客还是要养，各方人物还是要结交，洛阳城还是要堵车……

袁绍把自己的优势发挥到了极致，为以后干大事打了极好的根底。如果当时有块魔镜，我们能去问问：“魔镜、魔镜，谁是全天下最受欢迎的人？”魔镜必然会回答：“袁本初，袁本初，再没有人能跟他比得了啦！”

好了，现在，曹老板遇到了命中最重要的女人，解决了个人生活问题；袁大公子呢，则继续发挥特长，进一步收拢天下人心。

那么下面，我们就要把目光移开，去看一位极亮眼的人物了。很有意思的是，同在这个时间段，这位大佬也像曹老板一样，高效地解决了个人生活问题，遇到了他命中最重要的女人。哦不，按史书的说法，那不叫“遇到”，该叫“恐吓”来的。

这位是谁？

他就是——此刻正在江南给自己一步步艰难开路的孙坚。

10

亦黑亦白才威猛：富春出了个小孙坚

红与黑

如果，我们来论曹孙刘这三家的出身，其实，《三国演义》早给大家定了型，极其深入人心。刘备最红，汉室宗亲啊，曹操最黑，奸贼嘛。那孙家呢？是红还是黑？按《三国演义》的规矩，那就是：但凡孙家跟刘家联合，就红，比如赤壁之战；但凡孙家跟刘家为敌，就黑，比如白衣渡江。一切以刘家的核心利益为判断标准。当然了，咱们说的是真史，不能用《三国演义》这套逻辑。那么，又怎么判定这个红与黑？

刘备最红，没错。虽然他这个汉室宗亲，关系远得都快到南半球了，但也的确是宗亲；曹操最黑，也没错，但他这个黑，不是因为他是“奸贼”，而是因为他头顶上的阉党巨锅。那么孙家呢？又是什么情况？

其实相比曹家和刘家，孙家该叫“很白”，一穷二白的“白”。更直接的意思就是：白得——什么也没有！

刘备挑着大金幌子，曹操顶着巨难看但极有用的大黑锅，可孙坚呢，他是真的……啥都没有！所以什么叫“白手起家”，看看孙家的事儿，就明白了。

《三国志》说，孙家大概是春秋时期的军事家孙武的后人。但数不清的史学家出来论证，这是孙家成事之后史官的溢美之词，不可靠的。

孙坚实际上是“孤微发迹”。根据史学家田余庆先生的研究，至少有三部史籍，对孙坚的祖上孙钟有记载，有的说孙钟是孙坚的爷爷，有的说孙钟是孙坚的爸爸，但一致的是，三本书里记载孙钟的职业，都是种瓜。

虽然，我们不能直接断定，孙坚一定是瓜农的儿子，但能够肯定的是，他们老孙家实在是没名没权没文化，白得跟路人甲差不多。以至于孙权都已经称帝，还不好意思给祖宗们立庙。

所以，孙坚是三国里真真正正、一个人奋斗出来的。

富春出了个小孙坚

据说，孙坚还在娘肚子里的时候，孙家的祖坟上就冒起了五色云气，一直升腾到大空，弥漫了好几里，那叫壮观！七里八乡的人都跑来看。人们议论纷纷：“这可不是一般的征兆啊！看来老孙家这回真要兴旺啦！”当然，这还是古书的惯例，但凡逆袭成功的，祖坟上必有奇观。

不过，虽然我们不迷信，可孙坚出生后，还真跟别的娃不一样。模样特别出众，性子特别豁达，走到哪儿都抢眼。要说呢，孙坚这性格的形成，跟他的成长环境，也有挺大的关系。

孙坚的老家富春县，在那时候，可不是什么好地方，山越横行，时不时就蹿出来抢劫杀人。山越是啥？简明地说，就是三国时期南方的山贼，里面有当地的原住民，也有逃进山里的汉人，都是有组织成规模的武装，数量相当大。后来孙家的建国史，几乎就是一部跟山越的战斗史。因为生存条件严酷，当地的民风也相当强悍，甚至平民也沾上了山越刁气，变得跟山贼似的。

这就是孙坚的家乡，那环境，跟袁绍、曹操他们比起来，真是太恶劣！人家是在美好的首都，孙坚呢，简直是在战争的前线！袁绍、曹操是安静得无聊，没事找事地折腾，可孙坚是真刀真枪，时不时地就得玩儿命的！

所以，孙坚从小就生猛彪悍。反正啥也没有，就靠这“生猛”，一样能安身立命。我们曾用一个字来评价过曹操，叫作“能”，那么，我们也用一个字来评价孙坚，就是“猛”。孙坚从生到死，“猛”了一辈子。靠这个“猛”，他一步步蹚开了自己的路，从一个瓜农儿子逆袭成为一方诸侯。当然，也因为这个“猛”，最后要了他的命。

这就是孙坚，打几岁起就定了型，还是个小孩儿时，就在乡里极其出挑。他和曹操都是公元 155 年出生，两人同岁，可要论当官的年龄，他这个白手起家的，竟然比曹操那三世高官的还早了好几年！

孙坚第一次当官，也就十五六岁。我们前面说的“一人追杀一窝强盗”的故事，是孙坚 17 岁的事，那时他已当上县吏了！虽然县吏只是县令手下的小小官，但对一个十五六岁、又全没身家的娃来说，还是太出奇！

那原因在哪儿？孙坚为啥这么小就能出道？因为——他太猛、太亮眼了。很可能早就引起了长官的注意。我们设想一下，富春之地暴力横行，秩序混乱，又天高皇帝远，王法都行不通，要想管制好，必须得依靠猛人，像孙坚这种，恰恰是满足了刚需！治乱世，要的不是教化，是强力！而且，这孩子本身就亦正亦邪，黑白通吃，还行事威猛，天不怕地不怕的，对长官来说，当然最好用、最需要。

所以，当曹吉利还在上蹿下跳地求好评时，同龄的孙坚就已经在家乡成名了，我们不能说“洛阳出了个曹吉利”，但却可以坦坦地说：“富春出了个小孙坚。”

是“吓来的老婆”还是美女爱英雄

孙坚少年成名，但他这个“名”可不一定有多好。你可以说他是个混混头子，也可以说他是个狂暴青年，但你不能否认，在那个不看王法看威猛的富春，这小伙就是惹不起！更何况，人家还在衙门里混成了官，行走黑白两道，更是开罪不得了。于是，就有了那个著名的“吓来老婆”的故事。

那是孙坚不到20岁的时候，他看上了家住钱塘的吴姑娘。就算混混头子，也是青春少年郎，也会有情窦初开。这吴姑娘长得很美，也很有才，也许孙坚碰巧见过人家一面，就一心惦记上了。

孙坚派人来向吴家求亲。哪知吴家人坐那儿一合计，个个都摇起了头。为啥？人家嫌孙坚“轻狡”！就是嫌他轻浮狡诈，怎么看都像是混子，不像个正经人。而且，他还没文化。可见，当时孙坚成的这个“名”，真不算太美。孙坚暗暗探知了消息，心里这个恨。

眼看亲事就要黄，哪想到这时，吴姑娘竟然自己出来说话了。姑娘稳稳当当地对家人说：“何必为了我一个女儿，给家门惹祸呢？如果嫁了他，他以后待我不好，那也是我的命。”

吴家人正犯愁呢，没想到吴姑娘居然这么豁达！虽然，关于吴姑娘的心声，历来是这么解释的：孙坚这小子啥事都能干得出来，如果不遂他的心，他指不定会对吴家怎么样呢！所以，吴姑娘宁愿舍己一身，也要保全家门。好像拿自己去喂狼一样！但我们细细品一品，还真未必如此。

如果吴姑娘真是被“吓得”嫁给了孙坚，那她心里必然是不乐意的。可是，我们只须往后面看看，就能接近真相了。

吴姑娘也像曹操的卞姑娘一样，给孙坚生了四个儿子，孙策、孙权、孙翊、孙匡，还有一个女儿。看看这阵容，是不是也像曹操的儿子们一样，太光芒四射！

孩子们都是吴姑娘一手带大，个个学着老爸的样儿，特别是长子孙策，简直就是孙坚的翻版。人比老爸还帅，性子跟老爸一样猛，就连最后的死法，都像跟老爸学来的！如果，吴姑娘瞧不上老公，怎么可能把儿子教导成这样?

而且，吴姑娘在孙家相当有地位。后来，不管是孙策主事还是孙权主事，都特别看重母亲的意见，好多大事都跟母亲商量。这在古代是极少见的。吴姑娘在儿子面前这么尊显，这么有面儿，足以说明当年她跟孙坚的夫妻感情，那是相当的好啊！

现在，我们回头再读吴姑娘的那句话，可就有点儿别的意思了。“如果嫁了他，他以后待我不好，那也是我的命。”是不是有点儿非他不嫁的味道了？我们可以想见，当年20岁的孙文台，相貌帅得出众，身手高得惊人，虽然说“轻狡”，但也同样英气逼人！这样的小伙，倾倒几位美女，难道不是太正常?

所以，我认为，孙坚这个老婆，还真不一定是“吓”来的，很可能是一个“美女爱英雄”的梗！吴姑娘也确实很幸福，嫁到孙家后，老公疼爱，儿子给力，虽然孙家创业真是艰难，但这一家人一个心劲儿，抱团渡过一道道难关，想着就暖心！当年，吴姑娘是豁出去了，想赌一把，不过咱们从后面的事来看，这一把真是下对了注。

白手起家有多难

孙坚娶了吴姑娘，终于得偿所愿。

可谁知，新婚没多久，好日子没过几天，会稽郡突然发生了一件大事，一个叫许生的，带着儿子和孙子，纠集了一万多人，造反了！这个许生自称“阳明皇帝”，把好几个县都煽动起来。

这件事，就像后来黄巾大起义的一个前奏，大乱世前的小插曲。江南一下军情紧急，要打仗了。各级领导立刻又想起了孙坚。这年，孙坚 20 岁。

剿灭许生，是孙坚第一次领兵上阵。他是跟着各级领导一块儿去的。这些领导包括：扬州刺史臧旻、丹阳太守陈夤、会稽太守尹端，这几位，对那时的孙坚来说，个个都是大官。孙坚被临时提拔成郡司马，招募了一千多兵，冲锋陷阵去了。关于许生叛乱，史书记载得相当简略，孙坚具体干了啥，我们不得而知。但从事后因为立功被提拔来看，他当时的表现该是相当不错的。很可能，是给领导们当先锋去了。孙坚无论在哪位领导手下，都是一杆所向披靡的利枪。

这次平叛没啥悬念，但其中有个插曲，非常非常重要，对孙坚的一生都极有意义。

会稽太守尹端，因为平叛时干得不好，被扬州刺史臧旻上书弹劾了。尹端的主簿名叫朱儁，为了救自己的主官，朱儁偷偷跑到京城，花数百金贿赂了主管奏章的官员，把臧旻的奏章改了，最后给尹端减了罪。东汉那时，把太守看成自己的主公，是很有德行的事。所以，我们正好能体会一下，"门生故吏"在那时有多大的能量。

不妨记住这位朱儁，后来可了不起了！而且，在这时，朱儁认识了孙坚。孙坚终于在中原亮相，得到大人物们的认可，朱儁是起了决定作用的。当然，这是后面的故事。现在，叛乱平定，孙坚因为有功，升了官，从原来的县吏被提拔成了县丞，就是从县长手下的小官变成了县长助理。后来，孙坚调任了三回，转了三个县，但官都没升，一直是县长助理。

啥叫"白手起家"？啥叫"没权没名没文化"？我们不妨对比对比，对袁绍、曹操他们来说，当个县长是仕途起点，而且还不用干啥，混混别出大错，就能继续升官；可孙坚呢，在县里干了十年，还是一个县长助理！而且一旦领导需要，就得出去血拼！用你时，让你代行个高级官职，用完了，你还回去干你的县吏。同是十年，袁术靠家资，混成了两千石的河南尹，孙坚靠玩命，却还只是一个小县丞，年薪两百石！而且鬼使神差的，后来的袁术，还欺负了孙家好多好多年。

是不是有点儿悲摧？其实，要论曹、孙、刘这三家的起家，我以为，孙家最是艰难。那真是在刀光剑影里拿血拿命换来的！被欺负被利用，被领导拿来当枪使，就是他们存在的价值。

不过没关系，至少现在，孙坚的命硬得很，祖坟上的五彩祥云不是白冒的。他轮流当了三个县的县丞，因为威猛英俊的相貌，豁达爽朗的性格，很受当地老百姓的欢迎。当地的名人也纷纷跟他交往，想当侠客的好事少年也跑来追随。还是黑白两道通吃！孙坚待这些人就像自家兄弟亲人似的，虽然官没当大，但声望真是越来越响了。

孙坚剿灭许生回来之后，吴夫人生下了长子孙策。

孙家的力量就像强劲的春草一样，开始在遥远的南方蓬勃生长。他们的大戏还在后面，而且永远都是——走到哪里都亮眼。

现在，各位大佬们都在全力准备，他们预感到，大乱就将到来。那么，是谁最后一把撕开末世的帷幕，崩碎了整个天下呢？

第三章

暴风血虐扫黄巾

01
是谁点爆了这 400 年乱局

现在是公元 184 年。汉灵帝中平元年。这一年，是甲子年。

184 这个数字，太有意义感了。

这一年，黄巾大起义在全国八个州同时爆发；

这一年以后，中央政府无力了，地方武装一个比一个牛，谁都能觊觎这苟延残喘的朝廷；

这一年以后，国家秩序崩溃了，什么人都敢揭竿而起，都能占山为王，神魔鬼怪一齐闹哄哄地登场；

这一年以后，天下土崩瓦解，一个完整的国家裂了，碎了，地盘重新瓜分整合，新的格局就将出现……

这就是公元 184 年。其实，它是整个魏晋南北朝 400 年大乱世的开端。

我们就来观摩一下，公元 184 年黄巾大起义的全景。

预兆

这时，张角已经在中原传教十年了！信徒遍布八州，人数几十万上百万。穷人们为了能给张角当跟班，好多人把家产都卖光了，抢着赶着去投奔，这些人挤在道上，把路都堵了。士人们为了追袁绍，能让洛阳堵车，穷人们呢，为了追张角，能拿身体当肉盾去堵路。这就叫阶级差异。精神追求完全不同！

各地的郡太守、县长们在一边看着，见张角教穷人向善，又给他们治病，还想呢，这不挺好嘛！这些小民听了他的，不犯错不犯法，不做刁民，我还省心了呢，于是全都不管。

不过，朝廷大员里还是有敏锐的，比如杨修的爷爷，司徒杨赐。

杨司徒向汉灵帝上书，大意说，张角这小子欺骗百姓，咱朝廷不追究他的罪过，他倒更来劲儿了，扩张得没边儿。不过，现在要狠劲儿治他，他就反了。不如命令各地的刺史、郡太守，对流民进行登记，然后一一遣返，等流民大队瓦解，再干掉张角他们几个首领，这事儿就妥了。

结果汉灵帝不当回事，一群流民有什么可担心的！

杨赐的手下刘陶也上书说，皇上您还不急啊，臣可听说张角正在加紧策划，还偷偷潜入洛阳城，窥探朝廷的动静呢！还是先遣返流民吧！

哪知汉灵帝一点儿也不感冒，还给刘陶派了个他感兴趣的差事：你去修《春秋条例》吧！别再跟朕提什么流民了。

汉灵帝确实不算多好的皇帝，又贪财又荒唐。不过呢，人家很有艺术细胞，还专门设立过“鸿都门学”。那可是中国历史上，哦不，是世界历史上的第一所艺术类专科大学！

鸿都门学专讲诗歌辞赋，绘画书法，还教怎么写小说。相比太学生们天天背经书，鸿都门学的学生可快乐多了。鸿都门学还真出了不少艺术家，比如那位不让曹操当洛阳令的梁鹄。灵帝看他的书法好，心里高兴，就给他升官。

反正这时，灵帝对那个《春秋条例》比遣返流民有兴趣得多，刘陶也只好不说了。

于是，就在从皇上到地方官的集体无视下，张角坦坦地开始备战，他把天下分成“三十六方”，就是三十六个部分，大方有一万多人，小方也有六七千。每方都有自己的头儿。还放出口号：

苍天已死，黄天当立，岁在甲子，天下大吉。

太平道信徒们拿着白土，到处写“甲子”俩字。一夜之间，哪儿都是偌大的“甲子”，洛阳城的各个衙门，地方各郡各县的衙门，都是重点标记对象。官员们大早赶来一看，这是哪个疯子干的？还写了这么多，怎么一下冒出了这么多疯子！没错，真是疯子，整个天下都疯了。这些疯子，本就是已经活不下去的悲摧老百姓。

苍天已死，黄天当立。那这“苍天”和“黄天”，又是啥意思？苍天指的是大汉朝，那时汉朝军队的衣服都是苍青色，所以“苍天”就指大汉。“黄天”，是指张角领导的太平道。按当时五德始终的说法，每个朝代都对应一个五行，光武帝刘秀曾经确认过，大汉对应的是火德，火生土，那么，太平道要取代大汉朝，就应该是“土”德，所以就叫“黄天”。太平道的信徒们，也全戴黄巾。

张角他们已经策划好，由大方马元义先集结荆州和扬州的教徒几万人，到邺城会集。马元义还好几次潜进洛阳城，买通了中常侍封谞和徐奉，让这俩做内应，定好日子，在甲子年（184 年）的三月初五，京城内外同时举事。宦官们真是无所不能啊，连农民暴动他们都能张罗！

猝发

张角自以为布置得很严密，但干这么大的事，又牵扯这么多人，疏漏肯定是难免的。还没到举事的日子，张角的一个弟子突然去向朝廷告密了！

灵帝一听奏报，这回真急了，流民真是要造反啊！立刻亲自下诏，抓捕马元义，然后直接判了车裂，五马分尸。又下诏抓张角。还有信太平道的官员、士兵、百姓，也抓来了一大批，杀了一千多人。灵帝是想用这种雷霆手段，吓吓流民们。不就是一群乌合之众嘛，就是数量大点儿，吓吓就老实了。

灵帝实在是低估了流民的能量。已经活不下去的穷老百姓，你用“死”去吓唬他们，是根本不管用的。不反是死，反也是死，万一要反成了呢！老百姓被逼到这条路上，早就把生死置之度外了。

于是，汉灵帝的雷霆手段导致的结果就是：中国史上规模最大的宗教形式农民大起义，猝然爆发！张角连夜通知全国各方，全都第一时间在本地起事，大家人人戴上黄巾，先给他来个万里江山一片黄！

这是公元 184 年的二月。黄巾起义在全国七州二十八个郡同时起爆。整个中原大地，几天之内，全部变成战场！而且，原本观望的也起来响应，不跟太平道一头的山贼强盗，也趁火打劫，扯起了反旗。

天下——爆了！

在外戚和宦官的作践下积攒了一百年的仇怨和能量，像火山一样狂暴喷涌，再没有什么能阻挡得住！

张角自称大公将军，他弟弟张宝称地公将军，张梁称人公将军。这哥几个还有各个大方的渠帅，领着教徒们攻占官府，杀死官员，抢夺城池。很快，好多郡县失守，官员们四处逃亡，就连两位王爷安平王刘续和甘陵王刘忠，也被黄巾军活捉了去。

现在，灵帝是真明白了，处置流民还是比弄《春秋条例》更重要。可惜的是，明白得有点儿晚了。

黄巾大起义摧枯拉朽般地爆发了，那东汉朝廷又如何应对呢？

02 做皇帝真心不要太惊悚

黄巾起义全方位爆燃。

最要命的是，它不像大多数农民战争，从一县一地起兵，一步步地扩张蔓延，一场场地对阵官兵，而是散在多点，同时引爆！几十只小型炸药桶，把整个天下串联成一只巨大的炸药桶，几天之内，全崩！

灵帝真怕了。这么雄壮的大汉朝，原来一眨眼工夫，就能爆成灰烬！当他在宫里欢乐地说“张常侍是我亲爸，赵常侍是我亲妈”时，做梦也想不到会有今天吧。

汉灵帝急匆匆地开始备战。

从三月初三到初七，他连续颁了四道诏书。

第一道，守卫京都。

以何皇后的哥哥何进为大将军，封慎侯，统率左、右羽林军，还有屯骑、越骑、长水、步兵、射声五校尉，驻扎都亭，整修军备，护卫京师。

在洛阳周围的八大险关，函谷关、太谷关、广成关、伊阙关、轘辕关、旋门关、孟津关、小平津关设置都尉，镇守险要。

第二道，派精兵良将征讨黄巾。

征发天下精兵，以北中郎将卢植征讨巨鹿的张角本部；以左中郎将皇甫嵩、右中郎将朱儁征讨颍川黄巾。

第三道，全国总动员。

诏命公卿大官们出战马、箭弩，推举将军家的子弟，甚至懂战术阵法的老百姓，都可以到官家报到。

第四道，解除党锢，大赦党人。

东汉血雨腥风的党锢，这回终于到头了，被流放的，也终于可以回家。

其实赦党人，灵帝不太情愿。架不住多少人来说，皇上您只有解除党锢，才能收获天下人心！如果让张角抢了先，跟党人合谋，那咱大汉朝真是要完啦！因为极度惊吓，灵帝终于听了劝。

我们来圈圈重点。这四道诏书，最重要的，是第二道和第三道。

先看第二道，被派去镇压黄巾的这几位将领。

卢植，很熟悉有没有？他就是刘备和公孙瓒的那位好老师，大经学家。不过，不要以为卢老师就会做学问，他也是很有武略的！人品正，性子刚，还平定蛮族叛乱立过功，绝对的文武双全。所以，灵帝这个任命还是有脑力的。

皇甫嵩，是将门之子，叔叔就是名将，父亲一直镇守边疆。皇甫嵩自幼读书学武，也是文武双全型。在军中，他还特别善待士卒，每回安营扎寨，他都是等营盘扎好，士兵们安顿妥当了，自己才回帐；每回开饭，他也是等士兵先吃完他才吃。有的士兵受了贿赂，他也不可劲儿批评，还给士兵赏钱，最后这士兵又惭愧又感动，恨不得自杀。于是，手下们都死心塌地地跟着他。

朱儁，又见朱儁！还记得孙坚给领导们当枪使讨许生之战吗？那个贿赂京官给太守减罪的主簿？对，就是他。现在的朱儁，可了不得了。六年前，交州发生叛乱，朱儁被任命为交州刺史，就带了五千人，先用智谋，再施武力，不到一个月，就干掉了叛军首领，收降了五万多叛民，一举平定了交州。于是，朱儁调回京城，又封侯又加官，已经很显达了。

这三位，无论是能力还是人品，都没挑的。朝廷还是有大将！不光有大将，战力也相当强！

说起东汉最牛的军队，有个词叫“三河五校”。三河是指从河东、河南、河内三个郡征召的精锐骑兵。骑术极精，战力极强。五校，就是我们上面提到的派何进统率的五校尉，那时叫“北军五校”。屯骑、越骑、长水、步兵、射声。屯骑营，是汉人骑兵精锐；越骑营，是越人骑兵精锐；长水营，是胡人骑兵精锐；步兵营，是强悍的西北步兵；射声营，是精锐的弓弩兵。每营都是同兵种中的顶级！而且兵种齐全，应付各种复杂阵仗都游刃有余。平时，他们是中央禁军，但如果地方出了乱子，也会派出作战，“三河五校”所到之处，没听说过不胜的！

就是这支“三河五校”，在汉章帝时，曾正面击溃羌族四部的联合叛乱，后来，又连续几次平叛西羌；还是这支“三河五校”，汉和帝时，直接干趴了北匈奴大军，让匈奴人从此逃奔了欧洲。

虽然现在，东汉王朝已近末路，“三河五校”也未必还有当年那么强悍，但对付黄巾，想必也是信手拈来的。

好，评估完了将领和战力，我们再重点看第三道诏书。

全国总动员！让凡是懂武略的，不管什么人，都可以去官府报到！

这道诏书有点儿可怕。

灵帝大概是真吓蒙了，全忘了他的军队本来多强大，也忘了敌人数量再多，实力也不过是盲流水准。战场难道是什么人都能上的？军权难道是什么人都能给的？有了这道诏书，全民都可以拿起武器，都能发展自己的武装！可这些拿起武器的，又有几个是真心杀黄巾的？

后来，魏文帝曹丕在他的大作《典论》里说：“初平之元，董卓杀主鸩后，荡覆王室。……卫人讨州吁于濮，言人人皆得讨贼，于是大兴义兵。名豪大侠，富室强族，飘扬云会，万里相赴。”

他说，董卓之后，天下大兴义兵，说人人都能讨贼。然后，那么多的诸侯强族，都一窝蜂地讨董卓去了。但是，讨董卓的结果又怎么样呢？这些名豪大侠，富室强族，真的是去讨董卓了？他们不过是借着讨董卓强大自己而已！

其实不用等到董卓那时候，黄巾起义已经是这状况了。那些声称主动讨贼的，同样是借着讨黄巾强大自己而已！抓贼的本该是警察，平叛的本该是将军，你号召全民都去抓贼斗强盗，结果就是，培养出更多的贼和强盗，而且还是——合法的！

《三国演义》开篇里，刘备在城门口看告示，长叹一声，惹来了张飞一通怼。当时告示上说的啥？就是这道诏书，全民都可讨贼。所以，刘关张三人都打算去“投军”，投军干吗去？杀黄巾，立功名啊！其实，不仅是刘关张，全天下从豪强到流氓，谁不动心？平日里升个官得个势有多难，这回干掉些盲流，就能赚取资本，从此发迹了。可怜黄巾的教众们，本来都是活不下去的悲摧老百姓，现在却变成了从大佬到混混刷经验的万能炮灰。

灵帝确实是蒙了。这道诏书一发，就算黄巾贼都被干死，更大更多的贼们却都在成长的路上呢！所以说，人还是该心性强大点，平常里多调整调整，别受点刺激就肾上腺素升老高，惊悚之下作出的决策，大多也都比较惊悚。

好了，我们不再替古人担忧了，反正灵帝的诏书已经下了。

天下崩溃的种子，被他很有步骤地一步步埋进了土里，就等一阵强劲的造反春风，忽地一下吹得全破土而出。

我们还是回来，继续大战，去观摩一下东汉的顶级劲旅“三河五校”，是怎么平叛、怎么横扫黄巾的。

03

暴风扫黄巾：真的是天降吉利？

三国第一波大战开局，我们先做个战略对比。

战争双方：东汉朝廷 VS 张角太平道

兵力对比：8 万到 10 万 VS 50 万到 80 万

战力对比：国家顶级精锐 VS 盲流路人甲

将领对比：国家上将 VS 假大仙以及假大仙的兄弟和跟班

那么，孰胜孰负？

初战

按灵帝的部署，三位中郎将，北中郎将卢植负责北线，讨伐张角的老巢巨鹿。左中郎将皇甫嵩和右中朗将朱儁负责南线，剿灭对洛阳威胁最大的颍川黄巾。

我们先说南线。

还没开战呢，南边传来的消息，个个都让灵帝好惊悚。

第一条，皇甫嵩他们刚出发，南阳黄巾军张曼成就杀了郡太守褚贡，占了南阳治所宛城。别看南阳只是个郡，那可是天下第一大郡啊，影响太大！灵帝战栗了；

第二条，汝南黄巾军打败了汝南太守赵谦。汝南就是袁绍大公子的老家，又富庶又发达，全天下响当当的地方！灵帝又战栗了；

第三条，是从北边传来的，广阳黄巾军杀了幽州刺史郭勋和太守刘卫，广阳就是现在的北京附近。灵帝在战栗中绝望了。

终于，皇甫嵩他们开赴颍川前线，怼上了黄巾。谁知，第一战，朝廷大军居然败了！灵帝战栗后几乎疯了。如果“三河五校”都救不了命，那大汉就只剩等死了。

其实，首战失利，还是有原因的。

皇甫嵩、朱儁是分开两军进发，包括“三河五校”还有新招来的精兵，一共四万多人。朱儁先碰上了黄巾军波才。结果这一战，朱儁败了。

分析原因：第一，准备不足。进军太仓促，就算是顶级劲旅，好久不作战，也得先热个身不是？但哪有这机会呀，直接就拼上了。第二，人太少。皇甫嵩和朱儁分兵，朱儁手下充其量两万人，颍川黄巾少说有十几万。第三，黄巾太拼了。他们可是被张角洗了十年脑的，早知道造反必死，死战反倒能活，就等着血拼的这天呢！所以，一群慢热的官兵碰上了铺天盖地不要命的流民百姓，官兵们一下都蒙了。

眼看朱儁战败，皇甫嵩赶紧保住颍川郡的长社。波才乘胜进攻，就把皇甫嵩给包围了。

战况太吓人！灵帝要蹿到洛阳宫顶上去了。这还不行？那好，朕再派人！再派人！

那么，派谁去？这时，我们的大主角就要出场了，灵帝看上的这位，正是曹操！

有的朋友会问了，曹吉利不是回老家思考人生去了吗？还顺便搞上了卞姑娘，不是正跟老婆儿子热炕头呢？那是几年前的事啦。我们来瞧一下吉利这几年都干了啥。

话说，吉利在老家的书真是没白读，不久大人物们就发现，曹操这小子真是长进了，进步得比后来吕蒙那个“刮目相看”还快，又知文又达意，比从前有见识多了！于是，朝廷就以吉利能“明古学”，征拜他为议郎，回洛阳做京官了。

曹操在议郎任上，主要干了两件事：一件，特真心地替党人说话，为当年被宦官害死的大将军窦武和太傅陈蕃正名，结果是，灵帝不答理；另一件，向皇上举报三公贪赃枉法。吉利还是很敢干啊！这回，灵帝真听了，还把那几个大批了一通。但是，这几个跟宦官勾结得太紧，很快，就把和吉利一起上书的陈耽害死了。曹操一看，这国家真是没救了。幸好自己官还没做大，不然弄不好也得死于非命。所以，一方面没了心劲儿，另一方面也为自保，索性不再多说了。

曹操正在心灰意冷时，却一下被急火攻心的灵帝看上了。曹操这小子一直很“能”啊，现在缺的就是“能”人！那你就快上吧！

曹操被提拔为骑都尉，正式授予军职，领兵增援皇甫嵩，征讨颍川黄巾。骑都尉年薪两千石，曹吉利终于混成了大官！

天降吉利

我们后人经常分析，征讨黄巾，曹操到底起了多大作用？他就像个过路的妖精，或者一个打酱油的，其实没干啥嘛。从事实来看，的确如此。不过要从另一个维度来说，曹吉利还真了不得，这个维度就是——运气。

黄巾起义爆发后，全是坏消息，一个比一个惊悚。可自从灵帝派了曹操之后，就像给前线送去了一个大吉祥物，从将领到士兵，全都红运开挂了！可见，吉利这名字，那真不是白叫的！

首先，第一个吉利起来的，就是我们的扫黄主皇甫嵩。曹吉利还没赶到战场，皇甫大将军的智能就突然爆发了。

他本来被围在长社，城外是十几万的黄巾，城里只有两万兵。他观察发现，这群黄巾的营寨扎在荒草丛生的地方，当时正好又刮着大风，这要是用火攻……呼呼，那可有多酸爽！

于是，皇甫将军计策拿定，让士兵们人人手里拿着芦苇把子，都登上城去，悄没声地等着，又派一批勇士，神不知鬼不觉地越过包围圈，突然放火，然后高声呐喊。城上候着的，也都点起芦苇呼应，雄壮声势。

一切依计而行，步步顺利。晚上，这大火一起，黄巾全吓傻了。火势铺天盖地，从城上一直蔓延到野外，根本看不到边。加上他们又被大仙洗了十年脑，就信什么仙啊神呀的，更觉得这简直是神兵天火，是老天要消灭他们！这样一想，哪还有什么斗志，一下全乱了套。

皇甫大将军命人擂起战鼓，亲自率领大军，以精锐骑兵冲击敌阵！黄巾吓得没了魂地逃。正在这时，我们曹老板带着大吉大利的美好使命赶到了现场，一切就更可心了。

颍川战场打了不到一个月，最后皇甫嵩、朱儁、曹操合兵，大破波才，斩杀黄巾好几万。

然后，在吉利幸运光环的魔力下，真是不能再顺，官兵所指，处处所向披靡！六月，南阳郡也大胜，新任命的南阳太守秦颉，斩了张曼成！南阳只剩下一个宛城被黄巾军据守。不过不用急，这个宛城，自有猛人去干。

皇甫嵩和朱儁继续东进，乘胜征讨汝南和陈国两郡，再次逢战必胜，黄巾军被杀的被杀，逃跑的逃跑，彻底散伙了。颍川、汝南、陈国三郡全部平定。

南线捷报频传，灵帝这回可美上天了。立刻要给皇甫嵩加官晋爵，但人家曹甫嵩特谦虚，说都是朱儁的功，于是，灵帝封朱儁为西乡侯，还特意给他创了个官衔，叫“镇贼中郎将”。然后又下诏，皇甫嵩继续征讨东郡的黄巾，朱儁去拿下南线最后的黄巾据点——宛城。

皇甫嵩讨东郡毫无悬念，八月，在苍亭大战，俘虏黄巾渠帅卜己，斩杀七千多人，东郡一把平定。

我们现在看，南线基本已经扫平，仅仅用了四个月！别看一开局，黄巾的抵抗相当拼，但那只是短短的一瞬，他们的全部能量就那么一丢丢，一开始全爆了，所以越到后来，越是一触即溃。

那么现在，南线就剩下一个宛城。南阳黄巾军头领张曼成被杀，他们就拥立赵弘为渠帅，聚集了十几万人死守。

宛城是天下第一大郡南阳的治所，城防相当坚固，是块极难啃的骨头。不过放心，有朱儁在这边盯着呢。我们不妨先去聚焦一下北线，看看卢老师他们的战况如何。

04

暴风扫黄巾：这就是传说中的巨坑？

战争继续。

前面说，南线这边，就剩下了坚固的宛城，十几万黄巾据守。其实，破宛城一战，是扫黄的收官之战，压轴的，很亮眼。我们不妨留到最后说。

现在，还是先去关注一下北线战况。

北中郎将卢植不是被派去打张角的老巢吗？战绩如何呢？

战绩相当不错！虽然这边是张角的老家，是黄巾军人数最多、战斗力最强的地方，但卢老师很给力！一开始就连战连胜，打得张角节节败退，全无还手之力，还斩杀了一万多人。最后，张角只好领着黄巾军退到广宗县，死守城池。

卢老师一看，要是强行攻城，必然损失惨重，可朝廷就这几万兵啊！因为不想让士兵有太多折损，他另想出了办法。卢老师命令兵士们在城外修筑工事，深挖壕沟，同时，打造各种攻城机械，比如云梯、冲车之类，打算万事俱备后，就发起突袭。眼看胜利在望，就差那么一丢丢了，这时，突然来了个黑无常。

这黑无常是谁？一个宦官！宦官无处不在啊。这宦官名叫左丰，是灵帝派来视察前线的。在这等危急时刻，整个国家都爆了，可人家宦官，关心的永远是自己的钱包。这差事，在左丰眼里，真是大肥缺！无论视察到哪儿，都是财源。你想让我在皇上面前说好话吗？现在皇上可急着呢，我一句不好听的，你的脑袋就得搬家！晓得利害了？那是不是……得让公公我满意啊？

太遭人恨有没有！但皇帝偏偏就是宠信，小丑无常们偏偏就是横行。

左丰一到，手下们就开始劝卢老师：您得给左丰好处啊！不然，他肯定报复！他要到陛下那儿说您坏话，后果……不堪设想啊！可卢老师就是不肯，刚了一辈子，正了几十年，功勋满满，名扬天下，让我去贿赂小丑？对不起，咱丢不起那个脸！卢老师真就没答理左丰。

果然，左丰咬牙切齿地跑到灵帝耳边扎针去了："陛下，那个广宗城很好攻破呀！可是北中郎将卢植就让士兵躲在营里休息，根本不出战，他这是想等老天来惩罚张角吧！"

灵帝一听，立刻勃然大怒。什么时候了，朕都火烧眉毛了，国家都快玩完了，你卢植居然还玩这套，你一天拿不下广宗，朕一天得赔进去多少钱（要知道，灵帝可是古代皇帝中极少见的守财奴）。于是，灵帝立即下诏，用囚车把卢植给朕押回来，减死罪一等！就是判个比处死稍轻一点儿的罪过。

可怜的卢老师，眼看就要大功告成，结果被一个贪佞的无常鬼一把毁了个干净。

卢老师琅珰下狱，张角总得有人剿啊。于是，灵帝就想起了一位来，他就是，现任并州的刺史董卓。

这时的董卓，也算一号人物。打小在凉州地界长大，力大无穷，精于骑术，还老跟羌人们一块儿混，早就出了名。后来开始给朝廷当官，无数次跟羌人、胡人打仗，战功真是不少，都升到了刺史级别。妥妥的大能人一个！

灵帝想到了董卓，现在要的就是"能"人，谁能打谁就来！

于是，董卓接替卢植，当了东中郎将，剿杀张角。灵帝抱了好大希望，就盼着这狠人尽快收拾战局，天下快点太平，自己也能省点钱呢。

哪知董卓围了张角两个月，就是攻不下来，连胜仗都没打过！灵帝气得又下诏：把董卓也给朕押回来，减死罪一等！跟卢植一样！

这里就有问题了。董卓确实猛，这个不用怀疑，曾经打了那么多胜仗，肯定不是骗人的。现在区区一个黄巾，战斗力不过流民水准，他居然就拿不下？

我们分析原因，大致有这么几条：

第一，张角本部的黄巾确实厉害，不好打。

这里的黄巾都是张角嫡系，被洗脑最深，最不要命的，所以战斗力比别的黄巾强不少。而且，人还多，不下二十万。卢植已经看到，强攻必会损失惨重，所以打算稳扎稳打。

第二，董卓不善于打攻城战。

董卓从小跟羌人打，跟胡人打，都是在茫茫戈壁奔驰，动辄追敌多少里，完全是开放式战场。敌人越打越散，正好逐个击破。可攻城战，全不是那么回事，敌人力量极其凝聚，团结得命都不要，董卓那些驰骋沙场的威猛骑兵们，根本派不上用场。

第三，董卓这小子动了心眼儿。

他可能没尽全力，或者一直犹犹豫豫，我是不是该尽全力呀？尽全力吧，肯定损失惨重，可他心疼他带了这么多年的凉州兵，那可是他的命根子。本来起家就在凉州，虽然当了并州刺史，但也属边疆，董卓就没把自己看成一个中原人！你们中原的事，凭啥让我去血拼？可是，如果不尽全力，后果也很可怕，皇帝现在急得跟疯人一样，你不卖力气，卢植的减死罪一等，就在眼前

摆着。

大约就在这种犹豫中，董卓寸功未立，关键时刻掉了一把链子，差点儿把灵帝气成脑溢血。

就这样，董卓打了一回很难看的酱油，也被囚车拉走了。

那么，下边该轮到谁？灵帝只怕要哭死了，没人了！

不过，很救命的是，这时，皇甫嵩扫平了南线黄巾，只剩一个宛城，由朱儁去想辙。看来谁也指不上，还得皇甫大将军！灵帝立刻下诏，皇甫将军你也别休息了，快点北上，去干张角吧！

皇甫嵩奉诏，挥军北上，直进冀州。

这时，忽然传来一个天大的好消息，张角病死了！真是老天还想让东汉苟延残喘，仗打得正艰难呢，就降下了红运。

黄巾起义本就是宗教起义，教主都完了，大家还拼啥命啊，没立刻呈鸟兽散就不错了。不过，张角的俩弟弟张宝和张梁，都不是等闲货色，眼看大哥一死，队伍就要崩，立刻用各种手段控制住了人心，利诱和恐吓大概是少不了的。

教徒们一想，既然已经是反贼，这辈子也洗不白，现在散了跑了，走到哪儿不还是一个死，还不如拧成一股绳最后搏他一把！结果，虽然张角死了，北线最后这二十来万黄巾军，还是很团结，极难搞！

那么，广宗这个连陷了两位大将的巨坑，皇甫嵩能不能搞定？

05
暴风扫黄巾：你跟林冲是同学？

现在广宗这地方，已经成了灵帝的心病，皇甫嵩可是最后的一张王牌，如果还不胜，真不知该怎么抓狂了。

我们继续聚焦前线的战况。

皇甫嵩兵到广宗，张梁已经在城外列阵，俩人立刻干了一仗。

一开战，皇甫嵩就瞧明白了，这真是黄巾军的精锐，个个精壮威猛，一人能顶十个盲流级。张角果然挑了最优质的放身边了！这第一战，皇甫嵩虽然没输，但想获胜，也几乎不可能。

这次，皇甫嵩也体会到了两位前任的难处，想想，觉得人家卢老师是对的，必须稳扎稳打，或者计取。于是，皇甫大将军沉下心来，想好了对策。

第二天，皇甫嵩命令关闭营门，大家都在营中休息，谁也别出去。然后派人暗中观察黄巾军的动静。这黄巾军一看，官兵打不赢咱们，肯定是没招了。自从他们来攻打广宗，就没赢过，现在一定是躲起来发愁，想对策呢！咱们这些天不要命地打，都累得吐血了，索性也趁机放松放松！

皇甫嵩的哨探发现，黄巾们懈怠下来，还真以为平安无事了，麻溜赶来报告。皇甫嵩一听，立刻来了精神，战机已到！他当即连夜部署，传令下去，让大家悄无声息地准备，一直等到凌晨。鸡鸣时分，皇甫将军一声令下，各部兵马齐出，直冲敌阵。

黄巾哪料到会有这手！虽然正是非常时期，士兵们都不敢放心大睡，但也全无防备。赶紧抄兵器列队迎敌吧。还列什么队，根本来不及了！双方一直从黎明激战到傍晚，打得真够惨烈。

最后，皇甫嵩率领官兵大获全胜，斩了张梁，斩杀黄巾三万人！还有被逼进河里淹死的，足足五万！

这个把朝廷两位大将都搞成了“减死罪一等”的广宗县，终于拿下了！

皇甫嵩毫不懈怠，乘胜进军，进逼张角弟弟张宝盘踞的下曲阳，这是北线黄巾军最后一个据点了。

这时，官兵的士气真是如火如荼，黄巾军只能垂死挣扎了。又是血战了好几天，官军再获全胜，斩杀黄巾军十几万！

这回，皇甫将军可以悠长地舒一口气了，灵帝也像赚到了大钱一样，安心地欢呼雀跃了。北线黄巾军已完全平定，张角的老巢巨鹿彻底完了，先后干掉黄巾军精锐三十万！

然后，皇甫大将军开始了“善后”：

第一，挖出张角的棺材，开棺戮尸。

这个简直是必须。反贼头子，还想平安下葬，死得极惨极难看才对啊。即使皇甫嵩不这么干，灵帝也会给他下诏。

第二，做了一个大京观。

啥叫京观？京观就是把敌人的尸体一个个、一层层地摆放整齐，搭成金字塔，跟搭乐高一样。尸体越多，金字塔就越壮观。古代杀伤惨重的战争，有时就筑“京观”。其实，这是一种集中处理尸体的方法，不然，数万具死尸漫山遍野，也不像话。另外，“京观”最重要的作用是炫耀战功，威慑众人。让人们都来观摩，都被彻底吓趴。看到了吗？这就是造反的下场！

皇甫大将军搭的这个“乐高金字塔”，是中国历史上最大的“京观”！

将军果然铁血！果然对大汉忠心！这些死人都是盖上了“反贼”大红戳的，不配得到半点儿怜悯和恻隐！个个都死有余辜！

其实……真的吗、真的吗？这些中的大部分，只是无以为生的小民百姓而已。但皇甫将军脑子“正”得很，就装着他那个朝廷，哪怕这个朝廷已经溃烂得惨不忍睹。

皇甫将军酷绝无情地处置了反贼尸体，但对活着的良民百姓，还是很有爱的。于是，他又做了第三件善后。

第三，向灵帝上书，奏请免除冀州一年的田租，让饥民们都能活个温饱。

现在，灵帝已经美翻，对皇甫嵩的话是言听计从。下诏，任皇甫嵩为左车骑将军，领冀州牧，封槐里侯，食邑 8000 户。冀州老百姓得了皇甫将军的照拂，还在民歌里唱：“天下大乱兮市为墟，母不保子兮妻失夫，赖得皇甫兮复安居……”真是威名满天下了。

我们来给皇甫大将军做个总结。

这位猛人简直是黄巾军的克星！三国开端的第一位上将！整个平定黄巾的战争，除了朱儁那边的战宛城，几乎都是他一人的表演！驰骋中原十余战，无一败绩。别人搞不定的他能搞，别人胜不了的，他就能胜！

后来荆州之战时，人人都说关羽“威震华夏”，其实早在三十多年前，也就是现在的公元 184 年，皇甫嵩就已经威震华夏了！因为《三国演义》为给刘备加戏，只是轻描淡写地表了表皇甫嵩，所以对我们大多数读者来说，这位功勋赫赫的上将军，几乎被忽略了。

当然，功勋不可能磨灭，“威震华夏”也不是乱夸的。

不过，这就引出了一个问题，将军功劳太大，这气氛是不是就有点不对了？即使他自己心思稳当，但在别人眼里，是不是……多少就能整出事？于是，有一个人来找皇甫嵩了，这个人叫阎忠。据说阎忠很有眼力，打小就看出了贾诩是个人物，后来贾诩果然成事了。

阎忠找皇甫嵩干什么来了？我们先看看他说的话。

阎忠对皇甫嵩说："世上最难得也最容易失去的，是时机；所以圣人讲究因机而动，顺势而发。现在，将军的时机来了，您如果不抓住的话，不就太可惜了？"

皇甫嵩被一下说蒙了："你什么意思啊？"

阎忠说："将军您暮春时领命，入冬就成就大功，才几个月的时间啊！真是兵动如神，有谋必成，破敌就像摧枯拉朽一样，商汤、武王，也没有您这样的神武！您的功劳太大，皇帝都不好赏了，您的德行又太高，却还侍奉这么昏庸的君王，如果不干点什么，只怕您以后的日子也不好过！"

这回皇甫嵩听明白了，这阎忠是劝他——谋反！趁现在"威震华夏"的名声，一把取代大汉朝。皇甫嵩的神经这回可绷起来了，你这不是给我下套、要陷害我吧？他立刻回答："我为朝廷效力，心里不忘忠义，我的日子能有什么不好过的？"

阎忠又说："您没看到当初的韩信吗？为了恩义错失了良机，最后还不是遭猜忌死于非命……"然后，阎忠又给皇甫嵩分析了一大通，如果成大事，后面一步步怎么走。

皇甫嵩弄明白了，这阎忠确实不是想陷害他，是真心要支持他造反！皇甫嵩很快地掂量了一下，说出了一段特别有意义的话。他说：

"我不能做不合常道的事，创建大业，不是庸才能做的。去干没希望的事，不如保住自己的节操，就算别人给我进谗言，最多就是罢官流放，即便我死了，也可以在后世留下美名。你说的这种话，我不敢听。"

这几句话，简直就是对皇甫大将军一辈子的素描。重点有两条：第一，没野心。他说自己是"庸才"，事实上当然不是，但他却甘心要做个"庸才"；第二，保名声。就算是流放，就算是死，他都认为，没有名声更重要。

这该叫忠义？还是叫迂腐？

不管后世怎么评价吧，皇甫大将军终始是一个对朝廷无害的上将，灵帝当政，他又听话又顺从，董卓那小子当政，他还是又听话又顺从。后来，烂人李傕、郭汜当政，他仍然又听话又顺从！所以，一开头这么亮眼的大将，自从各路有野心的人物一出场，他就被湮没进了史书，彻底养老去了，完全无所作为！

说到这里，让我想起了另一个人——林冲。

话说，如果不是高衙内那不经意的一瞥，瞥上了林冲的漂亮老婆，把林冲害到了家破人亡，除死无路，那我们的林教头，很可能会是另一个皇甫嵩。

不妨设想，如果林教头没被“逼上梁山”，那后来征讨反贼的队伍里，必是上将一员，甚至当主帅都极有可能。参见他为梁山立下的赫赫战功，完全可以想见，他为朝廷得有多拼多卖命。跟皇甫嵩一样一样！

皇甫大将军和林教头，是同一所学校毕业的吧。俩人永远秉承信条：朝廷虐我千百遍，我待朝廷如初恋。我是活该被虐，越是受虐，我心里就越踏实。看这俩一辈子，活得就是那么不透亮，不出挑，不血性，让读者都跟着憋闷。

所以，在某些情形下，人有点儿野心，也不一定是坏事，甚至是应该的。

三国第一位上将，一生大致就是这个场景。

现在，张角老家已彻底被端，但别忘了，扫灭黄巾军的战争还没完全结束。下面，我们就去聚焦精彩的收官战——破宛城。

在这一战中，我们又要迎接一位大佬来打酱油了。事实上，人家那不叫打酱油，而是真给力！曹操是给大家送吉利来的，董卓是关键时刻掉链子来的，他呢，是真给大家开路来的！

06

暴风扫黄巾：他真的不是打酱油

我们来聚焦扫黄战争的最后大戏——战宛城。

也是最难搞、最费周折，但又最亮眼的一战。

故事的主角，是另一位主帅朱儁。在南线，他跟皇甫嵩配合，除去第一仗败给波才，其余各战也一直是所向披靡。最后，他俩分兵，分头去啃硬骨头。皇甫嵩除了北线张角的老巢巨鹿，朱儁呢，去搞南线的黄巾军据点宛城。

又是攻坚战！宛城的城防远非张角的广宗县可比。一开战官军也很不顺利，黄巾军以赵弘为渠帅，十几万人死守宛城，朱儁和荆州刺史徐璆，最多四五万官兵，真心不好搞！朱儁围城两个月，不胜。

这时，朝里有人沉不住气了，对灵帝说，还是把朱儁召回来，另外派人吧！幸亏司空张温在旁边劝：从前秦国用白起、燕国用乐毅，都是一任命就好几年，最后才得胜的。朱儁讨颍川就立了功，现在挥师南指，他那边战略都已经定好了，这边却临阵换将，是兵家大忌啊！咱们再等等，我相信朱儁肯定能赢！

张温说得没错，人家朱儁都部署完了，地雷也埋好了，就等引爆呢，你现在把人家撤回来，难道一切从头开始？北边的广宗，换了董卓，就毁了卢植，董卓还不成器。如果当初不换，卢老师很可能已经成功了！虽然灵帝不会认错，但心里并不糊涂。而且北边换人，就把他愁死了，现在南边也要换，还能换谁？终于，灵帝听从了张温。

果然，张温话音刚落，朱儁那边捷报传来了！朱儁跟赵弘大战，把赵弘给斩了！

真是大好消息，人人兴奋不已，战争是不是马上就能结束了呢？别高兴得太早！这个宛城真心不好搞，攻坚难度太大！赵弘一死，黄巾又推韩忠为渠帅，继续坚守。

好吧，接着战。朱儁想了个好计策，他命士兵擂起战鼓，热闹喧天地进攻西南方向，黄巾军赶紧都冲到西南来防守，根本没识破，这是朱儁声东击西的妙计。

朱儁看黄巾军果然上当，立刻亲自率领精兵急攻东北方向，一下就攻上了城。韩忠大惊，领部分黄巾军退到小城（就是城门外的瓮城），然后……他打算跟朱儁谈条件了。

韩忠是想请降。当然，投降的话，必须保证他们的活路。自古投降不就是为了活命？但韩忠没想到，朱大将军不同意。这时，朱儁手下的将军都认为接受算了，可朱儁就是不肯。

朱大将军说，别跟我说古代的先例，现在的形势不一样，项羽、刘邦那时候是争霸，天下无主，所以来归附的人要赏；可现在本来天下一统，咱们是在讨伐逆贼，必须严酷镇压。要是让他们投降，平民们会怎么想，造反还能活命？那想造反就造反，造反不成就投降。所以投降，绝不能接受！

朱大将军跟皇甫嵩一样，脑子“正”得没挑，只装着他们那个朝廷。而且，将军这做法也相当光明磊落。自古“杀降”，谁不是先“受降”，再杀掉。如果朱儁假装同意，等黄巾军放下武器再屠杀，那得有多爽利，多省心，后面的麻烦也全免了。可朱大将军不愿耍诡计，坦坦荡荡地直接拒降：你们没有活路了，只管来战吧！

做得真够有品！但是……人太有品的结果，往往是要承担更多的麻烦。韩忠这些人一听不准降，一下就疯了，活命的希望只剩下一座独木桥——死战。于是，朱儁连攻好几天，怎么也拿不下。本来东北方向已经攻上了城，现在只能撤回了。

朱儁登上土山观望敌情，暗暗琢磨对策，忽然心头一亮，对他身边的司马说：我知道了。贼人求降不成，突围又不可能，所以只有死战。万人一心，就势不可挡了，何况，他们是十几万人一条心！不如，我现在撤围，韩忠必然会出城逃命，那时他们一意逃跑，无心恋战，咱们一定能胜！

将军果然脑路清奇！登高一望，就把敌人的心思全摸透了。于是，朱儁下令撤围。果然，一切正如他所料，撤围没多久，韩忠就领着黄巾军冲出了城。而且，黄巾军的心态也完全跟朱儁预料的一样，就想着逃命，哪有心思战斗。如果说被围在城里时，他们的战斗力值是 10 的话，那现在出城逃命，战斗力连 5 都不到。

朱儁眼看时机已到，立即集合精锐出击，黄巾军立马被杀得惨败，斩首一万多。南阳太守秦颉还杀了韩忠。再获大胜！

消息又飞速传回洛阳，从灵帝到百官个个又高潮了，心想宛城这回终于搞定了吧，战争是不是真的可以结束了？呃……不得不说，这次大家又高兴得太早了。我们前面说过，宛城是最难搞、最折腾的一战。还没完……最后的压轴戏正等着上演呢！

现在的宛城，韩忠被杀，黄巾军出城也逃不了，又开始死守。人人都想好，就把这副尸骨扔在宛城了！他们又拥立孙夏为渠帅，把宛城守得固若金汤。

那怎么办？怎么砸翻这只大铁桶？谁能干？这是多么急迫的呼唤啊！治世呼唤的是德高望重的忠臣，乱世呼唤的是整饬天下的雄杰，铁血狂飙的战场，呼唤的是真能摧坚斩锐、一锤定音的真猛人！

特别幸运的是，这位猛人就在朱儁军中，他就是，咱三国的大佬之一，走到哪儿都能炫亮人眼的——孙坚、孙文台！

其实，从朱儁当右中郎将开始，孙坚就已经上道了。

朱儁特意向皇上请奏，把孙坚从下邳调来，任佐军司马，给自己当帮手。当年剿许生时，这个生猛小伙就让朱儁印象深刻，眼下这么艰巨的任务，这杆利枪正好能派上用场！所以，孙家后来能称霸一方，朱儁是相当关键的一环。因为朱大将军看好，孙坚终于从边远小县一下跃进中原，进入大人物们的视角了。朱儁这一上奏，连皇帝都知道有孙坚这一号了。

黄巾起义这年，孙坚 29 岁，还在干年薪两百石的县长助理。可看看人家同龄的曹操，刚晋升了骑都尉，两千石。

不过不用急，孙坚也马上就要脱离县级了。朱儁一道将令发到下邳，孙坚的人生就"砰"地一下烟花爆裂。

在县级干了十几年、四五线城市出身的小官孙坚，哪里会想到，竟能有驰骋中原的这一天！而且，机会来得如此猝不及防！

接到朱儁的调令，孙坚立马开始备战，要给朝廷效力，给领导分忧，当然得精神百倍啊！最要紧的是，招兵！

孙坚开拔时，带了两拨人，第一拨，是在下邳跟他混的古惑仔小年轻们，大哥一挥手，小弟跟着走；第二拨，是孙坚弟弟孙静从老家忽悠来的亲戚和同乡，有五六百人。可孙坚一看，人还是太少，赶紧在淮泗地区又招了一些商人和游民，一共凑足了一千多人。然后，孙坚把吴夫人和儿子安置在寿春，就带着这一千人杀入中原，正式出道了。这一年，孙策 9 岁，孙权 2 岁，还在吴夫人怀里抱着呢。

也许有朋友会问，孙坚这群民兵难道不是乌合之众？比黄巾也强不到哪儿去嘛！不对，绝对是精兵。就算一开始不太精，历练不了多久，也必然"精"了。

有句话叫"强将手下无弱旅"，可不是白说的。

首先，论孙坚手下的忠诚度，没得说，真跟张角的黄巾军差不多了，跟他混了多年的小兄弟再加亲戚乡党，绝对是嫡系。

其次，论战斗力，比黄巾强太多太多了。孙坚不是张角！张角只能坐在神坛上给手下精神力，让你热情满满地去填万人坑，但孙坚会亲自带你往上冲，还会告诉你怎么冲，怎么干掉敌人，不让自己死。相比来说，张角那叫拿万人血去换他的野心，孙坚是正儿巴经地带自家的队伍。而且每一战，大佬都冲在最前！有这样的统帅，就算带的都是绵羊，不用多久，也都能变成豺狼。

没错，孙坚到中原就是来血拼的。他知道，凭自己一穷二白的家底，除了血拼，完全没路。在颍川跟朱儁会合后，孙坚就跟着领导一路猛干。从下面这个故事，我们就能看出他有多拼了。

孙坚兵到西华，碰上了黄巾军，很干净利索，打赢了。于是，孙坚下令乘胜追击。他还是一马当先，冲在最前。结果黄巾军使了圈套，回身再战，竟把孙坚刺伤了。孙坚受伤坠马，伏在草窠里，根本动不了。手下们找不着他，急得不知咋办。幸亏孙坚这匹坐骑很神，奔回营地不停地嘶叫咆哮，最后领着大家在草窠里找到了老板。

差点儿送命有没有？可在人家孙坚眼里，这根本就是人生常态，命嘛，就是用来拼的！这点儿危险太正常！于是，回营休养了十天，他就又披挂上阵了。手下们一看，好钦佩，好激励啊！我们一定跟老板学，一定要以老板为榜样，拼出最大的狠劲儿来！

特值得一提的是，孙坚的神勇和胆色，还征服了两位新认识的牛人。

这两位都来自北方，一位是右北平人（现在的唐山），一位是辽西人（现在的迁安），都是河北的！他俩很可能是先跟着朱儁，到了前线，遇上了孙坚。然后，俩人都被孙坚折服了，铁了心要跟着孙坚干。

这俩河北人就是程普和韩当。

程普相貌好，能打仗，还善于计谋，能说会道；韩当特会射箭，擅长骑马还力气贼大，绝对是猛人一枚。这俩自从跟了孙坚，是一辈子忠心耿耿，功劳赫赫，后来成了吴国的顶级大将、三代功臣。

现在，孙坚也算有了良将劲旅，虽然良将就两个，劲旅就一千，但也有模有样了！然后，他就干了最爆彩的一仗，一把砸趴了宛城！

大家正围着宛城这大铁桶一筹莫展呢，强攻不破，用计不成，城里那十万黄巾军早就视死如归，已经把自己当僵尸了。我是僵尸我怕谁！

朱儁只能下令，强攻！不行？再强攻！这时，孙坚请命来当先锋。朱儁一看，好啊！早就看中这小伙了！不过，朱儁也捏了把汗，毕竟孙坚没名气，又是初入中原，谁知他能不能真拿下？先让他试试吧！于是，朱儁再次下令，全军强攻宛城，由孙坚先登！

这一开战，墙外的云梯刚搭上，弓箭和乱石就雨点般往下砸，黄巾们为了死保宛城，装备器械早准备得足足的！每次强攻都是同样的情形，大家一瞧，还是没戏啊，只能撤！但谁都没想到，这个不出名的小伙子——孙坚，他就没撤！17 岁时一人追杀一窝强盗他没撤，单人独骑受伤差点儿没命他也没撤，现在攻个城，面对一群已成僵尸的黄巾，他会撤？孙坚打小就不知道“怕”字怎么写，也打小就把自己跟“死”字融为一体了。

孙坚再次身先士卒，冒着箭雨和落石，领着他的先锋军强行登城，没退半步！城内城外，敌军我军，全蒙住！人人暗叹，这也太牛了吧！

程普、韩当立刻紧随其后，士气一下就暴涨起来了，一瞬间，将士们也都把“怕”字怎么写给忘了，纷纷跟着孙坚，全力猛攻！

要说气氛这事，其实挺微妙。有个规律，不知大家发现没有：当你保持一个不变的速度和路线前进时，你会发现，迎面碰上的人都会躲你。他们会说你不讲理，没素质，但是，他们会躲。当一个人表现得足够强硬、足够笃定，别人就会下意识地接受这种气势的碾压。

孙坚这一玩狠，碾压的结果马上就出现了：黄巾怕了！虽然已成僵尸，但也在一瞬间吓住了。什么叫战场，一个愣神，一个慢拍，就是胜败生死。守城的黄巾分分钟胆怯了，就给了孙坚最有利的机会，就这个分分钟，孙坚已带领精锐，先登成功！黄巾一下子全慌了，在城头跟孙坚手下一交战，又发现这些兵好厉害，完全不是对手！

宛城这只铁桶，被撕开了一个大口子！朱儁真是惊喜，果然没错看这小伙子！立刻下令，全军急攻！

黄巾迅速崩溃！孙坚先登之后，黄巾军一下就都没了魂，纷纷弃守出逃。朱儁大军很快拿下全城。

这座被围五个月、忽悠得灵帝和大臣们白高兴了两回的宛城，终于收复了！孙夏从宛城败走，朱儁再追击，斩杀一万多级。其余的黄巾军四散奔逃，被各郡的长官分头消灭。

这次是真结束了。消灭黄巾军的收官决战，终于以完胜告终。

朱儁把孙坚的功劳一条条上报，灵帝立刻提拔孙坚为别部司马。这个词有点儿眼熟，实际上是立了战功的低级武将，不知道赏什么官合适的时候，就赏个别部司马。虽不算大官，但也有一千石的俸禄。

孙坚以无比抢眼的方式杀入中原，名扬天下。靠着给朝廷卖命，为领导血拼，终于从瓜农的儿子混成了一票人物。当然，他也碰上了一位好领导，朱儁的人品那真是没挑，不争功不欺下，一心帮着孙坚出头。其实细想，就算在今天，又能碰上几位这样的上司？所以说，184 年的孙坚除了自己真的牛，运气也不错。

扫黄战争终于收场。但是，大家发现没有，我们还有一位超重量级的大佬没出场呢！

曹操送吉利，董卓掉链子，孙坚真血拼，那这位干了啥？

我们这就去欢迎他。

先讲讲他小时候的事，聚焦一下他的兄弟们，然后再回头观摩，关于黄巾牌酱油，他又是怎么打的……

第四章

谁敢说你不是反贼

01 那年楼桑村究竟发生了什么：小娃刘备的天下梦

孤来晚了

这篇我们说刘备。《三国演义》的男一号，终于出场了。

有朋友会问，一说三国第一集，大家伙儿想到的，都是桃园三结义嘛，你这倒好，咱刘皇叔正式露面，都排到七八万字之后了！

这个……确实，刘皇叔跟观众们见面，有点儿晚。因为咱们的故事是以时间先后为序，该谁出场谁出场，在年龄上，刘皇叔比较小；在早期事件上，他的也比较少。曹操和孙坚都是 155 年生人，刘备呢，是 161 年，比他俩小了 6 岁。曹操徒手退大蛟、孙坚开始混黑白两道的时候，刘备还在他们村口的大树底下跟小娃们玩过家家呢！翻开我先期做的三国详尽大事表，曹操都上过十几次头条、折腾过几次大新闻了，而刘备才蹦出第一条。

于是，先主只好来晚了。这里小注一下，刘皇叔这个称呼，是《三国演义》里老罗给他封的，正史没有这回事，所以在咱们的故事里，更多的称呼是“先主”，听着舒服又有范儿，也一直是正史的常用。

不过，再晚来也是大主角。那我们就开扒吧：先主刘备家那点儿事。

二十四万分之一？

说起刘备的家谱，咱中国人都能背出来：“吾乃孝景皇帝玄孙，中山靖王之后。”主要是在《三国演义》和影视剧里，刘备报的次数太多了。赵云出场时，人家报“我是常山赵云”，张飞出场时人家报“我是燕人张飞”，刘备出场时，按理，他该报“我是涿郡刘备”。然而，他却报：“我爷爷的爷爷的爷爷的爷爷是长安刘启（汉景帝）。”

自我介绍就是念家谱，而且逢人就念，最后念得全地球都知道了。但是，这个全地球都知道的，是真的吗？

先回答：大概率是真的！

《三国志》明确记载，刘备是汉景帝的儿子中山靖王刘胜之后，虽然，从刘胜到刘备爷爷之间，这十几代到底是怎么回事，各代爷爷都是谁，史料断了档，全不清楚，但是，我们也不能推论刘备就是蒙人。

所以，刘备念的这个家谱，该算真的。

但是，即便家谱是真，刘备的身份就尊贵得世间少有、珍稀得跟大熊猫一样了？完全不是！

我们换个历史长焦，先去瞄一瞄这位中山靖王。

中山靖王刘胜是汉景帝的儿子，汉武帝的哥哥，一辈子没啥能耐，最大的嗜好就是酒和色。这特性，要是当皇帝，国家准玩完，但当个王爷，还是挺安全可爱的。于是，刘胜也把特长发挥到了极致，创下了一条吉尼斯式的中国历史之最。根据《汉书》记载，刘胜一共生了120个儿子，比传说中有百子的周文王还多！

120！这数字简直让人怀疑史书的真实性了。不过前几天，跟我家队友一推敲，发现也没啥不合理。假如，人家中山靖王倾心专注造人40年，也有几十个姬妾啥的，一年出生3个儿子，很正常嘛！120个儿子，没啥不能接受。

那么，我们的先主刘备，就是这120个儿子中，据说一位名刘贞的后代。刘备和刘胜隔了330多年，《三国演义》说，先主是刘胜的第18代玄孙，其实老罗这个假设本身错了，自相矛盾，如果是第18代，汉献帝的辈分就比刘备大得多，不可能管刘备叫皇叔。我们不妨重新假设，中山靖王家如果每代都25岁生子，那么，就是12或13代左右，按12代算吧，如果每代都生2个儿子，到了三国时期，刘胜该有多少后代呢?

120乘2的12次方，结果是49.1万!

不过，这300年中还有夭折的，断了血脉的，那我们再打个大折扣，对折。但即使是对折，也有24万!

也就是说，到三国时期，至少有24万个像刘备这样的，他们都可以理直气壮地报家谱："吾乃孝景皇帝玄孙，中山靖王之后。"

原以为刘备是个大熊猫，结果连丹顶鹤都没混上，能算驼鹿这种二级保护品种就已经不错了。

不过，刘备家还真是难得。其他的子孙后代，大概没谁能有他家这么执着，或者传着传着，就把祖宗忘了，早就泯然众人；或者虽然没忘，但也没心劲儿了，祖上再尊贵，也都300年了，再念叨也不能当饭吃。不如整点实际的，就算卖个炊饼，也是真现钱啊!

没错，刘备家就是这么执着，能把家谱念叨300多年，那已不是简单的追思祖先，而是家族信仰了。我们家跟别人家就是不一样!所以，刘备也跟别人不一样!如果没这个家谱崇拜，后来，他像个萌新闯迷宫似的，在中原被各路大神完虐时，早就不会再有混下去的心劲儿了。

我们说，袁绍有家世，曹操有理想，那刘备呢?他那个"家谱崇拜"该叫——梦想。人家都是基于手里的资源制定目标，考量我能干什么。可刘备没资源，跟孙坚起家时差不多，但他有家谱，所以他就比孙坚有"梦想"。在啥都没有的时候，刘备也在做梦。一次次败得一塌糊涂的时候，刘备还在做梦。就因为能做梦，所以，他就跟其他的景帝玄孙们完全不同!

可见，梦想这东西，对人生来说，可有多珍贵！一个有梦想的人，就有元气，就冒亮光。我们温水煮青蛙一样沉入现实中，随命数沉浮几十年，谁还能感觉到自己血液的温度？谁还能在镜子中看到自己眼睛里的闪光？

刘备就是这么一个有“梦”的人。因为距离现实太远，所以这个“梦”也可换种说法，叫作：野心。三国的几位大佬中，要论野心，先主必排第一！论能，他比不了曹操；论猛，他更比不了孙坚；论玩声望人心，他也远不能跟袁绍相提并论，但是，要论非要成事的执着，那几位，谁也排不到他的水准！

“野心”这俩字，从刘备小时候的第一个故事起，就跟他联系到一块儿了。

楼桑村轶事

刘备他们家，在涿郡涿县的楼桑村。

村口有棵大桑树，长得倍儿有范。树冠像个巨大的绿伞，老远一看，好像一驾特华贵的人车。

楼桑村这地名，也是因为这棵大桑树起的。来往的人们看这树长得奇，又开始编故事了：这树如此非凡，村里必出贵人啊！

刘备大概六七岁的样子，有一回，跟村里娃们在树底下玩耍，他忽然指着大桑树，发起宣言来了：“你们看着，以后我长大了，一定会乘这样式的羽葆盖车！”

羽葆盖车是啥？就是用鸟羽毛装饰的华贵车子，是天子的专用。人家小刘备是在发誓：有一天，我一定要当个皇帝给你们瞧瞧！

旁边刘备的叔叔一听这话，吓得冲过来就把他给抱走了，赶紧捂上他嘴说：“你要再胡说，咱家非得灭门不可！”

果然是童言无忌，但是细想，这里还真有点儿问题。

这娃怎么能冒出这么一句话？难道史书是想说，先主天生就野心爆棚？

不，也许有些品性可以天生，但野心，天生不来。六七岁的娃，有板有眼地说他要当皇帝，必是有人教的。

我们不妨来脑补一下，看看几位大佬的家长们，在人生问题上，都怎么教育他们的娃娃的：

1. 袁绍老爸

袁逢（语重心长）：孩子，你虽然是庶出，但我真心疼你啊。你要好好上进，将来也当个三公，不行就当个两千石，光耀咱老袁家的门楣啊！

核心：好好当官，光宗耀祖。

2. 曹操老爸

曹嵩（不耐烦）：我说吉利你能不能给我消停消停！咱们宦者之家，已经大富大贵，你老老实实地享受不行吗？别再整事了好不好？

核心：安享富贵，平平安安。

3. 孙坚老爸

孙钟（使劲儿皱着眉）：孙坚！你给我站住，别出去打架了！跟我学学种瓜，将来攒点钱，娶个媳妇，踏实一辈子不好吗？！

核心：学好手艺，有条活路。

4. 刘备老母

刘备老爸死得早，刘备就跟着老娘过日子。

刘母（又温柔又坚强）：儿啊，你可要上进啊！咱家是帝王之后，你是孝景皇帝的玄孙，咱们是正根儿！你可得有出息啊，这才对得起祖上先皇啊！

核心：帝王正根，必须上进。

这下，我们就可以理解，六七岁的刘备，怎么就开始惦记当皇帝了，因为，他们家的家谱信仰，早就深入骨髓了。

刘备的老母亲，是个有志向、有见识的女人。从后来她宁可求人出钱，也要让刘备上卢植那儿去念书的事，就能看得出来。当然，刘母不可能教育他立志当皇帝，但天天“景帝玄孙，帝王正根”地在耳边念叨，那小懵娃刘备会给自己什么样的人设？我是皇帝正根，那将来当皇帝，不是应该的？

所以，先主的野心，根本是原生家庭的锅！深透骨血，终生不灭的……

02 话说刘关张啊：那一拜俺们真心对得起观众

耳朵大，得天下

先主刘备在楼桑村长大了。从记事起，他就坚信，自己是肩负着使命的。

渐渐地，他更发现自己不是平常人了，因为跟别的娃对比，连模样都不一样！

刘备个儿挺高，七尺五寸，换算一下，就是将近一米八，这个不算奇。真出奇的是他的胳膊实在太长、耳朵实在太大。《三国志》说："先主垂手下膝，顾自见其耳。"垂手下膝，凑合还能接受吧，可自己能看见耳朵？真想问问陈寿，确定是在做正史《先主传》，不是在写《妖王记》？

到了《三国演义》，那就更牛了，"自见其耳"直接成了"两耳垂肩"，我们可以想见一下《三国演义》里刘先主的形象，那是孙悟空的胳膊，猪八戒的耳朵，沙和尚的身高，唐三藏的心肠哇！看来四大名著，果然是你中有我，我中有你……

说到这里，我们得清清脑子了。至少咱们说的，不能是《妖王记》，先主再肩负天下使命，相貌不凡，但也是人不是妖，不能是《西游记》里的形象。

刘备还应该是人类模样的，就是耳朵确实比一般人大点儿。差距呢，可以参考超市买的速冻饺子跟咱家奶奶包的大馅饺子的区别。吕布曾骂刘备：大耳贼，你最不讲信用！曹操也曾说刘备是个“大耳翁”，可见大耳朵这事不假。咱中国人都信大耳有福，搁刘备自己，当然更信了。耳朵大，得天下，这是信条，所以永远打不死，永远不放弃。

再说这个胳膊长。胳膊长，在冷兵器时代，特别是战乱时代，可是极有用的，特有利于耍兵器！对战的时候，有句话叫“一寸长，一分强”，身高臂长的，就能横扫矮小瘦弱的，先主的个人武力值不容小觑！要论身手，他虽然赢不过两兄弟，但想必也差不到哪儿去。

先主这奇特的外貌，引发了各种效应。所以说，颜值决定命运，还真不是没道理。这长胳膊大耳朵，不但让他自己使命感爆棚，同时，还惊着了亲戚们。

前面说过，刘备的老妈不是一般女人，很有见识，等刘备15岁，非要送他到卢植那儿去念书。要知道，卢老师可是当地响当当的人儒，宗师级别的。卢老师的学馆，相当于那时候的贵族学校！这束脩，也就是学费，肯定不是小数目。这时刘备老爸已经去世，刘备老妈还想送儿子上贵族学校，那天价的学费，只能让她拉着脸去跟同宗亲戚们借。

正好，同宗长辈里有个叫刘元起的，也打算送儿子去卢植那儿，就把刘备跟儿子的学费一起埋了单。一学就是两年。刘元起的老婆就不高兴了，跟老公抱怨：“同宗是不假，可也是各过各的日子，老给他们花钱，就说不过去了吧！”

刘元起神神秘秘地回答：“你没发现这小孩儿哪都跟别人不一样吗？不是平常人！你得有点儿长远眼光，花点儿钱算什么？”妥妥的乡村版吕不韦，已经把刘备当奇货，打算借他发达了。

于是，先主刘备开始跟着卢老师念书。既然这么有使命感，那成绩应该很不错吧？事实正好相反，刘大耳朵根本不是念书的料！白瞎了人家刘元起那吕不韦式真金白银的培养，念了两年书，除了收获一个公孙瓒当大哥，啥也没弄来。

不过，虽然念书不灵，但在其他方面，先主的本事可是慢慢地冒了头。

结义桃园，必须给老罗点个赞

刘备形神分离地在卢植那儿混，晃过了两年大好光阴，最后臊眉耷眼地回家了。真是个气死人的娃！事实上，他已经不能算“娃”，都十七八岁了！不好好念书也就罢了，还喜欢玩狗马、听音乐、穿漂亮衣服！这是穷人家孩子该喜欢的？要说是袁大公子的爱好倒还应景。

其实，这是刘备老爸在世时留下的惯性。刘备的爷爷是个县令，爸爸也在州郡当官，对平民百姓来说，这样的家境算不错了，所以刘备能有点儿小奢侈。但老爸一死，剩下孤儿寡母，日子就惨了。不能白吃白喝靠族人养活啊！于是，老妈就带着刘备，用芦苇织席子、编草鞋，拿到市集上去卖，贴补家用。就像我们都知道的，刘备当年是个“织席贩履”的穷小子，一个卖草鞋的，穷得一无所有。其实，刘备该算小官僚家庭出身，真论一穷二白，孙坚比他惨。刘备的小奢侈呢，还有另一方面原因，就是那个家谱信仰，他认为自己是贵族！景帝玄孙，当然是真正的贵族了，所以爱好也得像个贵族嘛。

好，我们来看看这个小青年刘备：相貌奇特，尤其有一对出挑的大耳朵；性格沉稳，不爱说话，总是一副不惊不怒的样子；特讲义气，喜欢结交各路朋友，又为人低调。而且低调中，还透着一股深深的贵族劲儿！虽然他也是穷小子，也没什么学问，可瞧着就跟别人不一样，天生就像个人物似的。

先主真是从相貌到风格，都属独一份，所以村里村外，好多年轻人都喜欢跟他混。对比来说，孙坚吸引小弟，是在英武，在本事，在豁达；先主吸引小弟，是在情义，在身份，在气质。

当时吸引来的小弟，都有哪些人，我们已不得而知，但其中如雷贯耳的两位大神，相信不用我开口，您一定已经说出来了——关羽和张飞。

有件事不得不说，其实，大多数喜欢看三国史的朋友，对《三国演义》、对老罗，多少都有点儿不大乐意，因为老罗在演绎历史的时候，有个习惯式爱好，或者说手法，就是完全没心理压力地、把别人的功劳一把撸走，随手放到刘备阵营的各色人物上。其实，您自己加戏，我们没意见，那是演绎历史的空白嘛，但夺人之功，总让人感觉不公平、不厚道。可《三国演义》的诸多故事，从文学角度看，又实在太出彩、太成功了，即使明知是移花接木，也让人喜欢到不行。以至于在教娃的时候，我都不忍心跟他说：你别信，这是假的，主角其实是别人。

比如，温酒斩华雄，草船借箭，空城计等，哪个段子不是精彩绝伦！所以最后，我只好跟娃念叨：儿子，记住，这就叫文学，这就是文学的力量！咱说《三国演义》，就不说历史；咱说历史，就不说《三国演义》……

这里得自罚一下，既然是说历史，本不该多提《三国演义》的，是我先念叨起来。所以唠这一大篇，原因是：虽然老罗在《三国演义》中很多地方有不厚道之嫌，但桃园结义这个段子，我却一定要给他狠狠地点个赞！

这段，演绎得实在太好了！情节紧贴史实，情感拿捏精准，又升华得水到渠成，很自然，很撩人！您在《三国演义》看到的刘关张三人组，就是真史里的刘关张三人组，三人就是那么铁、那么真！

史书说，关羽是河东郡解县人，“亡命”到涿郡，就跟了刘备。《三国演义》说，关羽是因为杀了当地豪强，所以逃命，推测得很合理，以关羽那性子，后来连孙权都一样骂，杀个欺负人的大户实在不算

稀奇。张飞呢，跟刘备是同乡，也是涿郡人，从小就跟刘备混。至于是不是杀猪的，就不得而知了。关羽、张飞“并以壮烈为御侮”，就是，这俩人又忠义又有能耐，一块儿给刘备当保镖。御侮，搁现在就是“保镖”的意思。

真是铁哥儿们！刘备跟他俩“寝则同床，食则共器”，一起吃一起睡，有我的就不会没你的；关羽张飞呢，“稠人广众中侍立终日”，在大庭广众的场合，两人叉手往刘备身后一站，威风凛凛地扫视周遭，特甘心地当“保镖”。瞧瞧这哥仨的气场！

不过，这里就有个疑问了：关羽、张飞，论本事都是极了不得的，都是天下公认的“万人敌”，他俩怎么就那么服膺刘备呢？这可不是简单的“谁当大哥谁当小弟”的排座次，而是——谁当主公、谁当臣属的严肃问题。而且，论史上真实的年龄，关羽可能比刘备还大。那这哥仨为啥不推关羽当主公，非认刘备呢？

还得说，咱们先主的家谱信仰，真是金字招牌，虽然，他只是二十四万分之一，跟皇帝血脉的关系极其渺茫，大人物们谁也不会真理他，像袁绍、袁术、曹操他们，当朝的真王爷人家都不放在眼里，还有各路宗亲，刘焉、刘虞、刘繇、刘表等，人家见得多啦，谁也不会把刘备这渺茫的身份当回事，但是……在平民眼里，这渺茫的身份可就有分量了。

举个例子。前两天跟一同事小伙聊天，无意中得知，他家是正儿巴经的钮钴禄氏，我赶紧就把人家刮目相看了一下，“哇！想不到你是贵族啊！以前还真不知道！” 这就是“出身”在平民眼里的效果。试想，关羽见刘备，这个“刮目相看”的力度，比我看钮钴禄氏，不知得强出多少！而且，刘备举止间，还就有那个皇族范儿，那个处变不惊的劲儿头！

咱们关大将军，那时只是个内心忠厚的平民，立即就把界限划清了，自己跟刘备不在一个阶层！人家一有身份，二有气场，本来就该当领导，自己就该当小弟！关大将军这心路，同样可以移植给张飞。刘备那300多年的家谱，不是白念叨的，虽然杀入中原后忽悠大佬们差点儿意思，可在平民这儿，那是相当闪耀的！

刘关张混成一体了。他们是真有爱，而且，真是一辈子！

于是，《三国演义》做了恰到好处的升华，推出了响当当的第一回：宴桃园豪杰三结义……

到这里再多说也无力，我们不妨来回味回味这首歌，再感动一把。（话说王健老师的歌词，真是让我倾倒多次了，《三国演义》电视剧绝大部分歌词都是他的作品。）

这一拜　春风得意遇知音　桃花也含笑映祭台
这一拜　报国安邦志慷慨　建功立业展雄才　展雄才
这一拜　忠肝义胆　患难相随誓不分开
这一拜　生死不改　天地日月壮我情怀
长矛在手　刀剑生辉　看我弟兄　迎着烽烟大步来
长矛在手　刀剑生辉　看我弟兄　迎着烽烟大步来
……

03 这就是那个天下：谁敢说你不是反贼

朝廷的盒饭不好领

先主刘备靠着相貌独一份，身份独一份，义气独一份，收获了关、张两位大神，还有一批小弟。

在历史上，刘关张没有结拜这一说，但人家那情义，跟结拜一般无二的。刘备看这俩，一辈子都跟别人不一样，就算诸葛亮、赵云，也远比不了人家兄弟亲。

黄巾起义爆发后，汉灵帝那个“人人都能操刀砍贼”的告示一出，这哥几个就热血沸腾了。那就干啊！一身的本事，正愁没地方使呢！但砍贼可以，刀在哪儿？还有盔甲、战马呢？刘备穷得就剩草鞋了，关羽一个亡命徒，更是身无长物，张飞也不是大户，没听说有家资，那咋办？

这时，先主的相貌、身份、义气又起作用了。中山郡有俩马贩子，一个叫张世平，一个叫苏双，一直在涿郡搞卖马的生意，灵帝时马的价格非常贵，加上豪族垄断，一匹马能卖到两百万。涿郡在幽州，靠近乌桓、鲜卑，货源不愁，于是，这俩人干边贸干得风生水起，挣了大笔大笔的钱。

这二位一见刘备，都惊了，瞧这小年轻的模样和气度，绝非常人！而且还是宗亲！于是，这俩就跟刘备混了，专门负责提供钱财物资。瞧瞧古人有多大方，还真视钱财如粪土哇！其实，这两位很可能也跟刘元起一样，看刘备不像凡人，就打算搞搞政治投资，当个卖马版的吕不韦！也可能，边贸本就是危险行业，边境上贼人出没，他俩也想借刘备兄弟的能耐，给提供个保镖服务啥的。总之，天下哪有白来的利益、白得的好处。

好了，现在有了人，有了装备，更不用发愁战马，已经万事俱备，兄弟们终于可以上阵了！

184年的扫黄战场，确实留下了刘关张的身影。但具体在哪里打的，消灭了谁，取得了什么战绩，基本空白。只知道，刘备是跟着校尉邹靖混，这位邹靖原本担任北军中侯，专门监察北军五校，这次很可能是去剿灭幽州的广阳黄巾军。涿郡属幽州，所以刘备兄弟们去投军，就投到邹靖那里了。最后打赢了，立了功。但刘备打的不是大胜仗，功劳不大。《三国演义》在这里给刘备加了不少戏，比如救董卓、射伤张宝，还跑到了南线朱儁那边……

实情是，这个黄巾牌酱油，刘备兄弟只打到了小小一瓢，还不知道是怎么打的，在哪儿打的。相对来说，曹操协同皇甫嵩作战，斩获敌军几万，算打了一大桶。再看人家孙坚，那早不叫打酱油而叫一锤定音，劈山开路了。所以这出扫黄大戏，只有孙坚爆炫，成角儿了。曹操当配角，混了个脸熟，先主呢，是群演，连说台词的机会都没有。

等大戏收场，大家要领盒饭了。盒饭的档次可是按功劳发放的，曹操当了济南国相，就是济南郡的太守，两千石。孙坚提拔为别部司马，一千石。先主呢，比较惨，没领着。刘备领到朝廷的第一份便当，得等到三年后，差点儿丢命地又讨了一回反贼才成。他当然很郁闷。不过，也不是全无收获，至少名气更响了，知道他刘备有能耐的人更多了，多少增加了流量。

现在，到了最后收拾战场的时候了，天下遍地硝烟，国家一片狼藉，我们总得规整规整，理一理黄巾起义究竟带来了啥？有什么了不得的影响？

漫漫天下，谁敢说你不是反贼

论黄巾起义的效应，可以从两个级别来说，但无论哪级，核心都是一个字——反，无论哪级的人物，脑袋上都能写着两个字——反贼。我们逐级剖析。

第一级别：原生贼。

黄巾军主力被消灭，皇甫嵩、朱儁夺回郡县、平定中原，就用了几个月的时间。但黄巾大起义就真结束了吗？没有！他们还有几十万的余部呢！而且，不属太平道的杂牌贼，数量也多到吓人。早分不清谁是正牌黄巾，谁是杂牌蟊贼了，天下贼人一家亲啊。我们看看都有谁：

张牛角、飞燕、黄龙、左校、于氐根、张白骑、刘石、左髭丈八、平汉大计、司隶缘城、雷公、浮云、白雀、杨凤、于毒、五鹿、李大目、白绕、眭固、苦蝤之徒……

一听名字就知都不是善茬，贼气逼人啊。据说他们起名的原则是：骑白马的就叫“白骑”，身手敏捷的就叫“飞燕”，嗓门大的就叫“雷公”，胡子打卷的就叫“于氐根”，眼大的就叫“李大目”。还真是乡土人民本色！

这些贼们，人数多的两三万，少的六七千，占山据险，时不时就窜出来祸害朝廷一下子。

其中最厉害的是飞燕，身手矫捷又勇猛，具体形象可想见《倚天屠龙记》里的韦蝠王。张牛角战死后，部下都跟了飞燕。飞燕在太行山内外名声极大，贼人都来归附，人数发展到了近百万，简直又一个张角！这次，朝廷真是剿不动了，干脆玩起了招安，正好飞燕也想讲和，于是，朝廷便拜飞燕为平难中郎将，让他管太行山的一切事儿，每年还可从弟兄里举孝廉当官。

这就是著名的黑山贼。后来，大佬们逐鹿中原，打成一锅粥的时候，黑山贼没少在里面折腾。

以上是原生贼，基础版，比黄巾起义时只多不少，下面我们再来看高级版。

第二级别：次生贼。

还记得灵帝那道诏书吗？号召大家都去讨贼。所谓的次生贼，其实是灵帝亲手培养的！

比如孙坚、刘备，以及各地的豪强武装。他们砍了小贼，自己却成了更大的贼！当然，那时的孙坚和刘备，都还不至于有贼心，孙坚很可能到死都没生出贼心来。刘备呢，他那个野心是梦想，离现实太远，现在还难以完成到贼心的转化。但他们都有了当贼的能力，都有了长出贼心的条件！

这些次生贼，比原生贼可怕多了。

原生贼虽然数量大，但个体弱，资本劣，眼光浅，哄抢打砸行，要说有眼光地玩政治，有目标地搞战略，他们太低级了，干不来。所以黄巾军又叫“蚁贼”。黄巾以外的小贼更上不得台面，谁听说过成大事的领袖，能起名叫“左髭丈八”的？

但次生贼强悍太多，他们多数是豪强出身，资本优质，即使不是豪强，也早有积累。他们还各有道行，有名的，有钱的，有宗族的，有魅力的，有学问的，这些又吸引来各路人才，愿为他们出谋划策，拼死效力。等他们越坐越大，人才也越来越多。

次生贼，才是真的“贼”，真能搞翻汉室天下的！

为了对付原生贼，灵帝不断地外放军权，甚至是散放，结果自然是次生贼蓬勃崛起，朝廷越来越失去控制。

我们看《三国演义》，有些场面很有意思，比如，武将单挑，两人一上场，必然先对骂。骂什么呢？几乎所有人都以这两字为开场白：“反贼”！

“反贼董卓！”

“反贼曹操！”

“反贼吕布！”

“反贼马超！”

这场面演绎得极好！到后来群雄割据，又有几个不是“反贼”！要论汉室忠臣，除了汉献帝身边那一班老人，再加一位刘虞，再算半个荀彧，当然肯定有漏的，这里不多举了，但绝对是——相当有限！你说刘备不算反贼，他是曹丕禅位后才称帝的，那他自封汉中王呢？献帝当时还在位呢。

说三国里人人是反贼，确实过了，但反贼的比例至少占七八成。几位大佬，都是次生贼！都是从镇压黄巾军开始，从灵帝不断外放权力起一步步培养出来的。当然，灵帝也有他的无奈，我们这里就不深扒了，一个气数已尽的王朝，无奈多多实属常态。

说到这里，我们也可以换个眼光，难道大汉就永远不会灭亡吗？苹果都已经烂到心里，直接扔垃圾桶不是很适当吗？所以，“汉忠”这个词也不一定就是褒义。天下皆反贼，转个角度，也可以称天下皆英雄。就看谁能搞定乱世，谁能给万民带来福祉了。

所以，黄巾起义的最大后果，就是——让从上到下的所有人，都离“反贼”两字更近了，接受起来更没心理压力。叫骂别人是“反贼”的同时，自己也恰恰当着“反贼”。

皇甫嵩的大京观，朱儁的拒不受降，也没吓住天下人的“反”心，当“反”成为常态，那这个国家就已经名存实亡了。

04

无处不爆才叫乱世，说不尽的交趾和西羌

184年，真是个不得了的年份。黄巾起义的巨大蘑菇云，在中原爆开了花，但这不是全部。既然要乱，那就乱个透，乱个彻底，这才对得起“乱世”的称号。

黄巾起义刚爆发，最南边也传来了一声巨响——交趾！

本来交趾是一个从没踏实过的地方，一阵微风吹过就能翻天。六年前，朱儁被派去当刺史，恩威并施，连吓带哄，总算保了个平安。这回黄巾军一爆，那边又按不住了。交趾盛产珍珠、奇鸟、犀角、大象等宝贝，派去的刺史一个比一个贪心，老逼着当地人要。当地人终于忍无可忍，借黄巾起义冲进官府，抓了刺史和太守，宣布再不听大汉朝的了！

那么，怎么搞定？

交趾来了位贾刺史

说起大汉的边境问题，我们可以发现一个规律，往往都是派一位既有本事又有品行的能人，有怀柔的胸襟，有处事的果断，再给他时间，最后就能摆平。异族文明程度低，做事动机直接，就想着捞眼前的好处，恨不得捞完就跑，不懂讲礼仪道德，心里也没那么多弯弯绕。而

且，对作为文明中心的大汉朝，他们始终心存敬畏。那么，恰到好处的恩威并施，就最有效。三国里，颇有几位专门搞定异族的能人。

这回，被派去交趾的这位，名叫贾琮。他虽然不是交州的终极统领，但这次平乱，也干得相当漂亮!

既立威，又施恩，两条线下手。一方面，抓住叛乱的主要首领，处死，毫不留情；另一方面，不追究平民的罪，让他们都回家安居，恢复生产，还免了他们的税。最后，又把惹得民怨沸腾的贪官全罢了，重新任命清廉的官吏。异族百姓得了好处，都给贾琮唱起了颂歌：“贾父来晚，使我先反；今见清平，吏不敢犯！”

交趾终于安静下来了。当初爆发时，正是扫黄战争最吃紧、灵帝最着急上火的时候，可以想见，当时他得惊悚到什么程度。但无论怎么惊悚，老天还是没有眷顾他。

当平定黄巾的胜利消息刚刚传来，灵帝还没来得及欢呼呢，西边又传来了一声巨响!

这次又是哪儿？凉州!

又是一个从来也没踏实过的地方！比交趾更闹腾，不用微风吹过就能自己翻天。起事的是凉州一贯的祸祸大王——羌人。

说到羌人，可就有故事了。

羌人与大汉：扯不清的恩恩怨怨

那时的羌人和胡人，都相当不开化，习俗也相当奇葩。

比如，如果生病死了，他们就认为很丢脸，所以得个难受的病，就算是重感冒吧，也会拿起刀自杀，生怕最后自然死亡，让族人看不起；如果父母死了，他们认为伤心痛哭也很丢人，就骑着马又号又唱，跟过大年一样；如果特别爱戴的人死了，更是玩起了狂欢节，开万人演唱会，有人一边号一边拿刀扎自己，有人快马加鞭冲回家，猛砍自家的猪牛羊。他们的脑路是，那么好的人都死了，像自己这样的更不配活着，更不用说猪牛羊了……

这就是羌人。原生、野性、彪悍、迷信、虔诚。用文明方式跟他们对话，基本行不通。那大汉朝是怎么对付他们的呢？

我们先说两个名词：一是护羌校尉。

校尉是汉朝武将里的大官，年薪两千石。护羌校尉，是专门维护羌族地区秩序的官，最早是汉武帝设的。开始时，护羌校尉的主要任务是安抚，负责处理羌人的各种纠纷，让他们踏踏实实地过日子，别闹事，还组织他们种地，要不怎么叫“护”呢。可到了东汉，大汉朝跟羌人的关系越来越差，羌人三天两头地闹，所以护羌校尉也就越来越猛，个个手握重兵，再看不出“护”来了，倒像是“怼羌校尉”，镇压是家常便饭，急了屠杀也不在话下。

所以，大汉朝跟羌人关系的走势，是一路惨绿，每况愈下，朝廷每年不知得拿出多少精力财力搞定凉州。

再看另一个名词：湟中义从。

“湟中义从”是一支羌胡劲旅，由护羌校尉统领。最早是汉和帝邓皇后的父亲邓训（就是刘肇的老丈人）收编的。那时，匈奴人打跑了月氏，大汉朝征服了凉州的河湟地区，没有西迁的月氏人就来投降，邓训挑选其中的几百名精壮组成“义从”。于是，就有了“湟中义从”这个军队编制。后来，“湟中义从”人数越来越多，成分也越来越杂，胡人、羌人都有，所以又有“义从胡”“义从羌”的说法。

“湟中义从”算汉军编制，战斗力很强，但忠诚度却相当惨淡。这些羌人、胡人给大汉朝作战，主要是看形势、图利益的。大汉势强、能得好处时，他们就听话；大汉势弱，可捞的不多时，他们就消极怠工，甚至开溜；大汉眼看不行了，他们就索性造反了。

于是，黄巾起义一爆发，大汉朝眼看着要玩完，西边这声巨响，立刻就跟着炸了！造反专业户先零羌挑头，联络了枹罕、河关一带的盗贼，还有湟中义从，一块儿反了！

羌人们推举湟中义从的北宫伯玉、李文侯为将军，把长官护羌校尉给杀了。接着，又攻打金城郡（现在的兰州），杀死郡太守，劫持了金城的两位著名人士——边允和韩约。

边允和韩约在当地很有名望，羌人非逼着这两位给他们当头儿。要不说，这些边境异族都对大汉心存敬畏呢，他们想起事，却完全没自信，居然劫持知名的汉人来给自己当领导！真是头回听说，领导还要靠劫持的。

就在这时，凉州也出了一位亮眼的牛人。

虽然，他职位不高，凉州这事又闹得太大，他不可能像贾琮那样，靠一己之力搞定，但这位的风范和品行，却非常了不起！在闹成了一窝黑的西羌之乱中，成了难得的亮点。

盖长史的英雄事儿

这位名叫盖勋，是凉州汉阳郡的长史，敦煌人。

先说说汉阳这地名，它是当时凉州十二郡的第一大郡，治所在冀县。“汉阳”这名容易混淆，但说它的另一个名字，大家就熟悉得很了，那就是“天水”。在历史上，汉阳大部分时间，是叫天水的。就是在东汉时期改成了“汉阳”，后来到曹魏时又改回了天水。所以，我们把汉阳直接理解成天水就可以了。

当时的凉州刺史名叫左昌，既没能耐，又没人品，眼看凉州快顶不住了，这货居然私吞了数万石军粮！

盖勋赶去规劝，可左昌一看自己的行径被揭穿了，立刻恼羞成怒，就想除掉盖勋。左昌派盖勋和两个从事领兵到阿阳县，迎战北宫伯玉。他就盼着盖勋打不赢，要么被北宫伯玉干掉，要么吃了败仗回来，自己就可狠狠地处分他了。

结果，左昌就是没得逞。盖勋领兵跟北宫伯玉交战，虽然羌人凶猛，盖勋却屡战屡胜，把阿阳守得稳稳当当！更让左昌气急败坏的是，北宫伯玉眼看拿不下阿阳，转脸就朝自己扑来，把他驻扎的冀县给包围了！

这下左昌可吓坏了，赖着脸皮又向盖勋求救。盖勋立刻准备救援，两个从事都气不过，劝他别发兵，盖勋发怒说："你俩都给我闭嘴，再多说别怪我军法从事！"两人不敢吱声了。于是，盖勋没有任何迟疑，下令回兵救左昌。真是，旁人待我虽无情，我待旁人竟有义啊！

盖勋赶到冀县，怼上了叛军。阵前，面对边允和韩约，盖勋正气凛然地斥责：你俩在凉州一向有名声，有品行，人人都推崇啊！想不到，居然干出这种背叛国家的勾当！

边允和韩约十分惭愧，都哭了。其实，当初北宫伯玉进攻金城的时候，盖勋劝左昌出兵救急，左昌就是不听，结果这俩就被劫去当领导了。边允和韩约一边哭一边说："我们也不想这么做啊。如果当初左刺史听了您的话，在围金城时就发兵相救，我们还能有机会，但现在，我们的大错已经铸成，再也回不了头了……"

边允和韩约表明心迹后，擦干眼泪，立刻干了两件事：第一，撤了冀县的围，带兵走了；第二，两人一回去，就把名字改了。边允改名边章，韩约改名韩遂。算是跟大汉朝和从前的自己彻底说拜拜了，以后死心当贼。瞧瞧，连作贼都搞得很有仪式感。

这位韩遂，大家听着耳熟对不对，他就是马腾的那位结义兄弟，后来割据凉州长达三十多年，最后才被曹老板一把扫平。

边章、韩遂一去不返，决意今生做贼了。咱们还回来说盖勋。

盖勋一语诛心，喝退了边章、韩遂的羌人兵，保住了冀县。接着，羌人就去祸害别处了。

护羌校尉既然已经被杀，灵帝立马就新派来一个。结果刚一到，就在牧场上被羌人包围了。盖勋立刻跟各路官兵赶去救援，但羌人确实太猛，没能打过。

盖勋最后剩下不到一百人，身受三处伤，还排出鱼丽阵准备冲锋。他笔挺地坐好，指着路边一棵树对士兵们说："一会儿，你们就把我的尸体埋在这儿！"士兵们个个含泪，都准备好要跟主帅一起殉国了。

围困盖勋的这些羌人叫句就种羌，就是羌人的句就部落，首领叫滇吾。盖勋从前对句就种羌有恩情，滇吾很感激，现在，盖勋的气势又把他一下给震慑住了！滇吾突然举起手里的兵器，拦住进攻的羌人，高声说："盖长史是贤人！你们要杀了他，就是有违天命！会受惩罚的！"羌人们一听都犹豫了，在他们内心，啥也没有"违抗天命"更可怕！于是，众人你瞧瞧我，我瞧瞧你，全都不敢上前。

盖勋气势更壮，朝着滇吾怒喝："该死的反叛羌贼，你懂什么？来，你们快来杀我！"

羌人集体震恐，全都吓得后退。心想，这人真是太厉害了！果然是上天派来的大贤，绝对不能杀！

滇吾跳下马，恭恭敬敬地去扶盖勋上马——又是劫持盖勋给他们当领导的节奏，有没有？

羌人们在给自己找领导这事上，真是全心全意啊！

盖勋当然也瞧出来了，骑了羌人这马，自己搞不好就成了下一个边章、韩遂，也得改名了，于是说啥也不骑。羌人一看没办法，就把他带走了。但因为崇拜和敬畏感已经建立，他们不但不加害盖勋，还对他特别恭敬。眼看请人家当领导没希望，最后，就诚心诚意地把盖勋送回了汉阳。

看看这些羌人，还真像纯天然作物，跟他们相比，我们实在得算转基因的了。

后来，烂人左昌因为贪污，终于被灵帝免了职。盖勋当了汉阳太守。再后来，盖勋又调去朝廷，特别得灵帝的赏识。

英雄永远值得牢记。盖勋无疑是这段凉州之乱里最闪光的人物。

我们说过了盖勋的故事，再回头看看凉州的整体战况。

其实，朝廷没打几个胜仗！叛军还是生龙活虎，很多郡县还在羌人手里！别说“平定”，就是“阶段性胜利”都没影。只是，现在正是平定黄巾军的收官阶段，灵帝真顾不过来。

话说凉州这一波大浪卷起，一卷就是三十多年，再也没消停过。这三十年里，虽不能说朝廷完全把凉州丢了，但基本处于失控状态。要重新恢复秩序，我们只能远远地期待曹老板奋发了。

看现在大汉的形势，扫黄战争胜利了，交趾也按下去了，可凉州没法弄了。那么，这一年快被吓疯的灵帝，又在忙啥呢?

05

钱和娱乐一样不能少：汉灵帝刘宏的买卖人生

前面的故事里，灵帝作为配角，已经出场多次了。本来，这天下是人家的，人家该是男一号，咱不能漠视。另外，这位皇帝的诸多特性，在史上都很难找，也很有趣。所以，这篇我们就来扒扒刘宏。

一个问题：刘宏是昏君吗？

八成人会说：是。还会把昏君的标配词，一个不落地抖出来，稳稳扣到他脑袋上。比如，昏庸无道、荒淫无度、宠信佞臣等。

这些词被用来形容桀纣，形容杨广，就好像天下的昏君都一样，而明君却各有各的英明。细想，不太对头。其实，这句话的原出处就不太对头——“幸福的家庭都是一样的，不幸的家庭却各有各的不幸。”幸福的家庭怎么可能都一样呢？昏君也是如此，不是同一个昏君程序制造的，当然也各有各的昏法。

不过，这里咱不讨论刘宏到底怎么“昏”，因为我以为，他不能算一个坐实的“昏君”。说他荒唐、荒淫，都可接受，但算不上“昏”。错是犯过不少，但多数时候脑路是明白的，有时还挺聪明。发过“昏”，并不代表就到了“昏君”的级别。

那么，从他小时候开始吧。

一不小心拣了个皇帝

刘宏是汉章帝刘炟的玄孙，袭了他爸的解渎亭侯。

刘宏的老爸死得早，就剩下他们孤儿寡母。母子俩住在河间，想必小时候生活挺不易，他妈董氏一定极会持家，大约是那种节俭到刻薄的女人。所以，刘宏很小就特懂得——有钱才是真王道。

刘宏母子肯定想不到，天上能掉下这么大一个金块，正好落在娘俩眼前，还没把他们砸死：刘宏居然被挑上当皇帝了！当时桓帝驾崩，没有儿子，窦太后和大将军窦武就看上了刘宏。

那年的刘宏 12 岁。母子俩坐上迎接的车驾，从河间一路来到洛阳，瞧着宏伟雄壮的京都，母子心里一边打鼓，一边暗暗算计，当了皇帝，一定能搞来很多很多钱吧！

当然，初来乍到，母子俩只有老实听话的份，那时太傅陈蕃和大将军窦武主事，这两位说什么，刘宏就赶紧乖乖照办。母亲董氏虽然是皇帝的妈，但远远跟窦太后不能比，只给了个“慎园贵人”的封号，算是有了正经名分。

果然是“慎”，娘俩“慎”了多半年，大气不敢出，紧跟着，大事就爆发了。陈蕃和窦武筹划干掉宦官，结果却被宦官王甫和曹节反杀了，两家都被灭族，窦太后也被迁到南宫去住。娘俩瞪大眼睛，还是“慎慎”地瞧着，懵懵懂懂地当了一回权力最高的观众。

然后，宦官成了执政党，这回，母子俩可找到舒适感了！看着陈蕃、窦武的威严，刘宏又畏又恐，可看着曹节、王甫，就轻松多了。天天有俩严厉的老师教训你，跟天天有群听话的跟班讨好你，你说哪个更舒适？宦官们还给刘宏他妈升了名分，尊为“孝仁皇后”，后来又称“永乐太后”，把母子俩哄得美美的。

宦官们为啥这么殷勤？因为他们心里跟明镜一般，侍候小皇帝，就像养小狮子，别看他现在乖萌，总有一天会长大的，从小就把他哄好哄习惯，有一天他成了雄狮，也会跟你有感情！而且，不管是小狮子还是大狮子，都是狮子，可以号令天下的！所以，只要把狮子哄好，那就是享不尽的权力和富贵！

于是，刘宏就在宦官的爱护和哺育下长大成人，看宦官跟看自己奶娘一样亲。所以，能说出“张常侍是我父，赵常侍是我母”这样的话，也就不足为奇了。

宦官们搞党锢时，告诉刘宏，咱们得杀这些钩党。

刘宏睁着好奇的眼睛问曹节：“什么叫钩党？”

曹节说：“就是相互勾连，结为一党，这些钩党也叫党人。”

刘宏问：“党人犯了什么罪，必须杀掉他们？”

曹节说：“他们互相吹捧，想图谋不轨。”

刘宏问：“不轨又是什么意思？”

曹节说：“不轨就是要夺陛下您的江山。”

刘宏说：“哦。那就把这些坏人都杀了吧。”

看看刘宏的启蒙熏陶，党人是大灰狼、大坏蛋，善良的小朋友一定要跟他们势不两立。所以，刘宏跟党人的敌对，是原生的！即便长大了，他知道宦官可能蒙他，但也不可能断了跟宦官的感情，去选择天天指责他“您这也不对，那也不是”的党人。

就这样，刘宏在宦官的哺育下长大了，然后，开始放飞自我。

朕就喜欢钱，怎么了？

刘宏对钱的热爱，本质来自于原生家庭，是董太后打小就给他种在血液里的。本来，刘宏亲政后，还想做个好皇帝，可架不住董太后财欲太旺盛了，早就蠢蠢欲动，看时机成熟，就开始教唆灵帝搞钱。

那怎么搞呢？母子俩筹划起来，就看买卖怎么做才最划算。

第一桩生意：卖官。

先商量好官的价位，然后明码标注：两千石的官卖两千万，四百石的官卖四百万，简单好记。品德名声好的，可以打折，五折、三折，品德越好，折扣越低。看来，这卖官的政策，也很讲良心的。支付方法也多种多样，有钱的，一次性支付，没钱的，可以分期，当然，分期也要收利息。

当时有位叫崔烈的名士，声望一向很好，后来通过刘宏的奶娘程夫人，进献了五百万，当上了司徒。崔烈上任这天，刘宏亲自主持宴会，他一边喝酒一边琢磨，越想越觉得不值，说："这个司徒，也太便宜了吧！当初朕要再坚持坚持，肯定能卖到一千万！"程夫人在旁边说："陛下您就满意吧！像崔烈这样的名士，本来不愿花钱买官的，要不是我从中撮合，这五百万也没有啊！"

哦，开买卖也要有能干的销售才行！

其实，崔烈买了官，自己心里也不踏实。有一天，他故作镇定地问儿子，现在我位居三公，外面的人是怎么议论我的，你知不知道？他儿子回答，老爸您名声一向很好，人家都说，您就应该当三公，可现在呢，您当了三公，别人却对您失望了。崔烈说，这是为啥？儿子说，他们都嫌您有铜臭气。

崔烈一听就怒了，抡起手里的拐杖朝儿子猛揍。他儿子是虎贲中郎将，还穿着一身将军的官服。眼看老爸挥杖打来，掉头就跑。崔烈边追边喊："你这个死当兵的！父亲打你还敢跑，这是孝子该做的吗？"儿子边跑边喊："当年舜对他父亲，就是小杖则受，大杖则走，这也不叫不孝啊！"

瞧瞧，刘宏这官卖得可有多热闹。

这第一轮生意收效极快，没多久，卖官的钱就堆满了宫室，刘宏母子俩恋恋不舍地摩挲、欣赏，美得心花怒放啊！

啥叫守财奴？其实，是一种特单纯的对金钱的热爱。至于钱到底有什么功能，钱最终能带来什么好处，他们已经不思考了。在原生年代就完成了认知：钱可以决定一切，是绝对性的。然后，就只剩下渴望与热爱，天长日久的渴望，天长日久的热爱，最终，条件反射形成，一看到钱，甚至一想到钱，就血脉贲张，两眼放光，肾上腺素飙升。

比如我们驯狗，就是拿食物引诱，形成条件反射，最后一甩鞭子，让狗干嘛就干嘛。守财奴呢，同理，是被钱这东西像驯狗一样地训练出来了，只是这个驯化过程是他们自己完成的。就算有一天钱被废掉，不用了，守财奴看到金钱，也一样会热血沸腾。

第二桩生意：导行费

那时，地方各郡每年都少不了向朝廷进贡宝贝、稀罕物，刘宏就让人家先把这些宝贝送到自己这儿来，不要拿到朝堂上，要先挑好的自己留下，剩下的再收进国库，这就叫“导行费”，就是皇帝版的雁过拔毛。钱财过手，必得分上一杯羹。

当时有个中常侍吕强，是位极难得的好宦官。吕强觉得皇上这脑筋八成是搭错了，就上书说，天下的宝贝本来都是陛下您的呀，您跟国家，还有公私之分吗？刘宏不理，心想，当然有公私之分了！国家是国家的，我的是我的，本来就不一样！皇帝当然也要有私房钱！

于是“导行费”是收定了。不过，创意还没结束……

第三桩生意：助军钱和修宫钱

刘宏还要求，凡快上任的刺史、太守等官员，都要先交“助军钱”和“修宫钱”，支持军队，支持自己修宫殿。上任前，必须到他这来商量价格，大郡一般两三千万，级别低的酌减。

有位叫司马直的，刚被任命为巨鹿太守，因为名声一向很好，给他减了三百万。可司马直还是拿不出来。他又不肯去搜刮百姓，索性上疏辞官。结果，刘宏还不同意，不准辞。（潜台词是，你们都辞官了，我这钱赚谁的去？所以，不能开这个先河。）司马直走投无路，给刘宏上了一封绝命书，自杀了。这件事让刘宏挺震惊，想法也有所刷新，暂时停止了修宫钱。

刘宏的买卖做得这么红火，钱赚了这么多，那干什么用？——娱乐！

朕就喜欢玩，怎么啦？

刘宏是非常有娱乐精神的，而且娱乐节目特别接地气。

他就喜欢市井气，烟火气，当皇帝当得烦腻了，就想做个闹市商人，那多自在，多没压力啊！于是，他就在宫里开起了市场。

说到这里，我们得说个重要的地方：西园。

西园是刘宏专门给自己建的，大概他认为，这皇宫里，也得分哪里属于国家，哪里属于自己，那些办正事的威严宫殿，都是国家的，没意思。他得给自己弄个“私人”的好地方，于是，就有了这座西园。

凡刘宏认为是自己私事的，他都弄到西园来办，由自己人宦官给他打理。他在西园卖官，在西园收导行费，在西园收修宫钱，在西园收藏骏马，在西园跟嫔妃宫女们游玩，后来，还在西园建了自己最贴身的军队。

西园真是有太多功能了！所以他为什么老要修，老逼着当官的交钱，因为运转这些功能需要太多财力才能支撑啊！

这个美好的西园，是刘宏在皇宫里“自己的家”。有他的宝物，他的家资，他的亲信，一桩桩一件件地记录着他的娱乐时光。

刘宏在西园开了市场，让宦官宫女们把他私藏的宝贝都搬出来，个个穿上商贩的衣服，争先恐后地叫卖，刘宏看得乐开了花，自己也扮成商人，悠游闲逛，又是挑选又是砍价，玩得真叫过瘾。大概开市场这事，也是经过了事先导演的，各种元素十分齐全，有小偷偷东西，有顾客跟店主吵架，还有流氓地痞斗殴，那叫一个逼真！刘宏玩高兴了，就踱进集市的酒店里，开怀畅饮，真是爽透！

西园的娱乐相当丰富，跟宫人嫔妃们游乐自不必说，刘宏还喜欢饲养各种动物。

他曾套上四头驴驾的车子，亲自执辔，在园子里来回驰骋，宫女们追着欢呼叫好。这事一传出去，京城的老百姓都跟着学，你争我抢地去买驴，结果驴的价钱一路飙升，居然跟马一样贵了，两百万钱一头！

刘宏还喜欢狗。有一回，宦官们为了讨他欢心，给狗戴上文官戴的进贤冠，系上绶带，让狗前爪直立，摇摇摆摆地装成上朝的样子。刘宏一看就乐了："哈哈哈，好一个狗官！"这话被大臣们知道后，个个心里又气又恨。也许是纯娱乐？也许就是要怼某些官员？不好说。反正对大臣们，刘宏有自己的小算盘。

西园很乐，西园很私，西园是刘宏自己的小天下。所以，他就不惜耗费巨资，不惜跟当官的要钱，也不惜加百姓的税，非要修好他的西园。

黄巾起义刚刚镇压下去，刘宏就听了张让、赵忠的建议，每亩地多收十钱税，用来修西园的宫殿，造铜人。乐安郡的太守陆康得知后，就引经据典上书，大意是说，增加百姓的税去修毫无用处的铜人，这简直就是亡国之道啊！宦官立刻凑到刘宏身边：陛下，陆康这是对您"大不敬"，必须抓！结果就把陆康抓来了，亏得侍御史刘岱替陆康说好话，才免了罪，放他回乡。

这里插一句，这位刘岱，还有陆康，都是相当有分量的角色。刘岱，是后来山东群雄讨董卓的诸侯之一，兖州刺史。陆康呢，就是我们著名的陆逊大都督的叔公。后来，从陆康开始直到陆逊的后人，他们吴郡陆氏，跟孙家是世世代代结下了剪不断理还乱的爱恨情仇哇！当然，这是后话，我们到时再细说。

辩"昏"

没错，刘宏很荒唐，很奇葩，还是皇帝群里万里挑一的守财奴。有朋友就该说了，这是妥妥的昏君嘛，你为啥还说他不算“昏”呢？

因为——我们来看一个事实：皇权是不是一直都在刘宏手里？没错，刘宏始终是大权在握的。虽然宦官们蒙他、哄他，借着他的势力鱼肉天下，可宦官左右不了他。

其实有件事灵帝看得很明白，这天下最难搞的是世家大族，他们才是最有可能威胁皇权的！世族个个都是几代高官，又有人望，又有势力，皇室又有什么控制办法？

事实上，不光刘宏，东汉三国哪个当政的都得绞尽脑汁想办法，怎么去搞定世族。曹操、孙权，全都既需要世族的支持，又时常跟世族翻脸，翻脸的原因还总有些莫名其妙，俩人跟世族的关系始终是相爱相杀。后来到了曹丕，索性向世族妥协，再后来到司马家立晋，妥妥的世族当政。再到东晋，整个就成了“士族门阀政治”，士族们跟皇室“共天下”了。“世族”也进化成了“士族”，在原有势力和人望的基础上，还掌握了最高的文化！

三国两晋的历史，简直是一部世族的胜利史！

到东晋时，“士族”已经成了金标的贵族，跟“寒门”以及老百姓之间，隔了天堑一样的鸿沟。比如，出身顶级士族琅琊王氏的王献之，王羲之的小儿子，到谢安家里去做客，正好碰上出身寒族的习凿齿，王献之认为习凿齿不配跟他同坐，就在屋里来回溜达，说啥不跟习凿齿坐到一块儿。可见当时的士庶差别多严格。

当然，现在的“世族”还没完成到“士族”的转化，但也是天下最有决定性的力量！刘宏是看得很明白的。他宠信宦官，一方面是感情需要，另一方面，是在借宦官的黑手挟制世族！虽然这法子很难看，但能见效果！

刘宏再荒唐奇葩，也还是一个大权在握的皇帝，没变成谁的傀儡。他逼着官员出钱，一方面是因为贪财，另一方面也是跟这些官员的斗争，相当一部分官员出自世族，个个家资雄厚，灵帝暗自打着小算盘，为什么不让你们来捐点？而且刘宏当然明白，当时官场腐烂到了什么程度，他看谁都不像好官。好啊，你们不是贪吗？那就给朕也分一杯。所以，他叫起“好个狗官”来的时候，才会那么痛快。

黄巾之乱后，何进当大将军掌了兵权，还跟世族代表袁绍搞到一起了，刘宏一看，就在西园弄起了自己的军队“西园八校尉”，让宦官蹇硕当总司令，还让何进也听蹇硕的。他用宦官对付世族的心思，到这里就看得很明白了！

所以，大汉朝到这个时候还能苟延残喘，跟刘宏搞的这个制衡，也很有关系。

另一件，刘宏虽然利用宦官，纵着宦官，但大事临头的时候，他是很知道悬崖勒马的。比如，黄巾之乱时大赦党人。虽然宦官们不乐意，但紧急关头，刘宏并不受他们左右。又比如，司马直的事之后，他下旨停了修宫钱，其实，是司马直让他有点儿震惊的，原来，还有这样清廉的官啊！这些官员们，并不都像他想的那么坏。坑坑坏人，挺带劲儿，但坑死一个好人，总归是不大对的。再比如，对一些特清明正直的好官，他也能欣赏并采纳，就像盖勋，调到京都后，没一点儿阿谀奉承，忠心直谏，刘宏非但不生气，还感叹地说，咱们真是相见恨晚啊！后来，盖勋跟袁绍他们评价：陛下是非常聪明的君主，就是常被身边那些奸人给蒙蔽了……

所以，刘宏不能算“昏”。他很荒唐，很贪财，很奇葩，但政治脑筋不算搭错，要配“千古昏君”这样的称呼，还是有点儿不妥。至于他的才艺，还有建立鸿都门学等，就不用太深扒了。总之，灵帝并没有传说中的那般不堪，身处末世，他也是有很多无奈的，一个王朝的溃败和衰亡，不是哪一个人能背的锅。

说完了灵帝，我们回来关注整个天下。天下的疯狂还在继续，而且愈演愈烈，越来越疯……

06

城头月出照凉州：一颗火流星的胜利

现在是公元 185 年，黄巾之乱后的第二年。

这一年，天下最大的病痛是——凉州。

韩遂、边章、北宫伯玉，就像是整个机体的超级细菌，蔓延得太快了！

三月，崔烈拿五百万买了司徒，灵帝正心疼亏本呢，朝廷就接到了战报：北宫伯玉寇三辅！

三辅是哪儿？京兆尹、左冯翊、右扶风，是指掌管长安周边地区的三位官员。同时，也指这三位官员管辖的地区。西汉时，京都在长安，所以三辅是京畿，拱卫首都的。虽然，东汉京都在洛阳，但长安的战略地位也是极其重要，而且，大汉朝各位先皇的陵墓都在长安周边，更不能有一点儿闪失！

几个月间，北宫伯玉从攻陷金城，到入寇三辅，按我们现在的地理概念，就是从兰州打到西安来了！

灵帝立刻想起了大救星皇甫嵩，派皇甫嵩镇守长安，讨伐凉州叛军。不过，这回是彪悍的羌人，不是黄巾流寇，还真难搞！皇甫嵩僵持了四个月，一直没能取胜。

这时，宦官又现身了，因为皇甫嵩在冀州没收了赵忠的大宅子，还拒绝借钱给张让，这俩“皇帝的亲爹娘”就一块儿去说皇甫嵩的坏话。灵帝正为打仗花钱心疼呢，索性把皇甫嵩的左车骑将军免了，你不是打不赢吗？那好，朕换人！于是，主帅换成了张温。

我们看看这个阵容。张温为车骑将军，执金吾袁滂为副手，统帅破虏将军董卓，荡寇将军周慎。临行前，张温还上奏特邀了一位，让他来参军事，这位就是现任别部司马孙坚。看来，现在的孙坚，已经很得大人物的重视了。

于是，董卓和孙坚，一个是雄起于西北的枭狼，一个是振威于东南的猛虎，算是第一次共事了。彼此都印象深刻啊！不过，这个深刻，效果却完全相反！

董卓对孙坚，是真喜欢。朝廷那些大官大将们，他都看不上眼，就孙坚这个生猛小伙让他瞧着就爱，怎么看怎么对路。后来关东群雄讨伐他的时候，董卓还说，那些人里没一个成器的，就孙坚这小家伙带劲儿，还算个人物！

孙坚对董卓，是真恶心。第一印象极差！孙坚觉得，董卓这货早就该死，留着肯定是祸害。我们来看看，孙坚是怎么想弄死董卓的。

当时，张温到长安，拿诏书召董卓来见，董卓磨磨蹭蹭半天才来，张温责问他原因，董卓甩个脸，老大的不乐意。

孙坚是参谋嘛，上前低声跟张温说，董卓不认错还这么张狂，应该以不按时报到的罪名，斩了他！

张温说，董卓在西边很有威名，还得靠他打羌人呢，现在杀了他，以后不好办啊！

孙坚说，明公您亲率王师，威震天下！难道还依靠一个董卓！我看这个董卓，第一，轻上无礼；第二，惑乱军心；第三，贻误军时……就该斩！他这么无礼，您还不斩，实在有损军威啊！

结果张温就是不听，还跟孙坚说，你先回去，别让董卓起疑心。

孙坚真是无奈，虽然他当了参谋，但毕竟军阶官衔什么的，不在人家那个级别，说话也没多大分量，只好不开口了。后来董卓占了京都，把朝廷祸害成了阎罗殿，孙坚更是无奈叹气：“唉！当初张公要是听了我的，哪还会有今天啊！”

俩猛人就这样第一次发生了对撞，结果是：

董卓说：帅哥，咱家喜欢你呀……

孙坚答：蠢狗！我就恨怎么没把你给干死呢！

不管他俩怎么相爱相杀，羌人还是要讨，仗也还是要打的。

张温这边总兵力十几万，进发到右扶风的美阳，怼上了边章、韩遂他们，董卓先上阵，一个遭遇战，打输了，于是陷入僵持。

不过战场上的事，永远瞬息万变，一切都有可能发生！东汉的运气向来诡异，老天能让皇帝们个个早死，能让天灾永无止休，但也偶尔会突然变脸，送上神奇的友好。比如光武帝刘秀创业的时候，正在血战中，老天却突降陨石，砸向了王莽的大军……那这回，该算又神奇了一次，友好了一回。

张温、董卓跟羌人们怼着，正一筹莫展呢，一天晚上，忽然，一道火流星划破漆黑的夜空，光芒足有十几丈，把韩遂、边章的大营照得亮堂堂的！战马都受了惊，全都呜哇叫个不停。这在羌人眼里，简直是大降灾难，大不祥啊！于是个个吓得要死，嚷嚷着要回金城。就这样，一道流星“哗啦”一下瓦解了羌人的意志，眼看就要四散奔逃了。

董卓一听大喜，真是老天助我！第二天，立刻跟几路将领合兵猛攻。其实，流星划过夜空的时候，羌人们虽然没跑，实际上就已经败了。现在哪还架得住董卓他们的强攻，一边逃一边被杀，几千人被斩首。汉军终于大胜！

羌人们一路没命地逃，心心念着他们的金城，从美阳一直跑到了榆中。美阳在哪儿？现在的陕西武功，都到咸阳了！榆中在哪儿？兰州！真是来得猛，去得也快，羌人们从兰州打到西安，好不惊悚。谁知一道火流星划过，又一路狂奔，从西安跑回兰州去了！

张温也率军一路猛追，追了1200多里，直到榆中。眼看这胜利的势头，要能一把灭掉叛羌，当然是最好的预期。于是，张温做了部署，兵分两路，一路是荡寇将军周慎，搞定榆中的主力；一路是破虏将军董卓，去干掉另一支叛军先零羌。张温知道孙坚瞧不上董卓，就让他跟周慎一路。

就要到榆中了，孙坚向周慎献策说，这榆中城里没粮，羌人必须从外面运，就让我带领一万兵去截断他们的粮道，将军您以大军随后，羌人又饥又乏，必然不敢应战，最后只好逃奔羌族部落，我们再合力追击，凉州就能平定了！

孙坚这计策如何？应该说是个好计。虽然断粮道是常用计，经典计，算不上奇谋，但以当时的战况来看，很实际有效。可周慎不听。孙坚还是人微言轻，劝张温杀董卓，张温不理，劝周慎断粮道，周慎也看不上。而且，整个跟羌人的作战过程，孙坚也没能独当一面，就当了个参谋。在大人物眼里，他这个一穷二白的小子，靠宛城的军功刚刚晋升上来，论量级，当然远不能跟董卓他们相比。

周慎直接围了榆中城，表现得相当无脑，结果，断粮道的计策，被边章、韩遂给抢去了。两人分兵扼守住险要葵园峡，反而把周慎的粮道给断了！这个葵园峡，在兰州市东5公里，现在叫桑园峡，是黄河出兰州后的第一道峡谷，最窄的地方只有75米。边章、韩遂抢占天险，一把劫去了朝廷大军在黄河上的运粮船。

这下周慎可晕了。军粮被劫的消息一传出，立即军心浮动，眼看要控制不住了。没办法，只能撤军，越快越好！如果等到边章、韩遂再杀回来，损失没准多惨重呢！周慎败得仓皇，军械辎重什么的全扔了。

一起战败的孙坚好无奈，世上最可怕的，不是猪队友，而是猪领导啊！相信这点，我们大家也都深有体会吧。

周慎这一路不战而败，还损失惨重。那董卓那一路呢？战绩又如何？也不怎么样！

董卓没干动先零羌，还被羌人给包围了。

董卓大军也断了粮，必须想办法逃跑。他就想了个计。当时，羌人把汉军围在一条河边，董卓就假装抓鱼，在河里修堤坝，一边修一边派兵大呼小叫地捞鱼。羌人真以为董卓是为了抓鱼吃，解决断粮的问题呢，于是也不理会。董卓的军队一边抓鱼，一边偷偷地渡河逃跑，羌人居然也没发觉。等董卓的军队过了河，都不抓鱼了，羌人这才反应过来，立即要追，谁知董卓最后还留了一手，已经把堤坝摧毁了！河水太深，根本渡不过去。

终于，董卓忽悠了纯洁的羌人，全身而退。在几位将军里，他还是战绩最好的，因为就他没受折损！加上火流星那一战大获全胜，斩了几千羌人，所以灵帝给董卓封了台乡侯，食邑一千户，成了唯一的功臣！

各军都臊眉耷眼地撤回来了。这次讨羌作战，除了一颗火流星的神威，朝廷就没打过胜仗！最得意的，当然是董卓。最郁闷的，自然是孙坚。碰上猪领导，神仙也无力啊。非但不听你劝，最后败了，你还要跟他一块儿背锅。比如说起葵园峡，后世早不知道周慎是谁了，但却会说，这是当年孙文台大败的地方，连葵园峡的景点介绍都会这么说！可见这猪领导果然是遗祸万年啊。

不过，仗也不算全白打，在战略上，还是有收获的。因为那颗火流星，一把把羌人从西安吓回了兰州，一时间也回不来，暂先不用担心三辅安危，不必惦记先皇的祖坟会不会被挖了。

那么，就让灵帝先缓一口气吧。羌人们回了金城，也需要一段时间，酝酿更大更闹腾的波澜呢！

在这里，给读者们写几句话。

凉州的故事，在三国里，既自成一体，又跟中原时局紧密联系，而且占了相当比重。凉州人物也各有特色，有义气忠贞的汉家英雄，比如盖勋、傅燮；有心路曲折的反叛人物，比如韩遂、边章；有相当美化的悍猛武人，比如扶风马氏家族。凉州有大汉的统治秩序，也有浓郁的异域特色，是一段看上去混乱复杂、但细读却神秘有趣的历史。

所以这部三国，给了凉州相当的笔墨，对“说透三国”的宗旨来说，也是应该的。

写到西羌，我常常会想起小时候，因为喜欢地理，特别痴迷于高原和西部。记得某古老电视剧里的一首插曲，曾深深触动了那时的小小心灵哇！

当年走西羌，
月明西海上，
烟紫山蓝雪晴后，
云白水清大漠黄。
回首意茫茫。

真的是——“回首意茫茫。”好，就让我们继续西羌的故事。

07

城头月出照凉州：那一天的汉阳城不该被忘记

截肢

黄巾之乱后的凉州，几乎成了半个外国，眼看要脱离大汉版图了。又像烫手的热山芋，拿都拿不住。于是，有种想法就在大臣中产生了。其实，在张温他们出兵之前，就有人跑到灵帝那儿提议，陛下，不然……咱放弃凉州吧！那破地方太闹心，咱大汉朝不缺个凉州，不如不要了吧！

提这建议的，就是那位五百万买来司徒的崔烈。

这叫什么？治不好病就截肢，痛快又省心。不过……要这么截下去，今天截条胳膊，明天截条腿，那最后大汉朝还剩下啥？而且，不是你截了肢，那个病灶就坏死了，相反，它会更加疯狂地生长！你给了羌人凉州，他们马上就会要三辅，难道把长安也截了给他？

灵帝一听，也不表态，说，那就把大家都叫来议议吧。

于是，公卿百官大会朝堂，司徒崔烈又把自己的截肢建议陈述了一遍。

哪知他话音刚落，一个声音就霹雳一般地响了起来：陛下！要想让天下安定，必先斩司徒！

大臣们都惊得说不出话来，一看，这位正是议郎傅燮。

傅燮本身就是凉州人，祖籍北地郡。黄巾之乱的时候，他跟着皇甫嵩立了大功，但因为上书说宦官的坏话，赵忠就跑灵帝面前诬陷他。不过，灵帝很记傅燮的功劳，也特信傅燮的为人，没答理赵忠，还提拔了傅燮。

傅燮这话说得够有气魄！“要想天下安定，先斩司徒”，你崔烈居然能说出放弃国土的话，那就该杀！

尚书郎杨赞觉得傅燮有点儿过分，就说：“傅燮在朝堂上侮辱三公，请陛下惩处。”

灵帝还不急，说：“那傅议郎就说说，崔烈为什么该杀呀？”

傅燮慷慨陈词，先是举了樊哙和季布的例子，当年樊哙为了迎合吕后的心情，在朝堂上说了句夸口的话，季布就说樊哙该杀，现在崔烈说出这种愚蠢又不忠的言辞，当然更该杀！

然后，傅燮又一条条地给大家分析：“凉州是天下要冲，国家的屏障，高祖立业时，让郦商去占领陇右；世宗（汉武帝）开辟边境，建立了武威、张掖、酒泉、敦煌四郡，就像断掉了匈奴的一条臂膀！可见，凉州有多重要！现在，因为当地官员处置不当，让凉州的百姓反了，崔烈身为宰相，不想怎么为国家平定叛乱，竟要舍弃这万里的疆土！如果把凉州让给羌人，他们兵强甲固，再祸乱天下，必会动摇大汉的根本！如果崔烈不懂这些，说明他愚蠢至极；如果他明知这些，还要放弃凉州，说明他对国家全无忠心，这样的三公，难道不该杀吗？”

傅燮说得正气凛然，大臣们谁也不知说啥了。

灵帝心想，傅燮你也太实心眼了，崔烈一个买来的官，质量能好到哪儿去？你跟他较什么真儿。灵帝一笑说：“傅议郎说得好啊！朕即刻发兵，征讨叛军。怎么能把凉州让给羌人呢！”

从这里我们也可以看到，灵帝在大事关头，并不昏。于是，张温他们就出兵了。当然，崔烈也没杀，毕竟是交了真金白银的。

我们这里要说的，就是这位傅燮。没错，历史永远是不乏美好的，无论多黑暗多闹腾的乱世，也总会有英雄在闪光。

真的和平静好?

灵帝欣赏傅燮。朝臣们都看出来了，宦官的嗅觉更是灵敏，本来他们是打算害傅燮的，讨黄巾傅燮立了大功，结果宦官们在里面鼓捣，就不给人家封侯，现在，眼看皇帝喜欢他，傅燮又名声极好，害不动。于是，宦官们改了策略，拉拢。

赵忠就让弟弟赵延跑到傅燮那儿，跟人家眉开眼笑地说："只要傅议郎以后少管常侍们的事，咱们送您一个万户侯都不成问题！"

哪知傅燮一点儿面子也不给，定定地说："我没有封侯，是我的命不好，我认。你不用多说了，我不会去干那些苟且的勾当，不会向你们求官的！"

赵忠没讨来半点儿好脸色，心里这个恨呀，又暗中折腾，把傅燮调出了京都，去当汉阳太守。就像前面把曹操搞出去当顿丘令一样。

傅燮啥也没说，到汉阳上任，回到了天水。他本来就是凉州人，也正想尽自己所能，整饬一下乱得没救的凉州呢！

傅燮到任后，第一件事是安抚当地的羌人，体恤他们的难处，让他们都安心。周边反叛的羌人感受到他的恩德，纷纷来归附，全都不反了！羌人们听傅燮的话，在汉阳城外开垦土地，安居下来，一年多的时间，建起了四十多个营地！到处都在造反的凉州，竟出现了一个和平静好的汉阳！可见，当初傅燮说，凉州叛乱是因为当地官员处置不当造成的，果真是这个理儿。

那么，除了汉阳，凉州的其他地区，又是啥情况？比如金城的叛军韩遂、边章他们?

他们可是一点儿没消停！

那一天的汉阳城

这时是公元187年，黄巾之乱后的第三年，傅燮回凉州一年多。

自从那次火流星事件羌人们吓回兰州后没多久，他们自己就打成了一团，进行了一番内部大洗牌。最后的结果是：韩遂把边章、北宫伯玉、李文侯全干掉了！他一人成了主帅，统领十几万的叛军。韩遂围攻陇西郡，结果陇西太守反叛，跟着韩遂跑了。

就在这等糟糕的局面下，朝廷这边又出现了一个猪领导。

这个猪领导名叫耿鄙，是新任的凉州刺史。眼看韩遂这么嚣张，耿鄙准备调兵遣将，征讨叛军。

但现在时机太不合！耿鄙上任时间不长，还没得到将领士兵的爱戴，他又特别信任一个叫程球的奸佞小人，士人百姓都恨这个程球，可偏偏耿鄙就看他顺眼。傅燮看得明白，这样出征，非出事不可！

于是，傅燮赶来劝耿鄙：您上任时间不长，军心民心还不定。本来叛军内部也有问题，可一听说您征讨，反倒一下团结了。羌人骁勇善战，锐不可当，咱们这边又是新调遣的将士，上下也不和睦，指挥不顺畅，一旦发生内乱，后悔不及呀！不如先不动兵，树立您的德行和信义，我们不动，叛军一放松，内部矛盾就会爆发，必然你争我夺，到时，您再率领精锐去攻击分崩离析的叛军，必能成功！

傅燮真是一番肺腑之言，分析得条条在理，甚至把后来的状况都预测得明明白白。可是，猪领导不会听。

耿鄙非要征讨，带着新调的将领士兵，出发了。

一切正如傅燮所料，走到狄道，大军突然发生哗变！耿鄙的手下反了，先杀了那个遭人恨的程球，接着又杀了耿鄙！傅燮的话全都应验！

猪领导，自古至今真是人类最大的祸害。孙坚碰上个猪领导，损的是千年的名声，而傅燮碰上的这个猪领导，罪孽实在是太深！朝廷大军全反叛了，韩遂一下更壮大了，于是，立刻进军包围了汉阳。

那是傅燮花了一年多心血、刚刚调理得和平静好的汉阳啊！本来都已安心归附的羌人，再次反了。

汉阳城兵少粮绝，傅燮依然坚守。他站在城头，面对城外铺天盖地的叛军，心思没有半点儿动摇。

城外的叛军里，有北地郡的匈奴骑兵几千人，北地是傅燮的家乡，这些匈奴人都敬重傅燮的为人，纷纷下马跪倒在地，流着泪求他出城，保证一路送他回家乡去。那些得了傅燮恩义的羌人，也跟着下拜请求，战场上居然是一片哭声。

傅燮的儿子傅干当时 13 岁，已经懂事了，他对父亲说："是国家昏乱，才把您逼到这个地步！父亲您没有错！现在城里的兵太少，咱们难以自守，不如听了羌人胡人的，咱们回家乡去吧，等到天下清明的时候，您再出来辅佐皇帝。"

傅燮非常感慨，叹息着对儿子说："你知道吗？我必须死。像商纣王那样的昏君，还有伯夷、叔齐为他不食周粟而死，当今天子没有纣王那样残暴，我又怎能超得过伯夷、叔齐的品德？我生逢这样的乱世，不能养浩然之志，既然已经接受了国家俸禄，又怎能遇到危险就逃避呢？我能走到哪里去，只有死在这里！孩子，你有才气，有智慧，要努力啊！我的主簿杨会，就是我的程婴，他一定会尽心照顾你的。"程婴就是救了赵氏孤儿的那位。

傅干哭得说不出话，旁边的将士们也都跟着流泪。城上城下，敌军我军，竟是所有人都一样的伤心。

这时，城下忽然传来一个声音，傅燮一看，是已经反叛的酒泉太守黄衍。黄衍高声说："傅太守！这天下，已经不是大汉的天下了，这个国家不值得辅佐！府君您愿不愿意做我们的首领？"羌人胡人们也都高呼请求，反正给自己劫持领导是羌人一贯的程序，更何况是这么一位让他们打心里敬重的人。

傅燮厉声回答："黄衍！你是国家堂堂正正任命的臣子，现在，居然来替叛军说话！"

傅燮怒斥完，当即下令左右，开城进兵！

汉阳将士们跟随着太守，流泪冲出城去。

最终，傅燮战死阵前。

傅燮死的时候还很年轻，从傅干才 13 岁判断，他也不过 30 来岁。他的战死，让无数人为之落泪，这其中也包括灵帝。消息传到洛阳，灵帝痛惜到不行，当即追封他为"壮节侯"。傅燮终于封侯，没想到是这样的方式。

在《三国演义》里，傅燮没有被提及，所以对大多数读者来说，这个人物几乎是完全陌生的。我们的故事说到凉州，写到西羌，必该为他好好书上一笔。

英雄屹立天水关。历史中的很多事情，还是不应该被忘记。

08

城头月出照凉州：马超他们家的前生今世

你凭啥叫“马超”

猪领导耿鄙的讨羌作战，以悲摧的结局告终。最后的效果是：先丢了自己的命，再丢了朝廷的大军，又害死了我们的英雄傅燮。还有，让所有想反的人，都反了；很多不想反的，也反了。

“反”，已经是凉州的时代主题，太正常！

在这些反了的人里，有一位挺与众不同。这人长得就跟别人不一样，身高八尺多，就是快一米九，体格倍儿雄壮。而且，“面鼻雄异”，就是高鼻深目，很欧范儿。这人是耿鄙的司马，大军哗变，耿鄙被杀，他立马就反了，带兵去跟韩遂联合。

这个看着就不像华夏人的大块头，名叫马腾。

其实，马腾之所以这么出名，是因为他那威扬天下的儿子马超。《三国演义》中，我们称之为锦马超。帅绝的小伙儿，“面如冠玉，眼若流星，狮盔兽带，银甲白袍”，手中一杆五钩神飞亮银枪，把曹操杀得割袍弃须，猴儿一样地逃命。《三国演义》里的马超，曾让多少读者激动得眼冒金光啊！

那么，正史中的马超也有这么惹人爱、这么激动人心吗？——激动人心倒是真的，至于惹人爱嘛，可不敢说。《三国演义》里的马超是迷人的，易懂的。但正史中的马超，却是冷血的，复杂的。大约我已过了为帅哥荷尔蒙上升的年龄，所以，就更感兴趣这个复杂又无情、结局也相当悲惨的真实的马超。

西羌故事里最惹眼的人物——扶风马氏家族正式出场。我们就开始马家的故事吧。

至今犹忆马伏波

关于扶风马家，必须先说一位牛人，他就是东汉开国功臣、伏波将军马援。这位大将军是马腾的祖上。

因为《三国演义》，马腾、马超的知名度远比马援高得多，但平心而论，不管能耐还是品性，伏波将军都远比马腾、马超靓得多。

也许，马援这名字大家听着陌生，但说到成语“马革裹尸”，就熟得很了。

马将军说：“男儿当死于边野，以马革裹尸还葬耳，何能卧床上在儿女子手中邪！”

大丈夫应该死于为国家戍守边关，用马革裹着尸体回来归葬，怎么能老死在床上，让儿女们在一边侍候呢！

我们看伏波将军这一生，果真就是这般壮烈！他简直是光武帝刘秀的镇边天将！定西羌，平交趾，征乌桓，讨南蛮，国家四境，除了东边是大海，没有他征服不到的！

马援做了六年的陇西太守，专门料理羌人。一到任，他就先声夺人，以三千步骑干趴了叛乱专业户先零羌（就是董卓怎么也没干动的那个部落），然后，神武和计谋并用，屡战屡胜，一举平定了西羌。将军作战勇猛，身先士卒，被羌人的飞箭射穿了小腿，他都没有后退。

更难得的是，马援不但武功赫赫，还善于文治。统领西羌六年间，恩威并施，让当地各族都安心定居，马援派人领着他们修城郭，开水利，兴农牧，没几年，竟让一个随时都能炸翻天的火药坑，变成了和平家园!

所以，前面傅燮说，西羌之乱，是因为官吏处置失误的原因，就是这个理儿。如果凉州长官都有伏波将军这样的本事，西羌早就不这么愁人了。

说个小故事，就能看出马将军当年有多自信了。

凉州平定后，有一次马援正跟宾客们一起宴饮，忽然有人来报，狄道县城外出事了，羌人要聚众反叛，百姓们都纷纷往城里跑呢！狄道县长已经赶到府门前，请示太守，是不是赶紧调兵镇压!

谁知马援听了这话，稍稍思考，忽然笑了，说："现在，羌人既不会反叛，也不敢反叛！去告诉狄道县长，回去等着吧，根本没事，如果实在害怕，就到床底下躲一躲!"说完，接着跟宾客们喝酒，谈笑风生。

报信的出门通告狄道县长，领导让他到床底下躲着去。狄道县长又急又怕又无奈，真不知怎么办了。谁知不一会儿消息又传来了，什么羌人反叛，根本是两拨地痞械斗，换言之，就是一言不合打群架，因为当地民族成分复杂，参与的啥族都有，所以观众就恐慌了，以为羌人又要造反。一切正如马援所料，全无大事。

就这样，西羌在伏波将军的治下美好了很多年。

紧跟着，交趾又闹起事，爆发了征氏姐妹的叛乱。马援再次率军出征，一路所向披靡，半年就平定了交州。

徵家姐妹是当地部落首领的女儿，这俩姑娘都身材高大，力气也大，打小就称霸一方，简直是乡村女霸王。姐妹俩不学女红，也不读书，天天舞刀弄枪，自称武艺天下无敌，姐姐征侧打定主意，要做个南方大女王。姐妹俩起事之后，交州四个郡、六十多个城池全都反叛，居然都认了这个“徵女王”！

马援统帅大军，水陆并进，长驱一千多里，直抵南方。

威风八面的“徵女王”跟朝廷大军一碰面，可算全明白了。井底之蛙做个美梦行，但非要跳出井来，那就是妥妥地自取灭亡啊！

马援一路进军，“徵女王”就没有一次像样的抵抗！很快，马援斩杀徵氏姐妹，把人头送往京师，向光武帝奉上。接着，他又率领大小楼船两千多艘、将士两万多名，进击反叛的徵氏余党，将沿海地区全部平定。我们不妨想见，当时这支大军扬威北部湾的现场，我煌煌大汉有多神武威壮！

而且，在威猛征服的同时，马将军又使出了他高明的文治策略，大军每过一处，便派人为郡县修城池，开水利，安抚百姓。他还修改调整了当地的律法，让律令更合理，并向百姓申明。后来的好多年，交州在处置事务的时候，人们都遵守马援制定的法律，还常说一句口头禅：依马将军之故事……

就这样，交趾在伏波将军治后，也美好了很多年。

最后，马援是死在征战中的，病死在讨伐武陵蛮的战场。那一年，马援已经 62 岁，他上书请求出征，刘秀怜惜他岁数大了，不想让他再冒险，就没答应。

马援跑到刘秀面前，特自信地说：“陛下，臣还能披甲领兵。”

刘秀一看，这老头儿还真执着啊！就笑着说：“那老将军就披挂一个，给朕看看！”

马援当即披甲上马，手扶马鞍，顾盼远方。真是气场十足，威风八面！

刘秀笑着说：“真是个有精神的老头儿啊！好，就请老将军出征！”

后来，马援死在战场，真的“马革裹尸”了，一生夙愿终于实现。

这就是马腾家如此威风又伟大的祖先。伏波将军的美名，光耀了扶风马氏家族近两千年。

那么，到了马腾和马超的年代，又是怎样呢？有没有把家族的优良基因发扬光大？

是汉是羌，永远也拎不清的宿命

不得不说，马腾真不像马援，继承了啥没看出来，差距倒是相当大。

马超也不像，虽然武力逆天，貌似得了真传，但马超的路数，跟伏波将军完全不一样。

说到马腾、马超，我们最应该圈重点的，倒不是他们有几分像祖先，而是另一个重要的字——羌。他们跟“羌”的关系，比跟伟大祖宗的关系，近多了！

首先，马腾的母亲就是一个羌人。

马腾的父亲是天水郡兰干县的县尉，一个边远小县管治安的武官，后来还把官丢了。然后居住在陇西，家里实在太穷，娶不上老婆，那就娶个羌女为妻吧！结果生下了马腾。所以，马腾天生就高鼻深目，一看就不像华夏人。

马腾血管里留着伏波将军的血不假，可另一半，却是羌人基因！如果说，回姥爷舅舅家玩两天，那就是混到羌人部落里去了。所以，马腾妥妥算半个羌人。

小时候，马腾家里穷得啥也没有，就靠伐木为生，天生的大块头，总能派上用场。他每天从山里砍木头，扛到集市上去卖，养活一家子。马腾为人不错，性格厚道，又力大无穷，人们还挺佩服他。

就在马腾当伐木工的这些年，马超出生了。虽然马超是马腾的长子，但关于马超的身世，却有两个未解之谜。这两个谜非常重要，对读懂马超一辈子的心路和作为，特别有意义。

第一个：马超的生母是谁？汉人还是羌人？

第二个：马超到底是正出还是庶出？

先回答第一个：很可能是，羌人！马腾的爸爸家里穷得叮当响，就只好娶羌女。马超出生时，马腾也穷得叮当响，所以，很大可能也是娶羌女。而且后来，马超在羌人中极有号召力，不论哪个大佬，都对他又忌惮又想利用，所以，马超的血管里，极有可能又加了一半羌人的血，算上老爸马腾的提供，他已经是 3/4 个羌人了！剩下的 1/4，才是祖宗伏波将军的基因！

第二个关于正出和庶出，也很可能是，庶出！马超字孟起，我们古人起字时，有个规矩叫“嫡出为伯，庶出为孟”，就是嫡出的儿子，字里带“伯”，庶出的儿子，字里带“孟”。比如，我们看孙坚他们家，老大孙策字伯符，老二孙权字仲谋，老三孙翊字叔弼，老四孙匡字季佐，规规矩矩的“伯仲叔季”，四个儿子全是正出，都是正妻吴夫人所生。对照一看，马超这个“孟起”，很可能代表他是小妾的儿子，而且，这个小妾还是羌人！

说到这里，有朋友可能会问，那曹操字“孟德”，是不是也是庶出？很有可能！我们前面说曹操回忆小时候时，总说自己特别惨，爹不疼娘不爱，很符合庶出娃的日常，简直是贾环阵营悲摧童年的真实写照啊！

我们看三国里这几位庶长子，袁绍有明文记载，铁定丫头养的；曹操很有可能是，马超也不例外。这些庶出娃的心路，跟父慈母爱、光明美好长大的嫡子们，完全不一样。他们干出来的事，我们不能用正常的亲情伦理去考量。惊人的故事还在后面，到时我们再一一细说。

现在，关于马超的身世，我们大致理清了。

伐木工马腾，因为穷，先娶了羌女，生下了混血儿子马超。后来日子过好了，马腾又念叨起自己是伏波将军之后，怎么能弄个下等羌女当老婆呢？就又娶了汉家女子为正妻，然后，给马超又生了好几个弟弟，包括马休、马铁。马超有 3/4 的羌人血脉，该算大半个羌人，弟弟们有 1/4 的羌人血脉，该算大半个汉人。马腾更喜欢像汉人的儿子，毕竟，他是伏波将军之后，不想去做原始民族。

后来，马腾跟韩遂打了起来，韩遂杀了马腾的老婆儿子，这位老婆，就是马腾的汉人正妻，儿子是除马休、马铁外的另一个娃，马超的另一个弟弟。不过，马超无所谓。反正他爹不喜欢他，他也不喜欢这些弟弟，所以后来，他带领凉州造反时，还跟韩遂联合了。好像韩遂不是他家的仇人，倒像恩人似的！

马腾出道，是公元 187 年，正是猪领导耿鄙征兵讨伐韩遂的时候。马腾决定，结束伐木生活，应征入伍。看来，他还是很坚信给伏波将军当后人才是正路，所以选择了做汉人，去揍羌人。

马腾这大块头，一看在战场上就有能耐，所以一入伍，便被官员们看中了，任命为从事，统领了军队。打了几仗，还真牛！冷兵器时代嘛，啥都不可怕，就怕巨无霸。马腾是屡立战功！其实细想，他从前是伐木的，多繁重的体力活儿，相比来说，改成在战场上砍人，那还不是信手拈来，省事多了。很快，马腾就被提拔为耿鄙的司马，还升了偏将军。

马腾这时挺高兴，没想到升官这么快，没几天就混得比他爸的县尉强了！哪想他正高兴呢，耿鄙被手下给杀了，大军哗变。马腾走正道的美梦一下泡了汤。

马腾开始思想斗争，面对韩遂的召唤，他发出了灵魂深处的拷问：我是谁？我到底是汉人还是羌人？现在，我该去揍汉人还是羌人？

其实，马腾当然想做汉人，但眼看大家都反了，他继续当汉人，结果就是被群殴！好吧，那就当什么有好处就当什么吧！于是，马腾选择去当羌人了。然后，他就开始了跟韩遂十几年的相爱相杀。

这一年，马超 11 岁。他跟着老爹在军营的可能性不大，按我们前边关于他身世的推测，马超小娃时代，很可能是在羌人部落里疯跑外加角斗长大的！

混血又英俊的少年马超，就在西羌的戈壁荒原间成长起来。他勇猛善战，像羌人一样无视生死，来去如风。对汉家的礼义道德，他半知半解，又因为庶出，对家庭的关爱温怀也全无体会。他有着伏波将军的神武，却永远理解不了祖先的“文德”……

这就是锦马超。他手中的枪很利，心头的血却很冷。他始终没有弄清那个最根本的问题：我究竟是汉人还是羌人？始终没有为当一个汉人做周全的准备，所以，当他不得不走进真正的汉人世界后，他就蒙了，乱了，疯了。

随着扶风马氏的崛起，凉州的故事也暂先告一段落。下面，让我们把目光移回中原。好久不说曹吉利了，咱们去看看，曹家又在干什么？

09

我去打黑你买官，吉利父子俩真不是一条道

黄巾之乱后，凉州闹得塌了天，咱们的大佬曹吉利，又在忙啥呢?

他是真没闲着。不光曹操没闲着，他老爸曹嵩也没闲着！父子俩都在继续人生追求。当然，他俩的追求完全不同。

先看曹吉利。

平定黄巾后，曹操因为打到了一大桶酱油，被任命为两千石的济南国相。汉朝是郡国制，如果某个郡被封给一位王做封地，会改称为“国”，派去管这个国的行政长官，就叫“国相”或者“相”。其实，跟郡太守一样，因为济南是济南王刘康的封国，所以曹操就叫“济南相”，相当于济南郡的太守。

这年曹操30岁。风格还是没变，一门心思干点儿事不可。

20岁时，当个小小的洛阳北部尉，他就拿五色棒子打死了蹇硕的叔叔。现在，成了两千石的大官，更要干出点儿模样来了。

曹操到任后，一看这个济南国的状况，心里就蹿火。简直是黑心官吏大据点，烂到骨头里了！“国有十余县，长吏多阿附贵戚，赃污狼籍……”，济南十几个县，多数的县长县令攀附朝里的宦官权贵，贪污腐败得一塌糊涂。因为他们后台太硬，历任的国相谁也不敢管。其实，岂止济南国，当时的天下哪里不是这样呢?

吉利火气上了头，你们不管我偏管！什么，有危险？那是后话，先管了再说。曹操当即清查这些官员的行径，凡是干过违法勾当的，一律上奏免官。总共十来个县长县令，曹操一下免了八个！

吉利是真想干大事，真想给天下讨正义，所以无所畏惧，又英气十足。

效果也立竿见影，济南国的大小官员们被一下子震住了，个个战战兢兢，一点儿坏事不敢干了。民间的一些奸恶之徒，一看来了这么一位阎王长官，真惹不起，干脆脚底抹油，流窜到别的郡干坏事去了，济南国一下子太平了好多！

所以，与其说曹操是整顿济南官吏，不如说，他是在打击黑恶势力，而且专破官匪结合！

这是曹操打黑的第一件事，先干掉黑恶官员。紧跟着，他就干了第二件事——断淫祀。

啥叫淫祀？就是不合法的祭祀，特别泛滥的祭祀。简单来说，就是谁都能当神，都能被人们膜拜、献供、求福。中国古代的淫祀现象非常严重，老百姓普遍文化不高，一忽悠就能迷信，让他拜谁他拜谁，于是就会被一些邪教钻空子。其实张角的太平道，实质也是一种淫祀。

在古代，淫祀是国家明令禁止的，没有你想拜谁就拜谁的事。但到了汉末，整个天下腐坏了，儒家的神圣信仰也崩塌了，老百姓都不知道信什么，淫祀这种事也就疯狂泛滥了。

济南国的淫祀相当恐怖，这一带供奉的是西汉的城阳景王刘章。当年，吕后的侄子吕产作乱，刘章把吕产杀了。因为这大功，封国城阳就给他立了祠堂祭祀。周围的各郡全都跟着学，也给刘章建祠堂。济南是最厉害的，一郡就立了六百多个！

也许有朋友会问，不就是祭个死人嘛，何况这城阳景王确实有功，这事能有多恐怖？当时，这些没完没了的祭祀，早就形成暗黑产业链了！每次活动都搞得极其奢侈，敛尽了民财，当地从豪强到流氓，再加上黑心官员，都从祭死人大会中一层层搜刮好处，可老百姓的生活，却一天比一天穷困悲惨。

所以，当时济南的淫祀已经成了官绅勾结合伙圈钱的黑买卖！最倒霉的就是被忽悠的底层百姓。淫祀这事，历任长官也都不敢管，因为里面牵扯的人和利益太多，谁敢捅这个马蜂窝？曹操看得怒火中烧，你们没人敢管是吧，好，那我来管！

曹操一道禁令，禁断淫祀！济南国六百多个祠堂，全都给我拆了。此后，济南国再也没有装神弄鬼、靠死人发财的了，老百姓的日子好了很多。

曹吉利真是把打黑事业进行到底了，但是……后果是不是有点儿可怕？我们都会替他捏把汗，吉利你一心为民没错，可这样要得罪多少人？而且，那些人没一个省油的灯，你动了他们的蛋糕，会遭到什么样的报复呢？

不得不说，吉利做得很英雄，但也有点儿逞能了。

幸好，他很机警，脑袋灵光至极，很快就嗅到了危险的味道，也觉察到了一些风吹草动。的确，这个马蜂窝捅大了，危险已经潜伏在四周，说不定什么时候就会爆发。曹操沉下心来，深思熟虑，看来这个济南还是别久待了……先去避避风头再说吧。

于是，公元 187 年，即马腾投了韩遂，正式反叛凉州的时候，曹操上书回了朝廷，灵帝让他去东郡当太守，他说身体有病，于是就给了他个闲职议郎。但曹操也不想久干，老说身体不好，后来索性回了老家谯县。

这次回家，最主要的原因是避祸，另外，就是接着读书。就在这年冬天，卞夫人生下了她的第一个儿子——曹丕。曹丕是曹操的次子，长子是曹昂，这时已经十一二岁了。

《三国志》说，曹丕出生的时候，有青色云气像车盖一样环绕在他的头顶，一天都不散，望气的人惊叹：这可是至为尊贵的征兆，不是人臣之气啊!

真是又来了!作为大魏开国皇帝的曹丕,出生时当然得有异相啦!“不是人臣之气”,这话当时的卞夫人听了,得把她吓个半死。不过,曹操可不信这些神异鬼怪外加天命之类的说法。在这点上,曹丕跟他爹一样,甚至是,更不信。

曹操又过上老婆儿子热炕头的日子了,但曹家可没有因为他又“归隐”就衰落,因为这时,他老爸曹嵩正飞黄腾达呢!又升了官,当上了太尉,成了三公!不过……不大体面的是,曹嵩这个太尉,是买来的。

这太尉是从谁手里接过来的呢?哈哈,崔烈。崔烈买了司徒之后,又做太尉,过了两年多的三公瘾,最后被罢免。这回灵帝心里可痛快了,当时就心疼卖便宜了,这下终于收回来,一定要好好卖个大价钱!

正好,曹嵩来求官,看上了这个太尉。灵帝可盼来了赚大钱的机会,一定要把在崔烈那里损失的都补回来!而且,他也知道曹家有的是钱,于是开价——一个亿!

本来卖官的价钱,是由买家到西园跟宦官协商,双方讨价还价,最后再定下来。哪知这时曹嵩一下就接了,不但真出了一个亿,还给了各位常侍孝敬钱!

也许我们会感叹,吉利爸爸真是冤大头啊!人家崔烈买三公才花五百万,就算卖便宜了,那一千万还不行吗?他居然花了一个亿!

其实,也不算冤,这里面是有原因的。

第一,人家崔烈是名士,买官的价钱是根据名声打折的,所以崔烈能享受折扣。曹嵩是宦官之子,哪有什么名声,所以享受不了优惠。

第二,这个高到太空里的价钱,其实,是曹吉利闹的!曹操在外面太能折腾,得罪了很多宦官和权贵,曹嵩有点儿怕了!他怕人家一起整曹家,也怕人家暗中对付曹操。曹嵩想通过这种方式,先把灵帝哄得美美的,万一曹操闹出了事,皇上还能出手救曹家一把。他也给常侍们送钱,言外之意就是:我们家那个浑小子不懂事,公公们大人有大量,别跟他一般见识。老曹我给你们赔不是了。

你们看，曹操和老爸走的真不是一条道啊！曹操一门心思斗宦官，扫黑除恶；老爸曹嵩呢，还要讨好宦官，一心只想平安富贵。

没错，曹操和老爸始终不是同志。

我们看曹操起事时的自家嫡系：曹洪、曹仁都是他的从弟，夏侯惇、夏侯渊是同乡兼姻亲，但曹操的几个亲弟弟呢，在哪里？曹操的亲弟弟在史书里都没有传，只在一些蛛丝马迹中，才发现了他们的影子。曹操有两个或三个亲弟弟，但都没跟着曹操干，如果跟着曹操了，史书必会有详细记录。他们为什么不跟曹操？因为都是老爸曹嵩那派的，都要保平安富贵，不跟曹操一条道！

曹操在陈留起兵的时候，曹嵩不愿跟他一块儿，带着小儿子曹德去避难。可见，曹操的弟弟们，都是倾向老爸，不追随大哥的。所以，我们在史书里，就很难找到他们的故事了。

说到这里，有一点我们还不能否认：虽然曹操跟老爸不是同道中人，可老爸这把保护伞，对早年的吉利来说，却相当有用、相当坐实。如果不是曹嵩在朝里会做人，会跟皇上、宦官搞关系，吉利这么不要命地折腾，别说自保，连老曹家都悬了！

从这里，也可看出这些庶长子的心路，他们在外面整事的时候，是全然不管家里的爹娘叔伯的。干什么的时候，不会顾虑亲族的需要。曹操如此，袁绍如此，马超更如此！当然，如果曹操顾虑了老爸和弟弟们，当了乖娃，那我们的三国史，甚至整个中国史，可能都要改写了。

曹操第二次躲回了老家。这时天下的局势又怎么样呢？——还是闹腾到不行！闹腾中，我们的大佬刘先主，也终于逮到机会，领到了朝廷的盒饭。但是……命运不济，这饭票不是长期的，没多久就丢了。先主当然不答应……于是，特别著名的故事就发生了。

10

男人的怒吼好惊悍：刘备胖揍督邮的是与非

我们看现在的大汉朝，就像一条破烂的巨轮，虽然曾经威武辉煌，但早已锈迹斑驳，四处透水了。窟窿一个接一个，先是黄巾起义，接着是交趾、凉州，那后面是哪儿？放心，能闹腾的地方都会闹，只是时间早晚的问题。

果然，又是“砰”的一声巨响！哪儿？幽州。主角是乌桓。

乌桓，本是东北地区游牧民族的一支，汉武帝打跑了北匈奴后，乌桓人臣服于大汉，在靠近边塞的地区居住（现在的张家口、承德、赤峰一带）。大汉朝也设立了官员专管乌桓，就像凉州有护羌校尉一样，幽州也有护乌桓校尉。

乌桓的北面是鲜卑，西面是南匈奴。南匈奴是归附了大汉的，北匈奴早被大汉军队赶到欧洲去了。乌桓和南匈奴虽然都归附了大汉，但风格都一样，全是——天下太平就装蒜，天下一乱就翻天。

这回乌桓造反的事由是：张温当初带兵讨伐凉州，从乌桓征了三千突骑，打算带着乌桓人去打西羌。本来挺常见，大汉朝经常干这种“以胡制羌”或“以羌制胡”的事，这些边境民族们，也习惯了当壮丁。但这次大汉朝眼看要日落西山，国力也跟不上，该给人家乌桓人的粮饷，拖了好多天没给。乌桓人怀疑粮饷没戏了，结果一个个全都掉头，一路奔回自己家去了。

本来，这只是一次逃军事件，还到不了反叛的高度。谁知这时候，一个汉人掺和进来了，这人名叫张纯，是中山国相，即中山郡的太守。张纯在张温面前自告奋勇，想领回这支乌桓兵，很可能张纯跟乌桓人有交情。结果，张温不答理，他看好公孙瓒。这时，公孙瓒只是涿县县令，跟张纯这个国相不在一个级别。张温宁要公孙瓒一个县官，也不要张纯这个郡守。结果，张纯怒了。眼看乌桓人都跑回家，不替朝廷卖命了，张纯起了异心。

他暗中联络老乡——从前的泰山太守张举，还有乌桓大人丘力居，三人结成联盟，反了！其实这次真正动意的是张纯，不是乌桓人。丘力居正担心会不会受处罚呢，张纯就来劝了，丘力居一想，索性趁大汉马上就玩完的势头，反了吧！

这几人煽动汉人和乌桓人，在蓟中一带攻杀，蓟就是现在的北京。他们先杀了护乌桓校尉，又杀了右北平太守、辽东太守，总共聚集了十来万人，驻扎在肥如，就是现在的河北省卢龙县，离北戴河不远。张举自称天子，张纯叫弥天将军、安定王，还发书信给朝廷和各州郡，说张举已经取代汉朝，灵帝你赶紧退位，哪儿凉快哪儿待着去吧，朝里的公卿大臣们，你们都到肥如来迎接新皇帝！果然丧心病狂，乱世出产最多的物种，就是疯子。

我们回头来看，灵帝的日子过得也是够受的。每天里，除了惊悚就是抓狂，除了抓狂就是暴怒，如果没有挣大钱带来的喜悦和安慰，妥妥地会得抑郁症，精神分裂也大有可能。所以，人有点儿爱好还是有好处的，哪怕是爱钱。至于灵帝怎么对付幽州，我们后面再说。反正幽州最后是被一个牛人搞定了，行动很低调，效果很神奇，高明得很！

现在我们要说的，是先主刘备。先主刘备跟张纯、张举这俩疯子，是有那么点儿关系的，因为这俩发疯，先主又得到了打酱油的机会，终于领到了朝廷的盒饭！

黄巾军被灭后，“刘备是个人物”一说已经在民间流传，先主没盒饭，但是有流量。所以这次张纯造反，就有人去推荐，刘备有本事，他一定可以消灭反贼！于是，刘备就带着兄弟们又上路了。

不过，这次先主可不是像打黄巾时去打酱油的，而是真玩命了！很可能打过胜仗，也经历了不少危险。有一次，先主突然在田野间遭遇了敌军，猝不及防，结果受了伤，而且伤得不轻。刘备动不了，又怕被杀，索性装死骗过了贼人。后来，他被自己人拿车推着撤离了战场，这才保住性命。当然，这个“自己人”，很可能是关、张。

这可真是为朝廷拼了命啊！先主也终于得到回报，被任命为安喜县尉，领到了盒饭。

安喜县即现在的定州市，当时属中山国，安喜县尉，就是安喜县管治安的武官。刘备领着关、张去上任，以为自己已经正式上道，展开仕途了。哪想到，这份盒饭，居然只是一张临时饭票！

刘备的县尉没当多久，朝廷突然下了一道旨，说靠军功当上县官的，多数要淘汰。其实，这还是起因于灵帝那道“人人都能讨贼”的诏书，地痞混混外加流氓，都出来讨贼了，人家立了战功，就得封官，可这些人一旦当官，难免就胡作非为、为祸一方。灵帝大概回过味来了，或者也接到了不少反映，这帮靠讨贼上位的，也都跟贼一样啊！于是，就有了这次“淘汰”诏书。

先主刘备很可能在被淘汰的名单里。他自己也有些怀疑。这时，郡太守派督邮来查办。督邮是干什么的？是太守手下负责传达命令、督察县里官员行为的官。职权很广泛，就像一个特派员。

刘备一听这道诏书，心里就火了。自己领着兄弟们不要命地干，换来了一个县尉，就这么个小官，还不让当了。这不是耍人吗？现在一听督邮来了，刘备强忍怒气，想先求见一下，打听打听实情。谁知这督邮摆起了谱，不见。当然，也很可能是，刘备确实要被“淘汰”，督邮就是见他也没什么意义，气氛更尴尬。其实，督邮这做法没什么不合理。

所以后面的事，是督邮怎么也想不到的，真是前世作孽，遇上个活阎王！

然后，著名的故事就开始了。

都督这个“不见”，把先主强压的怒火一下点燃了。第一，他确信自己肯定被免了官；第二，他不在乎了，反正官也当不成了，这么要我，好，你也不会有好下场！

先主怒火爆棚，瞬间恶向胆边生。他立刻回衙门召集手下，带上关、张等兄弟，气势汹汹地又杀回督邮的住处，然后直接破门而入。刘备谎说："我奉太守的命令，来捉拿你！"小弟们冲上去，在床上就把督邮给捆起来，然后押出门，一直到了安喜县的边界，又把人家绑树上了。为什么非要到边界，这显然是做掉的节奏呀！

刘备解下自己的绶带挂在督邮脖子上，表示，这破官爷爷我不要了，然后抡起鞭子就开抽，一百来下！这督邮也真够能抗打，一般人早受不住了。刘备本打算杀了他，架不住督邮一个劲儿地求饶，那叫一个惨，刘备也算解了气，终于把督邮放了。

之后，先主带着关、张离开安喜县，另谋出路去了。

这就是正史版的刘备鞭督邮。咱们引一段史料原文，《三国志·先主传》裴松之注引《魏略》：

督邮至县，当遣备。备素知之。闻督邮在传舍，备欲求见督邮，督邮称疾不肯见，备恨之，因还治，将吏卒更诣传舍，突门入，言"我被府君密教收督邮"。遂就床缚之，将出到界，自解其绶以系督邮颈，缚之著树，鞭杖百余下，欲杀之。督邮求哀，乃释去之。

跟老罗的《三国演义》完全不一样。

有朋友会问，怒鞭督邮真的不是张飞？不是，是刘备自己。老罗为了塑造刘备仁爱得像圣母一样的形象，把血腥暴力的情节甩给张飞了。

有朋友还会问，难道不是因为督邮是大坏蛋，刘备兄弟才揍他的？这个督邮在史上连个名都没留，也根本没向刘备索过贿，你说他是不是大坏蛋？

我们来论论这里面的是与非。

先主无辜不无辜？无辜。但督邮比他更无辜！先主的无辜，在他要起黑社会手段的时候，就已经荡然无存了。

督邮只是郡太守的特派官员，传令来的。免掉先主的官，也不是他的主意，至少不是他一个人的主意。千不该，万不该，他不该不见刘备的面。虽然不见刘备没有错，但却惹了几乎杀身的大祸！一个并没有做错的督邮，惹上了怒火爆棚的刘先主。虽然，我很想写写先主的雄豪事儿，很愿为大佬主角增光添彩，但这件事，我必须得说：倒霉的督邮好无辜！而且，这只是无辜的开始。到了《三国演义》，更惨。

老罗为了使先主永远正义，还给这个倒霉蛋加了一箩筐的罪。因为主角揍了你，所以，我必须为他找到揍你的正当理由，你必须该揍，必须是大坏蛋！督邮本来丢了半条命，到了老罗这里，剩下的半条命外加最后的一点儿脸面，也全丢了，完全被黑进了深渊。我们看《三国演义》电视剧，督邮连形象都是那般的猥琐！

可怜无名也无恶迹的小人物督邮，因为被先主一顿无厘头的胖揍，就遗臭万年了，甚至还连累了“督邮”这个官称，史上督邮千千万，可后人一听这官名，就立刻产生联想，嗯，肯定没有一个好东西！

说过了督邮，我们再回头说先主。

先主的愤怒可以理解吗？当然。用性命换来的一点儿小认可，也要被剥夺了去，当然火大了。只是，他的发泄方式……实在太悍猛了！督邮何罪？先主该去揍上级郡太守，也就是中山国相，其实郡太守也不是祸首，刘备真正该揍的，是皇帝！是灵帝要免他们的官。刘备当然不能也不敢去揍太守、揍皇帝，只能抓着个督邮，于是，就把所有的愤怒都发泄到这个倒霉蛋身上了……

我们看先主的真实个性，够有脾气，够有狠劲儿！跟《三国演义》里那个动不动就仁慈地掉眼泪的皇叔，根本不是一个人。

三国里很多著名人士都评价过刘备，比如周瑜：“刘备以枭雄之姿”；比如鲁肃：“刘备天下枭雄”；比如贾诩：“刘备有雄才”；比如程昱："观刘备有雄才而甚得众心"……当然，最著名的，还是曹操那句："天下英雄，唯使君与操而"。

我们暂不论先主到底是英雄还是枭雄，但无论如何，这个"雄"字，是全天下的公认。刘备是一个妥妥的"雄杰"！《三国演义》太想体现先主的仁爱和圣母了，把刘备塑造成了泪点极低的阿姨范儿，却大大减损了他的"雄杰"气！就连我奶奶，在评书和戏台上知道了刘备，都嘲笑地说："刘备啊，他就会个哭！"

当然，真实的先主不是这样的，他有仁心，但不是圣母；他有情有义，但不靠眼泪撩人。本来他是个铁铁男人，是真"雄杰"，有"枭"气。但这回不问青红皂白、不吝杀伤无辜地怒鞭督邮，就是这男人"枭"气的极端表现。果真是，丈夫一怒，管你山崩地裂、大河泛滥，别跟我说什么事由、什么情理，我刘备怒了，知道不知道？我才不管那些弯弯绕！

鞭督邮这件事，大致内情就是如此。平心而论的话，督邮真是天大的无辜，简直当了整个朝廷的替罪羊，去对撞先主作为一个男人的疯狂暴怒。当然，看先主一辈子，像这样怒到失控的状况，并不太多。如果这种疯狂成了常态，那他就不是"雄杰"，只是一个"莽夫"了，这等莽夫，又如何能三分天下？

11

越界攻讨又怎滴：看孙坚威猛定长沙

谁的新机会

黄巾之乱后，已经连续“砰”地爆了三声。第一声，交趾；第二声，凉州；第三声，乌桓。边境上，能爆的都爆了。什么？还有一个南匈奴没爆呢？别着急，他们会爆的。就在他们之前，还有一个地方比他们更迫不及待地要爆，而且还不是边境！

这是哪儿？长沙。

长沙是荆州第二大郡（第一大郡是南阳），有 25 万户人家，快赶上著名的好地方颍川了。不过，虽然人不少，但周边靠近蛮夷，发达程度上还是跟中原核心地区没法比。张纯、张举俩疯子伙同乌桓人刚一爆，灵帝还没来得及对付，长沙的巨响就传来了。

贼人区星，在长沙自称将军，聚众一万多人，反了！

灵帝现在就是一个专业补窟窿的，补完一个再补一个，补完一个还有三个。他一看长沙这窟窿，不算很大，一万多人，还没有溃烂成片，那么，就需要一位性子爽、武力高的猛将，一把端掉，不让它泛滥，也别留下隐患。谁最合适呢？灵帝马上看准了——孙坚！

这时的孙坚，正在朝里当议郎。讨凉州回来，跟猪领导一起吃了败仗，理应受罚的。不想，人们知道了他当时劝张温杀董卓的事，都又惊又叹，觉得这小伙儿真有胆，真敢说。于是，免了孙坚的别部司马后，大家又推举他做了议郎。

我们看这个时间差，曹操在济南打黑之后，回朝当议郎，是在187年左右；孙坚当议郎，也是187年左右，很可能这两位大佬，还曾经在朝里当过一阵子同僚，有过一段交情！当年两人都是32岁，也都是心头有热血、想干事的类型。吉利是想做政教，整风气，当好官；孙坚是想揍坏人，立军功，当名将。虽然路子完全不同，但心劲儿却一样足足的。

不过，曹操比较谨慎，知道自己得罪的人太多，得先收敛着。所以跟孙坚一块当议郎时，他只是混日子点个卯而已。孙坚呢，从讨黄巾杀入中原，已经三年了。现在稳稳地做了京官，虽然议郎只是一千石，但也相当成功。跟曹操混成同级了！

这两位大佬共事，同辈论交。后来，曹操看孙策、孙权，就像看孩子，所以才有了那个“生子当如孙仲谋”的感叹，由此，吉利也成了少有的“儿子是别人的好”的奇葩爸爸。

短暂的共事之后，曹操称病回老家了。而孙坚，却等来了新机会。

灵帝打算把长沙全权交给孙坚了！就盼着他把窟窿赶紧补好，别留后患。

灵帝以孙坚为长沙太守，征讨叛贼区星。那时，东汉还没有改刺史为州牧，州刺史是监察官，不算太守的顶头上司，郡国都是直接向皇帝汇报的。虽然，长沙地处偏远，这个太守的分量比不了南阳、汝南这种地方的长官，但也是妥妥的两千石。三年前，孙坚带着一众小弟在下邳当县丞的时候，怎么也料不到会有今天吧。而且，还这么快！

越界攻讨又怎样?

灵帝眼光不错，果然，孙坚一点儿没让他失望!

孙坚带着他的嫡系一到长沙，当地官员就都老实了。这位新领导的狠名，大家早有耳闻，这次见了面，再看那威猛的风格，都更信了——这领导不好惹，咱们还是小心吧!（《魏书》：“坚到郡，郡中震服。”）

一看官吏们都挺听话，孙坚立马开干。第一件，调整官员，“任用循吏”。啥叫循吏?就是有德爱民、清正廉洁的官，说白了，就是清官、好官。孙坚提拔这些好官，换掉那些名声差、坑百姓的。孙坚给官员们开会，说：你们小心处理好老百姓的事，善待良民顺民，还有，朝廷文书礼节啥的，你们也规规矩矩照章办，把这些干好就可以!至于盗贼，不用担心，交给我就行了!

大家一瞧，领导还真爽快。简直是大哥罩着兄弟们的劲头嘛。

把后方安顿好，孙坚立刻开始了第二件事——征伐。现在，孙坚的力量壮大了，除了自己的嫡系，又加上了长沙郡的兵。他也是经历过很多阵仗的大将了，区星虽然闹得凶，但对孙坚来说基本不堪一击。孙坚制定好战略，亲自率军上阵，不到一个月就完全搞定，长沙摆平了!

胜得很漂亮，但却出了一个小插曲。

长沙隔壁的宜春县，也遭到了区星这伙贼的攻击。县长派人来向孙坚求救。这位县长是谁呢?吴郡陆康的侄子。陆康就是那位说灵帝造铜人是亡国之道的清正官员，后来的吴国大都督陆逊的叔公。算一下，陆康的侄子，就是陆逊的叔叔。

陆逊的叔叔来向孙坚求救，孙坚立刻答应了。马上整顿兵马，准备出征。

这时，一边的主簿赶上来劝：府君，您可不能去啊!法令说“两千石行不出界，不擅发兵”，这事儿咱不能管!

什么是“两千石行不出界”？当时大汉朝有规定，如果没有皇帝的诏令，郡太守不能自己走出郡界，更不能向别的郡派兵。其实，这条规定就是为防郡太守谋反的。不让你带兵出管辖区，你还能干成什么？另外，主簿还有一句话没说呢，宜春县属豫章郡，豫章郡属扬州，可长沙郡在荆州。要发兵的话，不但越了郡界，连州界都跨了！真是超级违法！

哪知孙坚根本不听，凛凛地说：“我没有文治的德行，就是靠征伐为国立功。现在我越界剿杀贼人，是为了保全别的郡国。如果因为这个被陛下处罚，我也无愧于天下！”

主簿啥也不说了。心想，太守气场好足哇，真是服您了……

于是，孙坚立刻领兵越界攻讨，解救宜春。贼人在长沙就被打得闻风丧胆，这回一听孙坚又来了，根本没打，一溜烟全跑了。就这样，解了宜春之围。

这件事，对孙坚来说，不算多大，但是……难道真的冥冥之中有天意？他们吴郡孙家和吴郡陆家这对老乡，从这事起，就开始了长达半个多世纪、牵连了三代人的相爱相杀，其中的爱恨情仇，真是剪不断理还乱，几十年也整不清。

孙坚当然不会想到，在这段世纪情感纠纷中，他越界救宜春这事，只是一个序曲。这一曲的效果是，孙家对陆家有恩。那么，他们之间的恩仇又会怎么发展，我们后面再详说。

做人不要太王睿

现在，孙坚平定长沙，又救了宜春。不想，几乎是同时，零陵、桂阳两个郡也反了。这两郡的贼首一个叫周朝，一个叫郭石，这两人眼看着区星造反，索性也闹腾起来。孙坚再次率军征剿。还是越界！零陵、桂阳虽然属荆州，但也不是孙坚的辖区。这回主簿不劝了，领导已经说过，就算违令他也无愧天下，那咱们还有什么好说的，跟着干就对了。

很快，周朝、郭石都被击败，零陵、桂阳两郡也干净利落地平定了。本来又是一场漂亮的完胜，谁知这时，又发生了一个小插曲。

现任荆州刺史王睿，也到讨贼前线来了，不知他是来打仗呢，还是来视察。

这里，我们得先说说，当时的州刺史和郡太守的关系。这事说起来不复杂，但实际情况相当混乱。东汉时天下有十三州，每州设一位刺史，所以各个州都叫“刺史部”，比如“冀州刺史部”“荆州刺史部”等，只有司隶这个州，因为是京畿，包括了洛阳和长安两座都城，所以叫“司隶校尉部”，由司隶校尉管辖，没用刺史这官称。

刺史是监察官，工作对象是官员，不管行政，年薪也不高，六百石。一个州往往有几个到十几个郡，这些郡太守们，刺史都可以管。刺史看哪个太守干得不好，就可以向皇帝弹劾。那么他们算不算太守的领导呢？不算。郡太守由皇帝任命，直接向皇帝汇报工作，而刺史只负责监督他们。但是……刺史的权力很大！虽然不是直接领导，但确实现管。到了东汉，刺史的权力更是一步步扩张，都有自己的官署，有的刺史还有军队，所以，一个州里，常常太守有太守的兵，刺史有刺史的兵，互不统属，相当混乱。

那么，这位荆州刺史王睿，也不能算孙坚的顶头上司。但如果他觉得孙坚干得不好，可以去皇帝那儿弹劾。

来说说王睿这个人。非常重要的一件，是他的出身。王睿出自被称为“中国第一豪门”的琅琊王氏家族，就是后来王羲之的家族。虽然琅琊王氏在晋朝才达到鼎盛，但从西汉起他们就开始显贵了。汉末三国时代，王家虽比不上袁绍家、杨修家，但也是公认的世族，极有身份。琅琊王氏的著名人物实在太多，故事够写十本书了。就说这时很近的，比如王睿的侄子王祥，后来是曹魏的三公，西晋的太保，那个孝道故事

“卧冰求鲤”的主人。“卧冰求鲤”虽然很出名，但也太变态，我就不多讲了，免得扰乱视听。

反正，王睿出身于琅琊王氏这个很牛的世族，未来的头号豪门。所以，王睿觉得自己也很牛。

本来孙坚很自豪，干得这么漂亮，刺史虽不是正牌领导，但也算个准上司，自己一定会被狠狠表扬吧！哪知等他满心欢喜地把王睿等来，再瞧人家那派头，全不是这么回事！王睿都不带正眼看他的，好像孙坚根本不配跟他活在同一个时空一样。

王睿真心看不起孙坚。就算孙坚立了大功，在他眼里，也不过一个瓜农出身的穷小子，靠着给朝廷卖力气换得了官。人家世族就是看不起没文化的武人。王睿一个“傲慢”，一个“轻视”，可把孙坚气爆了。自己干得这么卖命，业绩又这么好，换来的不是表扬，却是白眼，还有天理吗?

出身，是孙坚最大的短板，他不要命地血拼，就是为了弥补这个弱点，让别人都瞧得起他。可这王睿简直是往他最脆弱的地方捅刀子，往他的老伤口上撒盐，而且，还是他刚获大胜、理应嘉奖的时候！孙坚表面敷衍着准上司，心里的恨却已经排山倒海了。

王睿肯定想不到，他的“傲慢”和“轻视”，真给自己埋下了祸根。孙坚可是打小混黑白两道的！十来岁就随手杀强盗，啥阴暗面没见过，啥狠事干不出来。就比如现在的越界攻讨，虽然正义凛然，问心无愧，可也实在目无王法，胆气逆天。

王睿也是没脑子，孙坚都如此无压力地越界了，妥妥的狠人一枚，你还敢随便轻视他、得罪他? 在《三国演义》里，孙坚的绰号叫“江东猛虎”，相当准确。猛虎不发威，你真以为他是乖乖猫呀? 所以，王睿后来经历的惨痛事，多半是他自己埋下的。当然，现在的孙坚没发威，狠狠心忍了。自己刚上任，总不能一来就跟准上司翻脸。好，你看不起我是吧，我先记着，咱走着瞧。于是，视察就在王睿的一脸不屑中结束了。

胜利的消息很快报到朝廷。

灵帝可美坏了。他不是王睿，谁能给他守住天下，帮他干趴贼人，谁就是他的最爱！一个月就平了长沙，灵帝欢乐地想，孙坚这杆枪真是好使呀！于是，什么越界攻讨，他也全不追究，朕要的就是把贼们一窝端，越界就对了！

灵帝清点孙坚前前后后的功劳，给他封了一个很高的爵——乌程侯。乌程侯是县级侯，以孙坚家乡吴郡的乌程县为食邑，大约有一万户，是军功侯的最高级了。

这回，孙家是真的发达了。在那时来说，“封侯”就意味着“富贵”。封了侯就有食邑，成富人了；封了侯，就有爵位，成贵族了。孙坚这十几年的血拼，收获满满。

然后，孙坚在长沙太守任上干了三年，这三年他有钱，有地盘，发展得十分迅猛。更多的大将投到他的麾下，士兵们都成了他的嫡系铁杆。所以，三年后天下英雄集体讨董卓，孙坚再度杀入中原、出现在战场上时，就又成了最抢镜、最威猛的主力军……

12
“分蛋糕”还是“搞承包”：啥叫改刺史为州牧

现在是公元188年，黄巾之乱后的第四年。

这年三月，一件特重要的事发生了。

灵帝看着爆得遍地弹坑的天下，正一筹莫展呢，一个人忽然蹦出来，给他提了一条建议。

这可是条极重要的建议，在大汉朝的灭亡之路上，有着划时代的意义！

提建议的这个人，是太常刘焉。这条建议，就是非常非常著名的——改刺史为州牧。

刘焉跑到灵帝面前说：陛下您看，现在天下哪儿都叛乱，原因就是各州刺史权太轻、太不给力了。把刺史改成州牧，这样才能控制得住。应该选名声又好、您又信任的官员，到各地当州牧去……

灵帝一听，这主意不错，真能给朕减负啊！现在各地疯了一样地造反，朕早就有心无力啦，让这些州牧来跟朕一起扛天下，好歹能解燃眉之急！

于是，灵帝准了刘焉的奏，改刺史为州牧。马上开始实行！

前面我们说了刺史的官职，那么州牧，又是什么官呢？

简单地说，州牧就是州长，掌管一州的军政大权，它跟刺史有很大不同。刺史是监察官，只管官吏，不管行政，更不管军事。但州牧是各州的一把手，行政、军事、监察，啥都可以管，相当于现在的省长再加军区总司令，军政完全一体！本来，大汉朝是郡国制，没有州一级行政区，现在，州牧却成了郡太守的顶头上司，妥妥的封疆大吏。

灵帝的本意是想让地方力量更强，好自行对付叛乱，他也省点儿心。现在一有事就得中央想办法，他早就心力交瘁、青年早衰了，而且从目前趋势看，就算他有三头六臂，也摆弄不过来。话说灵帝这辈子，也实在够惊悚、够折磨的，当个乱世皇帝，真是逃不掉的凄惨悲摧啊。

改刺史为州牧，就像把天下分成了十几块大蛋糕，每个州牧分一块；又像把公家的地搞了承包，都分包给州牧，你们自己招兵，自己讨贼，自己搞钱，自负盈亏。不要啥都让朕来管，都来跟朕要……但不知灵帝想到没有，这会引发什么后果？或者他想到了，但已经顾不得，解决燃眉之急才最重要。

的确，改刺史为州牧，极有效地加强了地方力量，可以更得力地镇压叛乱，但同时，也为天下制造出了一批顶级土皇帝和大军阀，一伙最高级别的次生贼！

真是“以贼养贼”，皇帝还成了最有效的催化剂。

提建议的刘焉，是西汉鲁恭王之后，现任太常。他是宗亲，又有学问，做过各级地方官和京官。刘焉给灵帝提这条建议，当然是有心思的。他早就不热爱大汉朝了，早已打算好，去当个封疆大吏，现在天下太乱，至少先给自己找个踏实的地方。

刘焉暗暗看中了交趾，想求个交州牧，天高地远，自己正好做土皇帝。交趾那地方物产丰富，宝贝也多，先享受享受去。

刘焉正打算去跟皇帝求交州，有个人来找他了。这人是侍中董扶。董扶是益州广汉人，很有学问，特懂谶纬，就是占卜和预言术。

董扶神神秘秘地来找刘焉。刘焉的心思，董扶已经看穿了，而且，他还挺看好刘焉。董扶也有自己的小九九：为什么不跟着刘焉一块儿去享受，却要留在京都跟皇帝担惊受怕呢？

于是，董扶压低了声音，诡秘地说：明公，您如果想做点儿什么，为什么要去交趾？从我望气的结果来看，益州正有天子气啊……

刘焉一机灵，阴恻恻地与董扶对视，也低声说："董侍中说的……是真的？"

董扶一笑："千真万确。"

董扶善于占卜望气是出了名的，刘焉被说动了，捻着胡子，带着几分得意的笑容说："好，那就……求益州。"

这一问一答里，双方的不轨之心，也心照不宣地完成了交换。

于是，刘焉听了董扶的劝，向灵帝求益州牧。董扶和另一位太仓令赵韪，都申请辞官，跟着刘焉走了。这个赵韪和董扶一样，也是益州人，两人都借着刘焉去当土皇帝这事，回了家乡。其实，他俩的做法，应该说很不厚道，明摆着不再孝忠皇帝，却把刘焉当主公了。灵帝看在眼里，但真没心思追究了。

刘焉分走了第一块大蛋糕，承包了益州，成为割据第一人。益州有 12 个郡 118 个县，总人口 724 万，无论面积和人口，都排天下第一。从此以后，这天下第一大州益州，就开始姓刘焉的刘，而不是刘宏的刘了。

接着，灵帝任命第二位州牧，送出了第二块大蛋糕。

这块蛋糕是豫州。好鲜美的一块！豫州虽然面积小，只有 6 个郡，但总人口有 718 万，是东汉排名第二的人口大州，人口密度极大。那时候的"人口密度"，就是"发达不发达"的直接标志。汝南、颍川、陈国、沛国这几个百万级人口大郡，都在豫州。曹操、袁绍、荀彧等，他们的老家也都在豫州，真是人杰地灵的好地方！

豫州这块大蛋糕，灵帝送给了太仆黄琬。黄琬出身江夏黄氏，连续三代都是大汉朝的名臣。记得“香九龄，能温席”吗？这里的小娃黄香，就是黄琬的曾祖父。

灵帝信黄琬的人品，把最好的一块分给了他。这回，确实信对了。黄琬跟刘焉不一样，他对大汉朝还是很忠心的。黄琬领下豫州牧，有了军政大权，却没生半点异心。到任后，立即率领军队扫清了豫州境内的各路强盗，让全州都安定了，后因政绩特别突出，名声传遍了天下。灵帝很满意，给黄琬封了关内侯。

好，益州包给了刘焉，豫州包给了黄琬，紧跟着，灵帝就放出了第三块蛋糕——幽州。

现在的幽州，正是灵帝的心病！张纯、张举俩疯子，还有乌桓人，正在幽州造反呢！所以，这位幽州牧，任务可艰巨了，第一件，就是先扫平这十几万的反贼！

这块难啃的大蛋糕，灵帝给了宗正刘虞。

这可是位极靓的人物，是乱世里非常难得的真心大好人。要论三国里谁最能担起“贤”这个字，毫无疑问就是刘虞了。

你说刘备“贤”，不，他贤不过刘虞。比如，公孙瓒一直不听刘虞这顶头上司的话，做得很过分，刘虞决心去讨伐他，还跟士兵们交代，“只杀公孙瓒一个，不许牵累别人”；最后性命难保的时候，他还跟手下说，“要爱惜百姓的房屋，不许焚烧”，老百姓的几间茅屋，在刘虞眼里，比自己的命还重要！没错，要论“贤”，刘虞排三国第一，该是没啥可争议的。

灵帝把幽州交给刘虞，也是因为他这“贤名”，还有他在异族人中的威望。

刘虞也是正经的宗亲，光武帝刘秀的儿子东海恭王刘强之后。早在黄巾之乱前，他就担任过幽州刺史，因为他的“贤”，他的德政，乌桓、鲜卑、夫余这些异族都特别服他，全都听刘虞的话，每年乖乖地到朝廷纳贡，再不干抢劫的勾当，踏踏实实地过自己的日子。没有兵乱和血腥，边境上竟是一片平安和美，场景简直太神奇！

灵帝十分信任刘虞，把最头疼的幽州交给了他。确实，如果刘虞都不可靠，那天下真没人可指望了。相比来说，刘焉对大汉是“已无爱”；黄琬是“还很爱”；刘虞是“死也爱”！

从后面的事来看，这次灵帝确实又信对了。刘虞不但神奇地摆平了叛乱，而且又打造出了一个平安和美、欣欣向荣的幽州！

关于刘虞如何神奇地平定叛乱，还有他那个前世的死冤家公孙瓒，后面还会详细说。

那么现在，我们来回顾一下，灵帝第一次送出的这三块大蛋糕，或者说“第一次分包”的效果，必须说，效果相当不错！

刘焉到了益州，也干了一系列平叛安民的事。益州已经是他的地盘，这是为了自己拼啊！比从前给皇帝办差主动多了！黄琬平了豫州，刘虞定了幽州，分包之后，生产力大大提高。

那么，这个“改刺史为州牧”，就是正确的了？

当然不是。虽然短期效果不错，但它直接导致了割据成为合法，只能救一时的火，引发的却是更深更久的灾。至少有两条后果，我们是看得见摸得着的。

第一，搞了分包之后，朝廷对地方完全失去控制，反与不反，只在这个州牧的一念之间。最后的意思就是：看这人的人品如何！人品这东西，难道不是天下最不可捉摸、最不可信赖的？他是好人？他是坏人？根本是在碰运气啊！还不如求神拜佛有盼头呢。

我们不能说，因为灵帝用了黄琬、刘虞俩好人，眼看成功了，他这政策就必是好的。如果黄琬和刘虞人品不好呢？朝廷还有什么招儿？当然，灵帝也非常无奈，搞分包会失控，不搞分包也会失控，就是失控的时间和方式不一样而已。

第二，“改刺史为州牧”以后，没改的刺史也会把自己当州牧。虽然，这回只是试点，改了三个，但没改的那些，还有后来被任命的“刺史”，都已经把自己当“州牧”了。

比如后来刘表被任命为荆州刺史，他单骑入宜城，跟蒯家兄弟还有蔡瑁商量怎么搞定荆州的时候，可是妥妥地把自己当作封疆大吏、一方之主了，而不是什么监察官。所以，刺史原来“只管监察”的惯例，被大家彻底摒弃了，虽然还叫“刺史”，但实际上成了“州牧”，想招兵就招兵，想囤粮就囤粮，想打仗就打仗。这些招来的兵，也不再是国家的，全成了刺史的私兵。

“改刺史为州牧”，让天下彻底乱成了一团。各自拥兵的刺史，各自拥兵的太守，各自拥兵的豪强，各自拥兵的流氓。放眼看去，满世界除了叛乱砸出的累累弹坑，就是大大小小、一股又一股的割据武装。

分崩离析的状态终于形成，官与匪，越来越不分彼此。只等着中央一乱，大家就可以随心所欲，想咋干就咋干了！

不过，饱受了摧残的灵帝，还是没有放弃。就是垂死，他也要挣扎！

灵帝很快又干了一件大事。刺史都能自己招兵，那么朕也要招！

于是，他就筹划起了真正属于他、而不是属于国家的一支军队——西园八校尉。

三国说说

第五章

惊天剧变的洛阳城

01 西园校尉的私密事儿：暴发户何进的发迹史

灵帝搞西园八校尉，是在公元 188 年，刺史改州牧后的三个月。

他想，大家都去割据了，那朕也得割据一下嘛，不然跟不上潮流。朕也要招自己的兵。何进当大将军，他统的是国家的兵，不是朕自个儿的。

灵帝果然公私分明，钱财宝贝，得留私房的；宫殿花园，得造私人的；现在连军队，都得建私营的！绝对的脑路清奇！

这支私军建在哪儿呢？当然是西园！西园才是刘宏的家，到处都透着“私”的美好。于是，我们的曹老板、袁大公子，就混到灵帝的市场一条街、后宫跑驴处那一带了。

我们看看西园八校尉的设置：

无上将军：灵帝刘宏。

上军校尉：小黄门蹇硕。

中军校尉：虎贲中郎将袁绍。

下军校尉：屯骑校尉鲍鸿。

典军校尉：议郎曹操。

助军左校尉：赵融。

助军右校尉：冯芳。

左校尉：夏牟。

右校尉：淳于琼。

真是自个儿的军队啊，刘宏居然还把自己封成将军了。干过这种奇葩事的皇帝，除了那位明武宗朱厚照，就剩刘宏了。

那么，这里就有一个问题，灵帝为什么这么热衷搞西园八校尉，还重视到了这种程度？因为——他要跟何进对着干！

一来，何进这个大将军，把中央军都统领了，而且，何进的弟弟何苗，去年干掉荥阳的黄巾，被封车骑将军，兄弟俩眼看要把持朝政！又是历史轮回，外戚上位，各位先皇的悲摧遭遇，灵帝当然不会忘，谁知道何进会不会变成下一个梁冀？

二来，这时候灵帝很可能已经发现了一件可怕的事——自个儿身体不行了。（天天在惊悚和摧残中挺了这些年，不出问题才怪）。虽然，他才 32 岁，但从东汉皇帝的平均寿命看，已经算长寿的了，所以，他也不敢做乐观预期。万一自己不行了，那这国家交给谁？灵帝已经开始琢磨后事，打算立太子。可是，要立太子，何进就是最大的一块绊脚石。

来说说何进的发迹史。

别看现在何家权倾朝野，威风八面，可何进的出身，那是相当上不得台面。何进他爸是个杀猪的！何家在南阳宛城，靠杀猪卖肉发了家。这买卖虽然听着不入流，但南阳郡是大地方，何进老爸估计赚了不少钱，该算一线城市的富户了。

何进跟弟弟何苗、还有两个妹妹，就在这个杀猪家庭长大。四兄妹的血缘关系相当混乱，但他们的关系对咱们后面的故事影响太大，我们还得认真地扒一扒。

何进的屠户老爸叫何真，跟原配老婆生了儿子何进。四兄妹里，何进是老大。后来何进生母去世，何真又续了弦，娶了二老婆，这个二老婆从前嫁过一个姓朱的，生了一个儿子，叫朱苗。二老婆嫁给何真后，朱苗就跟着改姓何，成了何进名义上的弟弟。接着，二老婆又生了大女儿何皇后和小女儿，小女儿后来做了张让干儿子的老婆。

这样，四人的关系就是：何皇后（还有妹妹）跟何进，是同父异母的兄妹；何皇后（还有妹妹）跟何苗，是同母异父的兄妹。何进跟何苗，他俩的关系才奇葩：既不同父、也不同母的兄弟！

这就是何家的兄妹关系乱局。这个乱局，对后面的故事，有很微妙、很重要的影响。

何进家的发达之路，就从何皇后参加选秀那一天开始。

其实论规矩，以何家这出身，参加不了皇家选秀，但架不住何家有钱！据《风俗通》记载，当年，何皇后是行贿了主管官员，才混进选秀队伍的。

然后，百年难遇的好运就降临啦。大概何皇后确实长得漂亮，这个屠户的女儿居然被选入宫了！按常理，入宫又能怎么样，以她的出身，只配当个下等宫女，很可能多少年都见不着皇上。但何皇后又居然被灵帝看上了！当然，最大的可能还是——何家有钱！他们用巨资贿赂了宦官，然后无所不能的常侍们，就给宫女何氏创造了机会。

有钱，还命好，连神仙都挡不住哇！宫女何氏得到了皇上宠幸，很快就生了一个儿子，就是后来的汉少帝刘辩。当时，灵帝的几个儿子都早死，刘宏生怕这娃也夭折，就把他送到一个道人家去养。这个道人名叫史子眇，所以，刘辩又叫史侯。

宫女何氏生了皇子，母以子贵，被册封为贵人，很得灵帝的宠爱。何进、何苗借着妹妹的势，都当了京官，屠户何家从此发达。后来灵帝废掉宋皇后，何贵人更上一层，正位当皇后了。灵帝还封她的母亲、也就是何进的后妈为舞阳君。

我们看何家的发迹史，妥妥一个杀猪暴发户的鸿运开挂！何家兄妹也挺有特色：没德、没能、没文化，有的就是钱，还有，离谱的好运气。

何皇后在后宫也属独一份，嫔妃们大都是官家小姐出身，个个知书识礼，像何皇后这样的“本色”、这样的没文化，倒成了稀缺品种！灵帝的文艺修养本来很好，书法辞赋都相当不错，可偏偏，他就看这个带着野性的屠户女儿新鲜带劲儿！而且，灵帝不是热爱经商吗？何皇后正好卖猪肉出身，满满的市井气息，正对了胃口。所以，在某些时候，野蛮对于文明，还是很有杀伤力的。

何皇后被宠了好几年，更是放飞自我、本色爆发了。在宫里，她脾气比谁都大，处事比谁都计较，还下手狠辣，不计后果。后宫没一个不怕她的。宦官们也都小心侍候，眼见这女人不好惹，那就多多讨好，跟何家搞好关系吧。

不过，皇帝的宠爱难道不是天下最没谱的东西？没几年，新鲜劲儿一过，灵帝就不爱答理何皇后了，另外看上王美人了。王美人又美又有学识，灵帝喜欢得不行，对他来说，市井女人这口味已经过气了。何皇后真是气死了，天天琢磨怎么弄死王美人。后来，王美人有了身孕，她知道何皇后肯定不能容，于是连孩子都不想留（反正生下来也是被弄死，还不如不生），就自个儿喝打胎药。哪知这娃真是命硬，愣是没打下来！

这个娃，就是后来的汉献帝刘协。话说，刘协的命真是真硬啊，一辈子被各路神魔百般惨虐了好几十年，居然还硬朗朗地活到了53岁，整个东汉的皇帝们，除了开国皇帝刘秀活到63岁，就数他这个末代皇帝长寿了！真是娃坚强，小小一剂打胎药，又怎能奈何得了？

王美人没能打下孩子，刘协顺利出生了。不出所料，没几天，何皇后就把王美人给鸩杀了。灵帝得知后，当即暴怒，立马要废了她。

何皇后傻了眼，跑去求宦官。张让他们本打算跟何进搞好关系的，就去替何皇后求情。灵帝是真喜欢王美人，怎么也不答应。最后，宦官个个都拿出了上千万的钱，一起献给灵帝，看在钱的分儿上，刘宏这才松了口。说起来，宦官对他们何家，是真有大恩啊！

灵帝看着刘协心疼，又担心何皇后对这娃下毒手，就索性让自己老妈董太后抱走去养，离何皇后远远的。所以，刘协是奶奶一手带大的。因为是董太后抚养，所以，刘协就叫董侯。

史侯刘辩，董侯刘协，兄弟俩渐渐长大了。俩娃性子很不一样，灵帝一看刘辩就烦，觉得他举止轻佻，哪有能当帝王的样儿；一看刘协就喜欢，这娃虽然年小，可端庄有度，倍有范儿！再加上对王美人的思念，灵帝想好了，要立刘协为太子。但刘辩年长，按理是该立他的，现在何家势力又这么强，皇后还狠毒得没下限，想立刘协，第一件事，得先制住何家！

所以，灵帝搞这个西园八校尉，最主要的原因是对付何进。一方面，他要有自己的私军，不能让何进独揽兵权；另一方面，要给小儿子刘协上位铺好路。

我们看看这八个校尉都是谁，灵帝的目的就非常明显了。

一，上军校尉蹇硕。

蹇硕是执行总司令。灵帝说啦，军国大事，何进也得听蹇硕的调度，直接把这个小黄门抬到了大将军之上。

目前，蹇硕是灵帝最喜欢的宦官，比他的“亲爹娘”张让和赵忠还亲。大约是张让、赵忠太能给他找麻烦，太让他头疼了。而且，这俩明显跟何家牵扯不清，在对付何进这事上，恐怕是指望不上的。还是蹇硕好，不像张让他们那么老奸巨猾，看着就可信。于是，这个西园军，灵帝就全权交给了蹇硕。

二，中军校尉袁绍。

袁大公子的任命，可是有意思得很。本来，袁绍正跟何进混得好呢！有朋友会问，袁绍不是在洛阳高调隐居吗？怎么跟何进混一起了？事实上，袁大公子前两年就出仕了。他应何进的征召，开始做官了。

这里就有个疑问，何进有什么本事，能博得我们袁大公子的青睐？袁绍难道不是该很瞧不起他？不，袁绍非但没有看不上，相反，是很看好！注意，这个“看好”，不是看好何进有本事、能成事，而是看好他啥都不灵，成不了事，正好，可以利用他让自己成事！明摆着是“人傻兵多权大，速来”的节奏。

袁绍的心思，是想利用何进干掉宦官，进一步赢得天下人心，成功之后，何进一个杀猪的，脑子也好似猪头，哪盖得住他袁本初的靓丽光环？而且，让何进去斗宦官，如果两败俱伤，岂不是更好？朝廷里妥妥成了袁家天下，他这个四海仰望的大明星，不就顺理成章地上位了？

咱袁大公子玩的始终是政治、是手腕，跟另外几位大佬很不一样。

于是，袁绍选择了何进，做了大将军府掾属。这回可把何进乐坏了。他正想壮大自己的势力，拉拢天下的清流名士呢，没想到，牛得谁都请不动的袁绍居然来了！何进立刻跟袁绍好到了一块儿，凡事都跟袁绍商量，对袁绍的话，也是言听计从，还不断帮袁绍升官，先是侍御史，后来又升虎贲中郎将，成了宫廷卫队的最高长官——完全进入了袁大公子设计的节奏！袁绍不动声色，心想，摆弄这个猪头，果然毫不费力呀！

这边灵帝一看，何进跟世家大族代表袁绍搞到一块儿了，你们打算干啥？联合起来对付朕？那好，朕就把你们拆开。于是，灵帝一道诏书，把袁绍召进了西园，当了中军校尉。而且，还跟何进、袁绍都说明了：你们俩都归我的亲人蹇硕管！

所以，袁绍的这个任命，分明是灵帝削弱何进势力的一轮手段。

三，典军校尉曹操。

相对袁绍代表的世家大族，曹老板就显得有点儿孤。背叛了宦官阵营后，他已不属于任何势力。曹操就是曹操，就是一人单干。灵帝任用他，主因是他比较“能”，这是大家公认的。另外还因一件事，几个月前灵帝把曹嵩花一个亿买来的三公给免了！满打满算，曹嵩这个三公才当了不到半年。虽然曹嵩买官，就是给皇帝送钱保平安的，但也是一个亿的真金白银啊！灵帝自觉对曹家有愧，所以赶紧给曹操封了个典军校尉。

再往后看，下军校尉鲍鸿，原是北军五校里的屯骑校尉，跟董卓一起在火流星战役里斩过羌人，本来归何进管，灵帝也给抽调来了。还是为拆何进的台。

剩下的几人都是过路型人物，没啥故事，只有右校尉淳于琼，还是蛮“有名”的。他就是在官渡之战中给袁绍管军粮的那个倒霉蛋，

最后军粮被烧，他也被曹吉利割了鼻子后又杀了。现在，淳于琼跟袁绍、曹操平级，是一起混的同僚，谁又能料到11年后，各人竟会是那样的命运呢?

现在，灵帝把西园校尉弄好了，不过，他还觉得力量不够，又把老娘董太后的侄子董重提拔成了骠骑将军，名号只比何进的大将军低一格，但比何苗的车骑将军高。跟何进打擂台的心思，实在很明白了！这些都是准备好，将来扶持刘协上位的。

我们看，外面的天下已经乱成了那样，内部居然也这么抓狂烧脑！

哪里都是填不完的窟窿，扯不清的矛盾，所以皇帝这职位，真是天下第一愁人差事啊！我们做个快乐的吃瓜群众，闲暇时指点指点江山，指点完了尽数忘记，吃得香睡得美，这日子才是真惬意呢。

好，灵帝这个西园八校尉，我们就理得差不多了，也细述了屠户何进的发迹史，那么不久之后，极重大的事就发生了。不过，在这件惊天大事发生前，我们还得去清扫一下四周，把边境问题理清，也看看各路牛人们都是怎样表现的。

02

崩局前的返照：灵帝刘宏的最后风光

大阅兵

灵帝弄好了西园八校尉，紧跟着，他就搞了一场大阅兵，地点是京都洛阳的平乐观。

事先，在平乐观前造好两个高坛。一个大坛，设立十二层华盖，高十丈；一个小坛，九层华盖，高九丈。总之，小坛明显比大坛低了一个等级。

公元188年的十月十六，灵帝披上甲胄，带着大将军及文武百官，华丽丽地进行阅兵。灵帝登上大坛，命令何进登上小坛，两人往坛上一站，何进比他矮一大截。官员们瞧着，心里都跟明镜一样，心想皇上这是向全天下示威，挤兑大将军呢！

几万步兵骑兵列成整齐的方阵，威风八面地从坛下走过，接受皇上的检阅。然后，灵帝亲自披甲上马，庄严地绕阵三圈。叩拜声此起彼伏，真是又热闹又雄壮，好不激动人心！

灵帝心气十足，就问身边的讨虏校尉盖勋："爱卿看朕观兵讲武，这场面棒不棒？"哪知这忠臣盖勋是个愣头青，立刻回答："臣听说先皇炫耀德行，不炫耀武力。现在，贼寇都在边境，您却在京都阅兵，真不显得您多有本事，倒是很穷兵黩武的样子！”灵帝一愣，心想，这盖勋还真是名不虚传，果然敢说！灵帝非但没生气，还笑了：“好！朕与卿真是相见恨晚。别人从来不敢像你这样跟朕说话！”

其实，灵帝阅兵，表面是炫耀武力，震慑反贼，实际上还是为了打压何进，所以盖勋说他“穷兵黩武”他觉得没什么，反倒对盖勋更器重了。

这场阅兵很炫很酷，灵帝抬高西园军的意图也达到了。然而，不久……他就有点儿傻眼了。或者很可能是，他已知道自己时日不多，所以才要阅兵，想给刘协铺路，可怜天下父母心啊！这场阅兵，竟然成了刘宏最后的回光返照！

那么现在，周边四境，幽州、凉州及各路反贼们，又怎么样了？

“拧巴组合”之董卓皇甫嵩

先来看凉州。

这时，马腾、韩遂这两位西羌大咖终于混到了一起。两人仍然遵守凉州的惯例，谁都不当头儿，又去找了一位叫王国的，给他俩当领导。

王国统率着西羌大军，开始祸祸了。王国这次围攻的地点是陈仓，在右扶风，现在的宝鸡市。

灵帝再次任用皇甫嵩平叛，就算张让他们不乐意，他也不管了。灵帝以皇甫嵩为左将军，董卓为前将军，领四万人去讨伐王国。左将军和前将军，在军阶上差不多，但灵帝说了，皇甫嵩是统帅，董卓得听皇甫嵩的。但这一个“前”一个“左”，不分高下等级，可给这一战增添了不少花絮。

董卓本来谁都看不上，这次军阶又差不多，更不想听话了。刚一发兵，他就跟皇甫嵩怼上了。

董卓说：“现在陈仓危急，快点儿去救！”

皇甫嵩说：“不行。百战百胜虽然厉害，但不战而屈人之兵更厉害。陈仓虽小，可城池守备坚固，不是那么容易攻破的。王国虽然强，但他久攻不下，士兵必然疲惫，等他疲惫之后再攻击，这才是全胜的办法，为什么要着急救援？”

皇甫嵩这是“疲兵之计”，已经胸有成竹了，可董卓不以为然，他又不能不听皇甫嵩的，心里自然不乐意。

结果，真像皇甫嵩预料的那样，王国围陈仓，果然攻了八十天没攻下来！皇甫大将军还是厉害啊！董卓一看自己不如人家，就有了一丝恨意。

眼看到了来年春天，即189年二月，王国还没攻下陈仓！羌人真是坚持不住了，士兵个个疲惫不堪，只好撤了围。

皇甫嵩立即下令，全军追击。不忿的董卓又来整事儿，跟皇甫嵩说：“不行！兵法上说，穷寇勿追，归众勿追，不能追！”穷寇，就是走投无路、必会拼死一战的士兵；归众呢，指的是归心似箭的回家士兵。

皇甫嵩没办法，还得跟董卓掰扯：“不对。之前我不攻击，是为避敌人的锋锐；现在出击，是因为他们已经士气衰败；我追击的是‘疲兵’，不是‘归众’；王国带兵败走，没了斗志，我是以整击乱，也不是去追‘穷寇’。”

皇甫嵩说完，心想没工夫再跟你闲扯，再扯下去，羌人又一溜烟回金城了，什么穷寇、归众，毛儿都不剩了。于是，立即下令进攻。董卓你不是不看好吗？那就断后！最后，皇甫嵩没用董卓，亲自带兵追击，连打了好几仗，节节获胜，最终大败羌人，斩首一万多！

董卓这人可丢大了，处处跟领导对着干，结果处处被领导打脸，野蛮无赖的内心，恨得咬牙切齿。

皇甫嵩和董卓都是凉州人，该算当时凉州人里最牛的两位。皇甫嵩老家是安定，正牌将门之后；董卓老家是陇西，是很有势力的地方豪强。皇甫嵩自幼读诗书，学兵法，受最王道的汉家教育；董卓则从小混在羌人部落，喝酒斗狠，驰骋骑射，跟马超的成长方式差不多。所以，董卓虽然血缘上跟羌人没关系，但性格已经相当羌化。如果说，马超是3/4个羌人的话，董卓也得有一半多。

董卓常常就像个羌人似的，只顾眼前，不计长远，逞强斗狠，漠视生死。他后来干的那一大箩筐残暴事，从我们后人角度去看，简直不可理喻，罪孽滔天不说，还挺缺心眼。但是，我们这是汉人的视角，我们比董卓更懂得什么是文明。如果换成羌人视角，再来看董卓，那就没啥不正常！羌人本来就这么活的！这也正是皇甫嵩和董卓这对凉州组合的最大差异。

不过，这次互怼，虽然让董卓恨上了皇甫嵩，但战绩相当骄人！羌人们被打得暂无还手之力。闹腾这么久的凉州，暂时消停了。

马腾、韩遂一看王国不灵，就干脆把他废了，又去劫持了一个领导，这个人就是当初忽悠皇甫嵩造反的阎忠。但没想到的是，阎忠没多久就病死了。一时劫持不来领导，马腾、韩遂只好亲自掌权，然后……两人很快就开始互相攻击。可见，对羌人来说，劫持一个领导，还是非常必要的呀！

马腾、韩遂互殴，灵帝可舒心了。眼看这俩内斗不停，力量一天不如一天，再没劲儿祸害三辅地区了，灵帝终于长出了口气。不过，他也快乐不起来了，因为他的身体也是一天不如一天……

好，凉州暂时消停了，下面我们再去看看幽州。

“冤家路窄”之刘虞、公孙瓒

要说怎么处理边境民族，公孙瓒是绝对的鹰派。而且，他这些年在幽州，已经“鹰”得很出名了。

公孙瓒是辽西郡令支人（现在的河北滦县、迁安一带），出身不错，家世两千石的豪门。但他也是庶出，生母身份低微，于是，这个出身就打了大折扣。公孙瓒长得很帅，声音又好听，还能说会道，涿郡太守就看上这小伙了，把女儿嫁给了他，还安排他跟着卢植念书。然后，他就认识了老弟刘备。后来，公孙瓒还拜到名臣刘宽门下，跟傅燮做过同学。

既然受过两位大儒的熏陶，那公孙瓒该斯文有礼了吧？没有！半点儿也不斯文，倒是贼猛！还很早就以暴怼鲜卑出了名！

那时公孙瓒刚出来做官，在辽东属国当长史，有一次，他跟几十人骑马在长城附近巡逻，正好遭遇了几百名鲜卑骑兵。公孙瓒一看这阵势，就拉着自家队伍退到一座堡垒旁边，对大家说：“敌人这么多，如果不主动攻击，咱们就全完了。”说完，公孙瓒手执长矛，策马直冲敌阵！看他手里那兵器，居然是两头带刃的！同伴们一看，也都跟着猛冲。

一场小型骑兵对战就拉开了！结果，一番血拼之后，公孙瓒他们杀伤敌人好几十，把鲜卑人赶跑了，自己这边，也损失了一半。但不管怎么说，也是以少胜多，大大震慑了鲜卑。从此以后，鲜卑人再不敢越过长城了。公孙瓒的“鹰”名也一下传开。

公孙瓒喜欢骑白马，他又挑选擅长射箭的勇士几十人，个个都骑白马，作为自己的左右护卫，这就是三国里著名的“白马义从”。我们可以想象，塞外草原上，这一队神出鬼没、所向披靡的白马枭骑，该有多传奇！乌桓人都在暗中互相转告，出门的时候，一定得躲着这位“白马长史”，要是惹怒了他，必会死得很难看。他们还把公孙瓒帅帅的头像画成靶子，拿来练骑射，谁要是射中了，大家就集体欢呼。

公孙瓒就是这样的“鹰”。

乌桓丘力居跟张纯他们一反，他就更有“鹰”的机会了，灵帝拜公孙瓒为骑都尉，让他追讨张纯这帮叛贼。

公孙瓒战绩相当不错，在辽东属国的石门跟张纯展开大战，把张纯杀得大败，仓皇逃窜，连老婆儿子都不要了！张纯逃到了塞外，被他抢走的男女百姓，也都被公孙瓒救了回来。公孙瓒每次作战，杀敌的时候，那阵势都像是报血仇，不把敌人杀死绝不罢休。所以这次，张纯出了塞，他也说啥不放，一路追击！

但这么孤军冒进，实在太凶险。果然，没多久公孙瓒到了辽西的管子城（现在辽宁省凌源市一带），就被丘力居的乌桓兵给包围了。

一围就是两百多天！仗打得好不艰苦。粮食吃完了杀马吃，马吃完了，把弓和盾上的革扯下来，煮着吃。几次出城作战，全不能胜。本来当兵的都饿得眼冒金星，一碰就倒，哪还有打仗的力气！当时天气还极恶劣，大雪下个不停，眼看是没法再打了！最后，公孙瓒跟手下们诀别，约定大家分头突围，再回去聚首。这才终于逃出，手下们死了一半多。再看丘力居那边，状况也不咋样，又缺粮又疲惫，最后退到乌桓人盘踞的柳城（现在辽宁省朝阳市）去了。

公孙瓒这次是功过参半。不过，打得这么拼命，总要有回报。于是，灵帝任命他为降虏校尉，还封了都亭侯。

但不管怎么说，公孙瓒征讨张纯、丘力居，最后没有搞定。

这时，那位神奇的幽州之乱终结者，姗姗而来了。相信大家已经猜到，他就是：刘虞。刘虞被任命为幽州牧，终于到了任。

要说怎么对待边境民族，刘虞是妥妥的“鸽派”。他带着和平与美好、贤良和厚道，款款来到了北境。

公孙瓒像头受了伤的雄鹰，正一点点儿舔伤口，心里想着不灭乌桓誓不为人呢，刘虞却满面春风地来幽州放和平鸽了。

公孙瓒这个不忿，自己拼死血战，眼看把张纯他们打得落荒而逃了，刘虞倒来采摘胜利果！不过，更让他不忿的，还在后面。

刘虞当年做幽州刺史的时候，因为恩义贤德，乌桓人、鲜卑人都特别崇拜他，一听说刘虞来当幽州牧了，丘力居他们一下就兴奋了。其实，乌桓人和羌人不同，他们实力弱，并不想真心造反，他们的愿望很简单，多给些好处就行。那么，像刘虞这样贤良厚道的“鸽”派，就是他们最欢迎的。一听刘虞要来，丘力居就像看到了光明，心里打定了主意。

刘虞一到任，就以“鸽派”方式展开了工作。

第一，派人到鲜卑人、乌桓人那边，给他们分析利害，让他们明白，只有继续和大汉朝结好，才是他们唯一的生存之路。而且，好日子还在后面。

第二，通报幽州各地百姓，还有鲜卑人、乌桓人，州牧刘大人知道你们并不想反叛，只是被张纯这帮贼人忽悠了。所以，你们只要放下武器，送上张纯、张举的首级，大人自有重赏，你们的过错也既往不咎。

效果真是神奇！丘力居早就打算向刘虞投降了，他们还想在刘幽州手下过太平美好的日子呢！于是立刻派使者去向刘虞表忠心。公孙瓒这个恨呀，忍不住打起了狠主意，派人暗中劫杀乌桓使者，就不让刘虞办成，果然是鹰枭性情！结果，丘力居暗中得知了他的打算，就命令使者绕开公孙瓒，无论如何也得面见刘虞，献上自己的诚意。

乌桓人第一个降了。紧跟着，张纯的门客杀了张纯，把张纯的脑袋送给了刘虞，各处叛乱的也都放下了刀枪。完全兵不血刃！就好像一阵春风忽地吹过，乱成了一团的幽州，转眼间就遍地梨花开了！

公孙瓒怎么血战也换不来的胜利，就在刘虞几个命令之间，轻松实现！当然，其实那不仅仅是“几个命令”，也绝不是简单的“轻松”，那是由来已久的贤德，由来已久的信任，由来已久的智慧。

公孙瓒当然是恨死了，跟刘虞一比，自己简直是费力不讨好的蠢瓜。以武力扫清边境，是他的铁心志向，他一看刘虞那一脸的鸽派美好，就邪火上升。

那么，在搞定边境这事上，到底是鹰派更好还是鸽派更好？这个……必须得看当时的情形。恩威并施，本来是最佳原则。其实细品，刘虞放一把和平鸽就搞定了幽州，跟之前公孙瓒的血战不是没有关系。正是公孙瓒已经把叛贼们打得没了劲儿，刘虞再来撩过一阵春风，这胜利才显得顺理成章。假设，刘虞到任时张纯、丘力居士气正盛，疯得没边，刘虞再有恩义，过程也不会这么省心的。

所以，这次的幽州平叛，该算是公孙瓒和刘虞这对冤家阴差阳错地合作了一把，才有了这等神奇功效。

好了，叛乱平定，刘虞开始整饬幽州。第一件，罢兵，让大家都安心。最后就留了公孙瓒一支军队，统帅一万多人，驻扎在右北平。第二件，调理内政。开放市场，开发盐铁，让一个本来穷到不行的幽州，不但实现自给，还接纳了上百万的青州、徐州的流民，这些人定居下来，和幽州各族人民一起，全都活得平安静好。

刘虞真是幽州的救星呀！三国里排名第一的“贤”臣，真当得起！

只是……死冤家公孙瓒实在是他的心病，更麻烦、更糟糕、更要命的事，还在不远的将来等着呢。

并州迷局

最后，我们再扫清一个地方——并州。

现在这并州简直就是一个大迷糊，它也像凉州、幽州一样，崩得很猛，乱得很凶，但崩掉之后，朝廷究竟干了啥，史料却全无记载，就好像……皇上在说，乱就乱吧，朕可实在管不了啦。

早在改刺史为州牧之前，并州就爆了，爆的是谁呢？南匈奴。

先是南匈奴的一支屠各胡造反，杀了并州刺史张懿。然后，并州境内黄巾余部郭太等人，也从白波谷起兵，响应屠各胡，进攻太原和河东两郡，这就是三国里有名的“白波军”。

偏在这时，灵帝又命令南匈奴派兵帮着刘虞平幽州，本来匈奴人挺听话，单于羌渠立刻派左贤王於扶罗带兵去了。结果，南匈奴因为这个发生了内讧，又一个部落造反，跟屠各胡联合，把羌渠杀了，又立了一个单于。这下，於扶罗再也回不去匈奴了，只好留在汉人的地方。后来，还跟白波兵混到了一起，在中原一通折腾，最后归顺了曹老板。

这位回不去的匈奴人於扶罗，就是后来五胡乱华时，匈奴赵国的开国皇帝刘渊的爷爷。

相当的混乱！而且，朝廷没有任何作为！

并州刺史张懿被杀后，灵帝任命了丁原，就是《三国演义》里吕布的第一位干爹。这位丁原可不是寻常角色，手下有三位猛人：吕布、张辽、张杨，哪个都勇武绝伦！丁原自己也相当猛，被灵帝授予了“武猛都尉”的官称。虽然很猛，但我们却看不到他们怎么降匈奴、平白波，反倒是整个并州没人管了！所以，并州大部分郡县，很可能都成了异族人的领地。

历史在这里几乎一片空白，连脑补都缺乏依据，反正不知啥原因，并州基本失控。

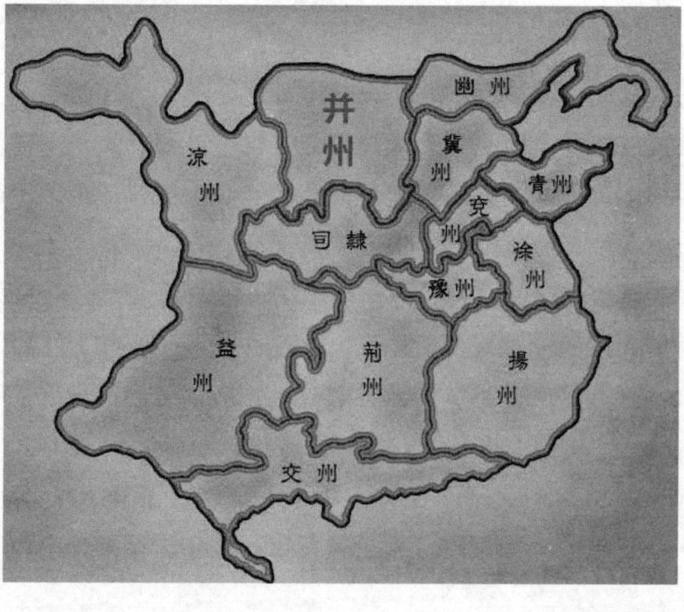

来回顾一下现在的天下形势：

一，中央：西园军建立，凌驾于大将军之上，但是皇上，不大好了。

二，西方凉州：马腾、韩遂互殴，暂时消停，不用愁了。

三，东北幽州：刘虞搞定了，平安静好。

四，北方并州：全乱套，没法管了。

就在这样的形势之下，一件极重大的事发生了。这件事，让汉末这个苟延残喘、但还在拼命维持的格局，彻底崩盘！天下形势完全改变，“秩序”和“王法”，从此在人们心中抹去了……

03
嘉德殿中的最后私密：卿才是朕的唯一爱信

我把娃娃交给你

公元 189 年，四月十一日。

夜幕低垂，笼罩着洛阳宫嘉德殿。

一片寂静。只听得一阵阵低泣和断断续续的话音。一个身形魁伟的黑衣人跪倒在御榻前，不断地叩头，还流着泪。

榻上的病人用微弱的声音，又一次说："卿是朕最器重的臣子，皇子协……日后……就交给卿了……"

黑衣人泣不成声地说："臣誓死也会完成陛下的心愿，请陛下放心……"

这就是公元 189 年，灵帝刘宏临终托孤的现场。嘉德殿中，没有大臣，没有常侍，连他的"亲爹娘"张让、赵忠都没有，只有一个小黄门蹇硕，成了唯一的托孤重臣！

这时，灵帝跟张让、赵忠已经不那么好了。大概张让、赵忠作的恶实在太多，老得给他们兜底，已经有点儿超限。另外，这俩跟何家又扯不清关系，灵帝要立刘协，两人实在指望不上。相对来说，蹇硕的品性要可信得多！这也是灵帝一直特别喜欢蹇硕的原因。

蹇硕没有多少恶迹，跟张让他们一比，简直是个清白好宦官。就是灵帝这种不正常的喜欢，比如让他当“天下兵马大元帅”之类惊世骇俗的搞法，把蹇硕推到了风口浪尖，也让他背了一千多年的骂名。其实，蹇硕没有特别不堪。我们看，就连曹操打死了他的叔叔，都没见他挟私报复嘛。所以，论断古人的功过品性，真是大难题。如果不深入到他切身的处境中，很难把这个人看明了。

好，灵帝临终托孤，托给了一个小黄门。

想想也真够惨，孙策托孤，能托给张昭；刘备托孤，能托给诸葛亮；灵帝能托给谁？朝里除了何进，就数袁绍他叔袁隗了，这俩哪个也不跟灵帝一条心，甚至还跟他拧着！到了最后，除了一个宦官，居然没谁能相信！

灵帝托孤完毕，当天就在嘉德殿驾崩了。受了这些年的惊悚摧残，死时也是这般凄凉。

灵帝驾崩，最高兴的是谁？当然是何进。现在太子未立，外甥刘辩比刘协年龄大，理应上位。何进又是大将军，就是有不同意的，也没人敢开口。灵帝不是一直打压他吗？现在皇帝命都没了，还能把他怎么样？

何进一下就兴奋了，立马开始准备，在最短的时间内搞登基大典，扶刘辩上位。灵帝托孤蹇硕，何进很可能不知道，所以一开始也没提防，只差那么一步，蹇硕就能得手，完成灵帝的遗愿了！

蹇硕真的是忠心耿耿，哪怕主子已经成了鬼魂。大概那时全天下真心念着灵帝的，只剩他这个不算太大的宦官了。蹇硕打定了心思，一定要替灵帝完成心愿。那么，第一件事，就是除掉何进！他马上开始行动了。

蹇硕派人请何进入宫，说要跟他商量大计，暗中却埋伏好杀手，等何进一来，立刻诛杀，然后扶董侯刘协上位！

何进全没提防。其实早在灵帝驾崩前，蹇硕就整过他，向皇上建议派何进去征韩遂。何进一走，灵帝就能掌握局面，顺利立刘协了。很可能是袁绍出的主意，让何进上奏说，征韩遂可以，可兵力不足啊。不如先由袁绍到徐、兖二州去征兵，等他回来，再攻打韩遂不迟。于是，袁绍就真真假假地去征兵了。所以，灵帝驾崩的时候，袁绍很可能不在京都。

蹇硕已经整过他，何进还不长记性，大概觉得一个小黄门能整出啥事来？于是毫无顾忌地进了宫。蹇硕眼看就要得手了，偏偏这时何进碰上了他的救星。

这人名叫潘隐，是蹇硕的司马，也是个宦官。他跟何进有旧交，眼看何进一脸无忧无虑地来了，潘隐急得不能开口直说，就不停地朝何进使眼色。

何进终于觉察，一下就明白了，立刻疯了般窜出宫去，抄小道直奔军营。然后，带上兵马回城，安置在各郡的驻京办事处。这下心里踏实了，何进宣布马上举行登基大典，自己也不再入宫。

蹇硕的计划泡了汤，悔恨得不行。然后，刘辩就顺利上位了。

袁大公子的小小“振臂”

公元 189 年四月十三日，也就是灵帝驾崩的第三天，刘辩登基继皇帝位，时年 13 岁，这就是历史上的汉少帝。

刘辩宣布，尊何皇后为何太后，垂帘训政。大赦天下，改年号为光熹，封弟弟刘协为勃海王。以袁隗为太傅，与大将军何进共录尚书事。就是说这个天下，以后就由何皇后、何进和袁绍他叔一起管了。

屠户何家真是辉煌到顶了！十几年前兄妹俩还在南阳跟老爹一起杀猪的时候，怎么能想到会有这一天！袁家也是更上一层，录尚书事了。袁绍利用何进的心机，很见效果有没有？不过，更见效果的还在后面……

袁绍一接到皇上驾崩的消息，立刻火速赶回京都。趁何进恨蹇硕的劲儿，袁绍就开始做思想工作，劝何进把宦官全杀了，这才是顺应天下人心。然后，还给他推荐名声好、有智谋的名士，帮他完成大事。何进一下征召了二三十个，可以肯定的，至少有这几位：何颙、荀攸、郑泰、王允、陈琳、逢纪、鲍信、王匡……

真是个个精华，人人不凡！这些人后来不管去了哪位大佬的阵营，也都相当出彩。都是能人！我们稍稍品下这个名单，袁绍的影子就隐约又清晰地在背后闪现了。没有袁绍，何进不可能招来这些牛人！

何颙，不用说，是袁绍的好朋友，名扬天下的高士；荀攸、王允，两个出身豪门的大名士，跟袁绍一个阶级阵营的；陈琳、逢纪，后来都是袁绍的属下；王匡、郑泰，也都是豪强，既有钱又有名，手里还有人。

真是黄金阵容！就凭何进的屠户身家，精英们怎么可能一召就来？全是因为袁绍！四海仰望的袁大公子都看好何大将军，那我们也跟上吧！而且，他们中的很多人本来就跟袁绍有交情。比如郑泰，三公轮番派车征召都不出，可这次何大将军一召唤，就上了路。如果不是借了袁大公子的魅力，怎么可能有这等好事？

啥叫“振臂一呼而天下应”，咱们袁大公子初步施展了一下能耐，就忽悠来这么多优质的人力资源，对那时的另外几位大佬——曹操、孙坚、刘备来说，简直是想都不敢想的。

另外，这些人虽是投何进，但内心并不跟何进一路，而是跟袁绍一路的！与其说，袁绍是给何进推荐名士，还不如说是给自己储备人才。这等心思和手腕，也只有袁大公子能耍得来。

好了，袁绍把何进摆弄得晕头转向，更加上道了。他就再次怂恿何进灭宦官，说得他真的动了心。

那宦官这边有什么反应呢？人家都要“灭”他们了，他们又如何应对？

小黄门的最后拼搏

我们先说蹇硕。

蹇硕一击失了手，跟何进的关系就是有你没我、势不两立了。何进即便不听袁绍的，也不可能放过他。蹇硕是全无退路，而且，他也真的没忘灵帝的托孤，死也要把这事做到底。

眼看何进跟第一豪门汝南袁氏联合，搞得这么风生水起，蹇硕就想了个主意。袁绍的意思，可是要杀尽宦官啊，不光他蹇硕，就是张让、赵忠，也一样逃不了。为什么不争取让所有的宦官拧成一股绳，干了大将军呢！

于是，蹇硕就偷偷给赵忠他们写信，大意说：现在大将军兄弟霸着朝廷大权，又跟那帮党人联合了，想把咱们宦官都杀了，就是因为我掌着西园校尉，他才不敢轻举妄动。咱们应该赶紧团结起来，诱他进宫，关闭宫门，先杀了他！

蹇硕就是希望当年曹节、王甫反杀大将军窦武的事，让宦官们再照着重演一回。更何况，他还有西园军呢！

蹇硕的信送给了赵忠，那最后的结果是什么呢？

结果是——宦官反杀大将军的经典剧情，果真重演了！但不是现在，不是因为他。

现在赵忠他们的决定是：把蹇硕扔出去，献给何进当牺牲品，他们要拿蹇硕的脑袋，去向大将军投诚！

那么张让、赵忠为什么不听蹇硕的，却要投靠大将军呢？历来宦官和外戚不都是死对头吗？我们分析分析原因：

第一，他们跟何家关系好，而且三观相似。

宦官跟何太后，是一条黑道上混出来的！中常侍郭胜，也是南阳人，跟何家同乡。何太后这一路的逆袭，郭胜帮了不少忙。何家还跟张让结了亲，何太后的妹妹就是张让的儿媳妇，都快好成一体了。而且，宦官手里还抓着何家的把柄，何太后在后宫干的暗黑事，宦官们都瞧得清清楚楚，你黑我也黑，大家谁不知道谁？宦官们认为，何家跟他们是一路货，既没身家又没品行，全靠黑手段起家，所以三观相似，正好可以相互扶助。宦官是很帮何家的，比如灵帝要废后的时候，宦官们可是各自拿出了上千万，才保下了何太后。

第二，宦官们跟蹇硕关系不咋样。

蹇硕跟他们气质不同。至少，从“黑”的角度说，蹇硕显然不跟他们一条道，没他们那么贪腐。而且，他们跟蹇硕还路线不同。蹇硕是皇帝的死忠，保刘协的；张让等人是利益的死忠，哪边有利就往哪边倒，现在皇帝都死了，还支持刘协？除非我们疯了。所以，现在他们是坚定的刘辩派，明摆着站何进一方。

第三，西园军的实力不可靠。

张让等人对蹇硕的西园军，也很不看好。一支新军，刚招来的兵，训练都没多久。很可能，人数也没多少。张让们心想，这西园八校尉，你蹇硕看上去是头儿，可再看看你的手下，中军校尉袁绍，他在干吗？已经混成何进的铁杆盟友了，根本是背叛了西园啊！再看典军校尉曹操，更是早就背叛啦！一直跟宦官对着干，连你叔叔都杀了，难道宫中一乱，你指着这两人替你卖命？蹇硕你在逗我们吧？总之，西园八校尉在张让们看来，就一句话：指望不上，不可能是何进的对手！

张让、赵忠他们掂量完了，决定抛弃蹇硕，押宝大将军。但是……还有问题，袁绍可是站在何进身后，想尽了招数，要尽杀宦官呀！大将军真的能放过他们吗？

真的是押宝。张让他们就在押，你何进多少该有点人性吧？你和你妹妹能有今天，那是我们一路给你们进行暗黑投资，让你们发达的！咱们都是一条黑道出来的，都是不入流的人，难道你弄了个世族袁绍，就真的忘了本，装起圣母来了？大将军你不会吧……

张让、赵忠想好了，把蹇硕的书信直接交给了何进。何进一瞧，张让他们来投诚了！好啊，那就好办了！何进立即下令，派黄门令收捕蹇硕，处死。西园校尉果然指望不上，就没见半点儿动静，何进杀掉蹇硕，转脸就把还没成气候的西园军给吞并了。这是公元 189 年四月二十五日，距离灵帝驾崩 14 天。

蹇硕没能实现灵帝的遗愿，最后忠心殉主，追随灵帝而去，就算被杀，心里也该是坦然的吧。

国家级婆媳大战

蹇硕死了，董侯刘协的阵营没了主力。不过，刘协不是完全没劲儿了。别忘了，他是奶奶董太后养大的！老爹灵帝临终前还把董重提拔成了骠骑将军，这都是当初给他铺的路。

自从刘辩一上位，董太后就气炸了。眼看何进又吞掉了西园军，董重也抗衡不了，更是气得要疯。再看儿媳妇何太后，自灵帝一归西，这儿媳妇也要疯了。不过，人家跟董太后不一样，董太后是气得要疯，何太后可是美得要疯。

现在，何太后眼里全没这个婆婆，皇帝老公活着时，见着婆婆，心里又恨又骂，脸上还得装乖。现在老公死了，你个死老太婆还算什么！从前不就是个藩妃吗？跟姑奶奶摆什么谱！

不得不说，不论是董太后还是何太后，这对婆媳，这两个女人，都比较没品。一个一辈子专注搞钱，除此之外，其他脑功能区基本空白；一个一辈子专门争宠害人，除了这个，别的也基本不感兴趣。

后宫里的婆媳大战就赤裸裸地爆开了。

董太后说：你现在敢在哀家面前这么嚣张，不就是仗着你哥哥何进吗？告诉你，我下令让骠骑将军砍下何进的头，都是随手的事！

何太后不屑地说：那你就试试啊！

不过，董太后这话让何太后心里一动，哎呀！还有个骠骑将军董重呢！于是，就在董太后的亲口提醒下，何太后立马告诉哥哥，快点儿把骠骑将军董重给做了！

189 年五月，何进带领三公上奏，说董太后派宦官到民间搜刮财物，就藏在永乐宫。按以往的惯例，藩妃不得住在京都，所以把她迁回原封国河间去居住。

五月六日，何进派兵包围了骠骑将军府，抓了董重，免官。董重一看大势已去，自杀了。然后没过一个月，董太后也暴死。具体是被杀还是自杀，已经搞不清楚。

皇帝死了一个多月，儿媳妇就干掉了婆婆，何家兄妹还真把礼义道德视如粪土。

奶奶一死，可怜的小刘协彻底成了孤家寡人，再没人疼没人爱了。父皇生前给他做下的一切，全成了泡影。不过，刘协这辈子的命运，可非常诡异。别看现在被欺负，但到后来，真就有个人鬼使神差地替灵帝完成了遗愿，改了刘协的命。这人是谁呢？也许您已经猜到了，我们以后慢慢说。

现在，何进干掉蹇硕、董太后和董重，把刘协的势力扫光光了，那剩下的主要矛盾是什么呢？

是袁绍和宦官的矛盾，也就是世族和党人对宦官的憎恨！他何进，就是被夹在中间的一杆枪。这枪是不是要刺出去？怎么刺？这事不是何进能决定的，而是——袁绍。

04 那场惊天剧变：袁大公子的第一推动力

公元 189 年六月十七日，汉灵帝刘宏下葬于文陵，终于入土。

从这天之后，一个大爆局就开始了。局中事件一桩紧扣着一桩，让人没有喘息之机，整个宫廷就像陶轮一样陷入翻天覆地的疯狂！

这个爆局的发动者是谁呢？我们蓄势已久的袁绍大公子。

本来，何进打算消停了。刘协一派已经全部肃清，董太后、蹇硕都追随先皇而去，比灵帝入土还早。张让等人也已投诚，可以暂先观察，目前看还是良性，一旦发现恶变迹象，再切除也不迟。

但是，何进的如意算盘马上就落了空，有他在，你还想消停？

在袁大公子的筹划里，大事才刚刚开始。既然已经抓住了这个草包，岂有不全面利用、一路直奔成功的道理？

袁绍参加完灵帝葬礼，就急匆匆地进了大将军府。何进正在府里猫着，根本没在葬礼上露面。上回蹇硕的事让他长了记性，又听了袁绍的劝，虽然张让等人投了诚，但宦官太险恶，还是得留心眼儿，所以先皇的葬礼，他这个大将军就没去。

袁绍只关心一件事：何进你能不能杀尽宦官？

进府后，袁绍又开始给何进洗脑：大将军你还不料理宦官，是怕当年窦武的事重演吧？当年窦武之所以失败，一是消息泄漏了；二是北军五校的将领都害怕宦官，他还要用这些人。现在看看你的人，比窦武强多了，都是天下的英才名士，一心想助您消灭宦官，为您成就万世的美名，还不赶紧行动？再等，消息也要泄漏了！

瞧袁绍这紧箍咒念的，我给你招来这样的黄金班底，让你在朝里树立威信，难道我是白干的？

何进脑袋都快炸了。这可怎么办？袁绍的能耐他都看在眼里，十分明白，自己有老袁家、有这小伙的支持，才能一帆风顺，所以对袁绍一直是言听计从，甚至还有点儿怕！可现在，宦官跟他们何家……剪不断理还乱啊，张让等人已经投诚服软，还要杀人家，是不是不太地道？可何进的难处还不能说出口，他怎么好意思跟袁绍说：本初啊，你不知道，我们家本来就是跟宦官一起在黑道上混成事的！

其实，何进心里这点小九九，袁绍怎么会不知道，只不过袁大公子不屑理会他和宦官那些勾当罢了！你真以为我袁本初把你这猪头当主公了，不过是借你的枪除了那帮阉人，爆个最高最亮的彩蛋，把袁家以及公子我推到最高最亮的时代光环下！

袁绍不理会何进的难处，其实等于是把草包给挟制了。

何进权衡来权衡去，要天下名声还是要宦官？嗯，还是天下名声重要。跟宦官还讲啥良心、啥地道呀！何进终于下了决心。

“本初啊，好，就依你的计策，我这就进宫去，告知太后。”

袁绍这才点头，像原谅了犯错的孩子一样叮嘱说：“大将军速去速回，不可贻误了时机。”

何进被袁绍逼得没辙，进宫去见妹妹。跟何太后说：咱把宦官都罢免了吧，让那些郎官们来补宦官的缺。只是试探，没有直接说“杀”。

哪知何太后一听，眉头就皱起来了。她觉得哥哥简直是无理取闹，无事生非，肯定脑子出问题了。

何太后说：宦官们管内宫，这是自古以来的制度，大汉朝的传统怎么能废？而且，先帝刚下葬，你就弄走我的身边人，难道让我每天衣冠整齐地面对那帮年轻士子们？

何进又劝，何太后不听。再劝，还不听。

何进在妹妹这里碰了钉子，又跑回去跟袁绍讨价还价。

“本初啊，太后不同意啊！不然咱们别全杀了，就杀几个领头作恶的吧！”

哪知，袁绍比何太后还硬。

袁绍说：“不行！宦官们离皇帝和太后最近，来回传递诏令，太要紧太危险，不都杀了，以后必是大患！你别犹豫了，必须杀！”

何进又被袁绍劝言，一脸的为难，真不知咋办了。这时候，何进家那烧脑的血缘关系就冒头了。他的后妈舞阳君，再加上何苗，都被宦官贿赂过，与他们关系亲近。舞阳君、何苗去找何太后，玩儿命地劝：“可不能杀宦官，这对咱何家一点儿好处也没有！”啥叫血缘？人家是亲妈带着亲兄妹一窝亲，这时候，何进倒像个外人了！

舞阳君、何苗还诋毁何进，说何进想杀了何太后的左右，他好更有力地把持朝政，就是要跟妹妹争权，欺负小皇帝的节奏。何太后一听，没想到大哥还有这等打算！于是更坚定了决心，宦官不能杀。

这里有两个问题：袁绍为什么要“杀尽”宦官？

第一，宦官确实太黑了。大宦官们疯狂作恶，小宦官们就是他们的爪牙，学了这么多年，剩不了几个好的；而且，小宦官们给大宦官跑腿，鼓捣各种暗黑勾当，也知道了相当多的机密，留着就是后患。总之，内廷基本是早就腐烂恶臭到极点，全体恶变了。

第二，天下士人们的呼声。这是袁绍最在意的。他想要的是天下人心，高亮光环，当然要做让天下士人拍手称快的事。宦官实在太遭士人痛恨了。残害党人的大仇，积攒了多少年啊。所以党锢以来，士人跟宦官的仇几乎是不共戴天。袁绍对天下民心走向，有着指南针般的敏感。他知道，天下士人需要的，是让所有宦官都不得好死，所以他袁本初，就一定要替士人说话，敢为天下先！这样他才能最炫！其实，袁绍憋很久了，当初和盖勋他们就一起策划过杀宦官，苦于没有机会。现在，终于抓住一个人傻劲儿大的草包，当然要做到底！

另一个问题，何进大权在握，重兵在手，何太后一个深宫寡妇，她说不同意，这宦官就不能杀啦？

这个问题挺有意思。没错，如果何进真决心杀宦官，不理会何太后，完全可以快刀斩乱麻，玩狠就行。可何进为什么把妹妹的话这么当回事？我们细品一下就能找到答案了。其实，何进是在耍无赖！实质上，他自己也没真想杀！他只是拿妹妹当挡箭牌，来糊弄袁绍罢了！他一方面不想得罪袁绍，因为离不开袁家和袁绍的支持，一方面又不想跟宦官撕破脸，毕竟宦官对他家有恩，他也不想太不地道，于是只好装蒜。

何进一脸为难地瞧着袁绍，好像在说：本初啊，你看，不是我不听你的，不是我不杀宦官，是太后她不同意！我也没办法啊！

袁绍早看出了他的鬼肚肠，心想，你个猪头，还跟我耍心眼儿。那好，我就再逼你一把。然后，袁绍就给他出了一个十分可怕、十分诡异的主意。

召四方猛将及豪杰进京——搞兵谏！

其实，袁绍这一招，与其说威胁太后，不如说是给何进解套。你不就是想充好人吗？那好，四方猛将一进京，你就可以把自己撇清了，你就对太后说：不是你想杀宦官，是天下人逼你杀！看太后还能怎么办？

何进一听，这主意不错。既杀了宦官，得来千古美名，自己还不用背锅，好，可行！立刻就答应了。

我们再回头看，肯定会说：这分明是个大昏招嘛！如果不是这招，哪还有后来董卓为祸京都！袁绍是不是疯了？

其实，袁绍没疯。这是他能让何进下决心的唯一办法。而且，他评估过了。要召谁来他心里早有了数，这些人他自忖都能控制得了。唯一头疼的就是董卓。袁绍没想到董卓能玩的这么赤裸裸，以他世族大公子的教养，没能理解董卓的“羌”性。但他也不是拿董卓没办法，也是留有后手的。关于这些，下篇我们还会深扒。

反正，袁绍跟何进商量好了，召四方猛将及豪杰入京！其实这招不光我们后人不看好，当时有见识的一些人物也不看好。

陈琳对何进说：这简直是欺诈呀！国家大事，怎能用这种手段？将军有皇族的威望，又手握重兵，本来龙行虎步，杀个宦官，就像用洪炉烧几根头发一样！只要以雷霆之势迅速发难，果断出手，天下自然都听您的。现在召猛将入京，这不是放弃了您的大权，把利器交到别人手里吗？到时大军集会，自然是强者为雄，你争我斗，必会天下大乱啊！

曹操也嘲笑：啥？召天下猛将入京？这是什么鬼计策？第一，宦官古今都应该有，只要皇帝不给他们太多权，他们就闹腾不起来。除掉元凶首恶就行了，用不着杀绝。第二，要杀宦官，有一个狱吏就够了，哪用得着纷纷攘攘地招什么外兵？这事闹腾这么大动静，必定会泄露，我看你们肯定办不成！

当然，何进不听。

其实，陈琳和曹吉利都不了解何进的内心！好可笑，好奇怪，何大将军居然干不掉一群阉人？陈琳说的“鼓洪炉燎毛发”，曹操说的“一狱吏足矣”，前提都是何进决心杀宦官，心里没有弯弯绕！可实情是，何进没真想！

袁绍心想，你俩也不深入调查调查，好歹摸清研究对象的心路历程吧？何进要是肯下决心，我犯得着给他出这险招吗？什么“洪炉燎发”“一狱吏足矣”，根本是站着说话不腰疼。袁绍比曹操他们更了解何进。而且，曹操不同意“尽杀宦官”，跟他家的宦者出身恐怕也有关系。虽然他跟宦官不一路，可他老爸，他的家族，毕竟是宦官之家，到这时，曹老板不可能完全摆脱与宦官的干系。

好了，袁绍这个所谓的“昏招”——召四方猛将及诸豪杰进京，我们就厘清原因了。袁绍不止是想威胁何太后，更主要的是逼何进。先给何进一个说辞，要杀宦官的不是他，而是全天下。只有撇清了，何进才能真下决心。这是袁绍唯一有效的办法。关键是何进太草包，太缺乏眼光和果敢。既然选了这个猪队友，咱们袁大公子就只能照顾队友智商，出此下策了。

那么，“四方猛将及诸豪杰”马上就要进京，接下来，大戏又怎么演？

05

那场惊天剧变：谁说我治不了董卓？

何进召各路猛将豪杰进京，天下又全方位地热闹了！

我们看看都召了谁。

前将军董卓驻扎在上林苑；

东郡太守桥瑁驻扎在城皋；

武猛都尉丁原驻扎在孟津。

另外，何进又派人去各地招兵，这几个人是：王匡、鲍信、张杨、张辽、毋丘毅。

我们先看看这个阵容，再来论断一下，这个“召四方猛将进京”，到底是不是昏招，到底会爆出什么效果？

董卓暂放一边，我们后面细说。先来看桥瑁和丁原。

桥瑁，是桥玄的族孙，很可能跟袁绍关系不错。后来关东群雄讨董卓的时候，桥瑁伪造三公的书信发到各州郡，给袁绍帮了大忙。这位该算袁绍一伙的。

丁原，出身寒微的武人，当上刺史靠的就是勇猛，跟孙坚有点儿相似。而且，丁原当并州刺史才一年多，根基也不深。像这样没身家、根底浅的武人，内心一般是比较老实的，不敢有啥不臣之心。

去招兵的这五位：

王匡和鲍信，是何进征召的“英俊之士”，很可信。两人都是泰山人，于是何进命令，都回老家去招兵。

张杨和张辽，这俩是丁原手下的猛将，但官位不高，都是从事。他俩怎么到的京都呢？当时灵帝搞西园校尉，蹇硕曾征召天下豪杰来给自己当偏将，让他们带兵进京。丁原就把张杨和张辽都派到洛阳来了。何进吞并西园军，自然，这俩就成了何进的手下。只是这时，他俩官阶比较低，不足以让何进重视。很快，张杨被派回了并州，张辽被派去了河北，分头招兵。

毌丘毅，这位史料记载很少，只知道是后来曹魏大将毌丘俭的爷爷。有点儿意思的是，不知什么渊源，毌丘毅跟先主刘备扯上了点儿关系。刘备自从揍了督邮后，只好带着关、张逃亡了。据说曾跟曹操一起回过沛国招兵，推测那时该是招西园军，但先主怎么跟曹吉利混到一起了，也不得而知。这次呢，先主又跟这位毌丘毅一起召兵去了，到了下邳，碰上了贼，刘备带着兄弟们杀贼立功，由此当上了下密县丞。不过，先生这段飘忽人生，跟现在的朝廷爆局关系不大，我们还是回到主线。

我们看上面的人员设置，哪个也不至于失控。袁绍是衡量过了的，这些人里，除跟自己一路的，就是根基浅、不足成事的。哪个也不会反！京都不会失控。所以陈琳说的“天下必会因此大乱”，袁绍是很不以为然的。以我的全盘设计，怎么会乱！

现在唯一的问题，就是董卓。

关于董卓的品行，大概朝廷上从皇帝到百官，没人不知道了。早在灵帝还没晏驾时，就曾打算解决董卓这个心病。

灵帝征董卓到朝廷当少府，实际就是想解除他的兵权。

不想董卓真大胆，真无赖，上奏说：“陛下，臣想听您的，到朝廷去，可是您不知道啊，我手下这些湟中义从啊、羌人胡人啊，他们都跑来跟我说：‘我们的粮饷还没给足呢，我们的老婆孩子都又冻又饿快死啦！你可不能走！’陛下，这些羌人胡人又险恶又难对付，臣一时半会儿真应付不了！所以，我得留下来安抚他们。有啥问题，我随时再跟您汇报哈！”

总之，耍赖也好，玩心计也罢，董卓就是不交兵权。

灵帝一看没办法，而且天下爆得遍地窟窿，他也没空修理董卓。难道让皇甫嵩带兵去讨伐他？完全没可能，只好忍着先不理了。

后来，灵帝眼看不行了，又想起董卓这个心病，于是又下诏，让董卓去当并州牧，把军队交给皇甫嵩。皇帝都快没气了，董卓当然更嚣张，更不会听。他又上奏说：“臣承蒙陛下您的信任，统领军队十年啦！士兵们不分大小，都跟臣特有感情，都念臣对他们的恩义，都愿为了臣战死沙场，臣不能把兵交出去啊！请求让我把军队带到并州去，为您守卫边疆。”然后，他又领兵到了司隶，驻扎在河东郡，完全无法无天！

皇甫嵩的从子皇甫郦，曾劝他讨伐董卓，皇甫嵩却回答，董卓是有罪，可我要讨伐他，也有罪，还是上奏朝廷，请陛下做主吧！只是，陛下哪还做得了主？除了下诏骂骂董卓，灵帝已经啥也干不了了。于是，董卓成了没人管，想咋折腾咋折腾。

何进这回召董卓，有识之士们一听，真是个个疾首蹙额！郑泰跟何进说：董卓那小子强横残忍，贪得无厌，要靠他办成大事，他就更为所欲为，一定会祸害朝廷！明公您是国舅，掌着大权，还用得着董卓吗？别拖了，您自己决断就好，赶快杀宦官！

卢植卢老师也跑去跟何进说，不要召董卓，怎么能引进祸水呢？结果，何进就是不听。

郑泰本来不爱做官，这回一生气，直接不干了，临走时还给荀攸留话，何进这个人，不好辅佐啊。

那么，何进为什么非要召董卓呢？

首先，在吓唬太后这事上，董卓比谁都管用！董卓是天下最恐怖的存在，大家都觉得恐怖，更别提何太后了。而且看后面，何太后终于害怕，就是被董卓吓的。

再者，因为主意是袁绍出的，何进已经被袁绍洗脑，除了袁大公子的指令，别人的话他都自动屏蔽。

那么，袁绍又为什么非要召董卓呢？难道这不是又一个大昏招？

其实，这招不昏。袁绍当然是筹划好了。谁都知道董卓是个大祸害，袁绍眼不瞎耳不聋，怎会不明白？在董卓这事上，袁绍至少有两道保险锁，怎么也能把董卓锁住，他认为不可能出事。

第一道锁：董卓是袁家的故吏！当年，董卓初来中原时，是被袁绍的叔叔袁隗辟为掾属的。这种门生故吏的关系，在东汉那时代可神圣了。士人们都特别忠于自己的领导，忠心程度快赶上忠于皇帝了。比如我们前面说的朱儁，为了给领导尹端减罪，跑去洛阳行贿京官，人们还夸他有德行。又比如公孙瓒，这么“鹰”的人，也特别守这个“故吏”的节，他的领导刘其被发配交州，他就乔装改扮成士兵，一路护送兼侍候。后来，公孙瓒还因为这“德行”被举了孝廉。

所以，“门生故吏”的分量实在太重太重。而董卓，正是袁隗的故吏！按袁绍理解的时代规则，董卓即便再祸害，眼里也不会完全没有他叔叔这个曾经的领导。所以，对袁家来说，董卓是可控的。当然，在这事上，我们袁大公子实在太一厢情愿、阳春白雪了，在董卓那脑袋里，这套汉人社会的美好规矩，简直……屁都不是。门生故吏？德行？这些玩意有啥用？能干死多少人啊？

其实到最后，袁绍这第一道保险锁半点作用没起。但是不用怕，袁大公子还有第二道，这就是何进！

第二道锁：何进的兵力，才是唬住董卓的真保险！这个是铁铁的，坐实的。董卓再闹腾，难道真的敢跟何进撕破脸，公然造反，在洛阳城下开战？百分百不可能！只要何进坐镇京都，掌控中央军，董卓绝不敢轻易动兵。最多也就是个有惊无险。

所以，我们历来说的两大昏招，一个，召四方猛将豪杰；另一个，召董卓进京，其实都并不算昏。袁绍是有把握的。这也是最快最有效地推动他策略成功的手段。袁绍的计划是：让董卓来演恐怖片，把何太后吓傻，何进冲进宫去，斩草除根消灭宦官。然后，老袁家就正儿巴经地权力、声望都倾盖天下了，至于何进嘛，留下日后再慢慢地消遣……

只是，袁大公子千算万算，却怎么也算不到，眼看胜利在望了，何进还真能把自己玩死！袁绍已经充分照顾了何进的智商，能嘱咐的都嘱咐到了，结果一个不留神，没看住，何进就把自己给捐了。何进一死，满盘皆输……袁绍一定肠子都悔青了，错就错在高估了他的智商下限……

所以，公元189年的这场天翻地覆的宫廷剧变，真正的症结就在——何进之死。

何进不死，袁绍完美成功，三国历史完全改写。

何进一死，袁绍一败涂地，三国历史就是今天这模样了。

我们来看后面是怎么进展的。

眼看各路猛将都向京都进发了，一路大喊着杀宦官。丁原带了几千并州军，在孟津放起了大火。孟津（现在是洛阳市的下辖县）离京都相当近，孟津的大火，从洛阳城里就能远远地瞧见。

董卓还一边进军，一边上奏：臣鸣钟擂鼓来到洛阳，就是清君侧的！请陛下杀掉张让这一帮阉贼！

眼看情势好急迫，何家人真是受不住了，集体给何进开会。何苗又苦口婆心地劝：咱们从南阳起家，本来贫贱，都是依靠常侍们才有今天的富贵啊！国家的事，哪有那么容易就办到的。如果，你真把宦官们都杀了，必后悔莫及，咱们还是跟常侍们和好了吧！

何苗为啥劝何进跟宦官和好？因为，他是个正常人。何太后不同意杀宦官，也因为，她是个正常人。从何家的利益角度看，跟宦官其乐融融地瓜分权力大饼，本来是最佳的预期。何进杀宦官，实在太无厘头！根本不是目前何家利益的需要！

但是，那是袁绍利益的需要！袁大公子始终是这场剧变的核心推动力。何进已经被洗脑，被紧箍咒念得都不知怎么喘气了。最后，他也没有同意何家人。

眼看何家人开会，袁绍这边的咒也念得更紧了。

袁绍威胁何进：现在形势已经形成，咱们的意图全天下都知道了，将军怎么还不快下决断？再等，你就是下一个窦武！

瞧瞧，一边是自家人跟一帮宦官，一边是袁绍和天下士人，何进快被扯成两半了！最后，他还是打算听袁绍的，要天下名声，哪能听妹妹她们的妇人之见呢？何况何苗和舞阳君还都跟他没血缘关系。

于是，何进任命袁绍为司隶校尉，假节，专命击断，又任命王允为河南尹。

司隶校尉是司隶地区的监察官，相当于刺史，凡司隶境内的官员，他都可以管，手下还有一千多人的军队。假节，就是但凡违反军令的，都可以先斩后奏。于是最后的效果就是：在司隶地面上，但凡挡了袁绍路的，不管是谁，袁绍都可以不经请示，直接击杀！好大的权力！这时的何进，是真下了决心了。

王允，就是后来跟吕布一起杀董卓的那位，出身并州世族太原王氏，清正刚直得出了名，曾被张让他们害得很惨，妥妥的宦官死对头。河南尹是洛阳所在的河南郡长官，洛阳城的各种事务都可以管。显然，王允这个河南尹，跟袁绍一样，就是为了消灭宦官准备的。

袁绍马上开干。时间太紧迫，现在全天下都知道何进要杀宦官，真是一刻也耽误不得！

袁绍一面命手下小弟密切监视宦官的动向，一面又给董卓他们下令，让他们接着上奏，放出话来，要进兵到平乐观，就是灵帝一年前大阅兵那个地方，洛阳城的西门口。

不得不说，董卓这恐怖片演得真成功，这回，何太后终于怕了！她急惶惶地把中常侍、小黄门全给免了，你们都回家去，别在宫里当差了！最后，宫里只留了何进亲信的人。

宦官被逼到走投无路。无奈之下，他们选择了无底限的屈服。既然已经向大将军投诚，那就低调、再低调。我们什么都不要了还不行吗？以张让、赵忠为首，领着常侍、小黄门们，就像最下等的奴才一样，几乎是爬进了大将军府，痛哭流涕地向大将军赔罪。

“求大将军饶了俺们的贱命，您怎么处置都行！”

袁绍在旁边一看，真是天赐良机啊，正好一网打尽！就暗示何进，赶快行动！

哪知本来下定了决心的何进，这时一看宦官那可怜巴巴的样儿，又动摇了，觉得他们何家人说得有理了。袁绍一而再再而三地暗示，他都跟没看见一样。

何进训斥这帮宦官，出口竟然是这样的话：“天下汹汹，都是你们闹的！现在董卓都要来杀你们了，你们还待在京都干啥？还不早点儿回封国去！”他自个把“诛灭宦官”的目标改成“让宦官回封国”了！

袁绍气啊，猪队友真是大祸害啊。心想，你现在玩妇人之仁，可知道那是在玩自己的命吗？你现在看宦官们惨得像落水狗一样，可知道一转脸他们就会是恶狼吗？真是撞狗屎运了，怎么就遇上你这个猪头？

袁绍气到不行，干脆一不做二不休，你让他们回封国？好，我就给你来招釜底抽薪。袁绍立刻命人伪造何进的命令，下发到各个州郡，让各地官员抓捕宦官们的亲属，一个不落！想回封国？我看你们怎么回去！现在，宦官的家人都被你何进抓了，仇恨模式已经开启，这些宦官，你是杀也得杀，不杀也得杀！

我们看这场剧变，何进简直像在梦游，始终没搞清自己想要什么，该干什么。也始终没知觉危险有多大，危险又在哪儿，贪心得什么都想要。最可怕的是，他还始终不知道，他是整个剧变的风口浪尖，每一步都在拿自己的性命当赌注。

既然不知死，那么最正常的情况，就是真会死。

于是……何进就把自己玩死了。我们的袁大公子，也跟着他遗恨万年。

那么，何进是怎么把自己玩死的呢？这场惊心动魄的剧变，又会怎么发展？

06

那场惊天剧变：何大将军的自决之路

何进没杀宦官。按照他给宦官的命令，“都回封国去”，宦官真打算听话，准备收拾行装了。

他们在宫里多年，侍候在皇帝和太后身边，耳鬓厮磨，亲密无间，还是很有感情的！一想要远离京都，个个伤心得不行。

其实在这时，张让等人还没打算干掉何进，只想听命令回老家。临行前，张让想着自己这辈子，想着服侍过的各位先皇和太后，真心难过！他就想再回趟宫，跟陛下、太后见个面，然后再走。

可怎么才能得到允许进宫呢？张让就想起儿媳妇来了。儿媳妇是何太后的亲妹妹，舞阳君的小女儿。要是儿媳妇能给递个话，没准这愿望就实现了。

张让啥也不管了，一头给儿媳妇跪下，流着泪说：“老臣因为犯了罪，要回家乡去啦！你也得一起走。只是老臣想着这辈子受了三世先皇的恩情，现在要走了，心里难过呀！只盼能再回宫一次，侍奉陛下和太后一回，再看一眼陛下和太后的容颜，我这老家伙就是死于沟壑，也无恨了！”

儿媳妇一听，也挺伤心。暗想，都是大哥非要杀宦官闹的，大哥真是脑袋出问题了。儿媳妇赶紧扶起了公公：“好，我去说。”

于是，儿媳妇找到亲妈舞阳君，舞阳君又进宫去见何太后，把张让的忠心转达了。何太后也挺伤感，立刻答应："就让他们回来侍奉几天吧！"

常侍小黄门又都回宫中去了。到这时，他们也只是来搞告别仪式的，告别完了，就会走。

这么看上去，"都回封国"已经成了事实定论，宦官们也打算执行，好歹保住了命啊。但是，袁绍那边不可能接受！他再有涵养，现在也快被气疯了。他已经假托何进的命令抓了宦官的亲戚，就是宦官们不知情，还想回封国呢。

袁绍再一次质问何进：你到底打算怎么办？才俊我给你找来了，计划我给你做好了，猛将也都带兵到京城了，这时候，你又让宦官们"回封国"了，糊弄我是吧！你跟将领们怎么交代？跟天下人怎么交待？跟我袁本初怎么交待？

没错，何进真是交代不了。其实，他的首鼠两端，真是害煞人啊！要么，你就听袁绍的，干净利落，早早干掉宦官；要么，你就明确表态，现在不宜尽除阉人，让袁绍死心，别再给你继续投资。可何进偏偏忽左忽右，忽明忽暗，一会儿干一会儿不干，既贪心袁绍的投资，又不想放弃自家的既得好处。做一个决定，究竟有多难！所谓庸人之心，也便如此了。

何进怎么也不会料到，他的首鼠两端，第一个玩掉的，会是自己的命吧？其实，这本可以预料的，但他又没那个脑子。于是……在最后一次首鼠两端后，何大将军终于踏上了不归路。

在袁绍的威胁下，何进再一次变卦。"回封国去"又变成了"尽杀宦官"。他就想，趁妹妹已经被董卓他们吓傻，再去跟她建议，这回她该同意了吧。

何进的想法，真是匪夷所思，其实，既已下了决心，又做好了准备，还关太后什么事啊？直接杀难道不是最恰当？一狱吏足矣嘛！但他就是要去问妹妹，大概是想等妹妹下命令，他自己不用担恶名吧。

何进的入宫，也同样匪夷所思。袁绍早就嘱咐过他，不要再入宫，不要再入宫。非要入宫，必须带足够的猛人。何况现在宦官们都在宫中啊！大概是前两天张让他们落水狗一样的摇尾乞怜让何进很自信，认定宦官肯定没胆子干啥了。

于是，袁绍一个没看住，何进就入宫去了，还把手下都留在了宫外！

这是公元189年的八月二十五日。

何进到长乐宫晋见何太后，一开始还很有气场，很神气。宦官们见了他，跟耗子见了猫一样。

何进就神气十足地跟妹妹谈起来了，再次提议尽杀宦官。

张让他们狐疑，暗暗商议：大将军一直不入宫，今天怎么突然来了？不会有什么变故吧？张让就派小宦官去偷听。

不一会儿，小宦官惊慌失措地跑回来了。报告！大将军说，要把我们全杀了！

宦官们你看看我，我看看你，原以为他让我们回封国，就饶了我们。现在居然又说杀！真是跟当年窦武一样，不打算给我们留生路啊！

于是，很短的时间，真是很短，宦官们就决定了，一不做，二不休，让当年反杀窦武的事再重演一回吧！你既不仁，别怪我们不义！别说什么时机，今天他在宫里，我们也在宫里，就是最好的时机！马上起事！

宦官们比何进果断多了！这次完全是临时起意，却干得决绝又迅速！何进如果有他们十分之一的果断，十拨宦官也杀了。

很快，张让他们就定好了计策，把何进引诱来。他们让手下的几十个宦官拿起兵器，从侧门进入，埋伏到宫殿的台阶下。宦官们从上到下，个个想着保命，也是空前的团结。

眼看何进已经跟太后说完，走出了长乐宫。一个小宦官上去禀告，“太后有诏，请大将军暂到嘉德殿。”

何进一听，看来妹妹还有事。全没提防，直奔嘉德殿去了。嘉德殿就是几个月前灵帝驾崩的地方。

宦官们一拥而上……

大大小小的宦官各持兵器，把大将军团团围住。

张让一步步地上前，盯着何进，情真语切地说：“天下分崩离析，溃败难复，难道只是我们这些人的罪过？你还记得吗？先帝当年跟太后不高兴，几乎要废了她，是我们一起流着泪替太后说情，又各自拿出了千万的家资，这才和悦了先帝的心意，保住了太后，保住了你家。我们这么做，是看好你，支持你，愿把你当作我们的靠山呢！可现在，你却要灭我们的族，不是太过分了吗？”

何进完全无话。他真的不知该说什么。张让也没有给他说话的机会。宦官们都太恨他了！他们只希望何进马上死，而且，一定要死得很难看。

最后，就在嘉德殿前，尚方监渠穆拔出利剑，一剑把何进杀了。尚方监是主管皇宫兵器的宦官头领。

何进就这么匪夷所思地玩死了自己。东汉最后一轮宦官和外戚的斗争，又以宦官的胜利而告终。我们有必要来看一下，这著名的“十常侍”，他们都是谁。

其实是十二个人：张让、赵忠、夏恽、郭胜、孙璋、毕岚、栗嵩、段珪、高望、张恭、韩悝、宋典。

十常侍杀掉了何进。紧跟着，一场更大的疯狂就开爆了！

张让和段珪伪造诏书，命令从前的太尉樊陵为司隶校尉，换掉袁绍；少府许相为河南尹，换掉王允。

樊陵跟宦官关系紧密，也是花钱买的三公，是曹嵩的继任，后来被灵帝玩了一道，一个月就免了；许相，跟月旦评的许劭同族，但人品差远了。许相靠谄媚宦官爬上了公卿高位，还老派人去请许劭，许劭恶心他，从来也不答理。

张让们把诏书传出宫，接诏的尚书一看，樊陵和许相，都是名声很差的宦官亲信，换掉袁绍和王允？这不太对吧？就起了疑心。尚书说：请大将军出来，一起商议！张让们一看蒙不过去，索性也不瞒了，说：什么大将军？何进谋反，已经伏诛！

说着，宫门一开，一颗血淋淋的人头扔进了目瞪口呆的尚书怀里！

大将军被杀，宫内宫外全疯狂了。

何进的小弟吴匡和张璋，本来都守在宫门口，一听说何进被杀，立即要冲进宫去。宦官们早防着这手呢！紧紧关闭宫门，都拿起刀枪来防守。吴匡和张璋有点儿蒙，毕竟他们只是大将军的手下，现在宫里传诏出来，他们是接还是不接？接，明摆着是宦官害死了领导，难道背叛大将军吗？不接，那不就是反了？

吴匡、张璋又悲又怒，可拎不清该怎么办。这时，一个人出现了，一下坚定了他俩的决心。他就是现任虎贲中郎将的袁术。虎贲中郎将是皇宫卫队长，出了这么大的事，袁术必会第一时间赶到。

袁术一看这情形，立刻决断，冲击宫门！管他是不是反，先去抓宦官！同时，袁术又火速派人给叔叔、哥哥报信！说来也难得，袁家兄弟这回是真团结，什么庶出正出的事都忘了。吴匡和张璋也立刻有了心劲儿，跟袁术合兵一处，猛砸宫门。

不过无奈的是，宫门实在太坚固，砸不动。当时洛阳皇宫分南宫和北宫，南宫是皇帝处理政务的地方，北宫是皇帝和嫔妃起居的地方，一个是办公区，一个是生活区，两宫之间还有飞架的天桥相连。两宫都极其雄伟宏壮、富丽辉煌！袁术他们猛砸南宫青琐门，砸了快一天，还是没砸开！

袁术一看没辙，下令放火，烧！非把这帮阉人烧出来！呃，果然是天下第一豪族，真敢干，他是真的不管陛下和太后还在宫中，也真的不管，这座皇宫，已经是皇室最后的尊严和脸面。

熊熊烈火就在南宫门前腾起，映亮了洛阳城的夜空。对于大汉朝，真是好悲摧的一幕。

正西方向，显阳苑。董卓勒住马，远远望见洛阳城中火光隐隐，惊说：“不好，宫中有变！传令，急速进兵！”

董卓为什么这么急？因为在剧变当中瓜分利益，向来是谁先到谁先得，来晚的就只能喝汤了。怎么能落在后面！

于是，在董卓的命令下，一队队神情亢奋的鬼子兵，包括湟中义从、羌人、胡人，风一般地向洛阳城冲去了……

07

那场惊天剧变：宦官公公们的末日终结

袁术火烧南宫门。

张让他们一看，这国家真要完蛋！你们啥都敢干呀！好，你们敢干，那我们也干！

宦官立刻各持兵器冲进宫去，把皇帝和太后都劫持了！

刘辩哇哇大哭，什么话也说不出。何太后又气又怕，眼看这些宦官个个眼冒凶光，妖魔一样，这还是平日里那些温顺可怜、又懂事又体贴的身边人吗？难道现在才是他们的真面目？

何太后正想痛骂这些人，可宦官们哪还听她的呀！挥舞兵器上前，逼住了太后和皇帝，又抓来陈留王刘协，押着他们从天桥往北宫走。刘协原本被封勃海王，后来改封了一回，现在是陈留王了。

何太后边哭边骂，只能跟着宦官走。等到了天桥，忽然听到桥下一个洪钟般的声音："段珪！你个阉臣贼子！胆敢劫持太后！"从天桥华丽丽的窗子往下一看，这人是卢植！

原来，袁术给袁隗、袁绍报信之后，袁隗他们通报百官，宦官反了，还杀了大将军。现在大伙儿都到皇宫护驾，杀宦官去！文武公卿们，好多都惊呆吓傻了，还各怀鬼胎，都磨叽着不动。这到底是咋回事？里面是什么内情？消息是真是假？现在就往前冲，是不是太危险、太不妥帖了？皇帝、皇太后遭逢大难，公卿们却个个目光闪烁，小算盘扒拉得飞转！

卢老师这时是尚书，真是看不上官员们的那些嘴脸，你们不去我去！卢老师就冲出来了。河南尹王允还分派了一部分士兵给他，让他带去保卫陛下。

卢老师带兵直奔皇宫，来到南宫和北宫间的夹道。一抬头，正看见段珪押着太后从天桥上走过。卢老师当即怒喝，真把段珪吓得不行。是啊，劫持皇上和太后，死一百回都有余辜啊！段珪心里一惧，就松了手。

何太后不愧是屠户女儿出身，虽然在宫里这么多年，但身手还相当矫健，眼看段珪愣神儿，她立刻挣脱，翻身从窗子跳出去了。虽然很危险，但那是投奔可信的卢老师，是投奔安全去的！

终于，何太后靠跳天桥，从宦官手里逃脱，被卢老师救下了。她万万想不到，做皇太后，竟还是需要有点儿功夫傍身的！

张让、段珪带着皇帝和陈留王，继续奔向北宫。然后又从北宫出逃，跑出洛阳城了。

我们再回头来看袁绍。作为这场剧变的第一推动者，他在忙啥？

接到弟弟的报信，袁绍跟叔叔立刻行动起来了。什么？宦官们发矫诏，任用樊陵和许相？好，我们也发矫诏！袁隗录尚书事，正好由他主持。袁隗伪称皇帝的诏书，召来樊陵和许相，当堂抓捕，斩杀！可怜这俩宦官密友，全被蒙在鼓里，根本没弄清怎么回事，就成了刀下之鬼。

然后，袁绍跟何进的弟弟车骑将军何苗一起，领

兵直奔南宫朱雀门。袁家人真是各司其职，配合默契！

袁绍带兵冲进南宫，正赶上赵忠火燎烟熏得实在受不了，带着一帮宦官往外逃。袁绍立刻下令抓捕，不由分说，斩了。这位骄横飞扬了一辈子的皇帝“亲妈”，终于走到了末日。

袁绍瞧着周遭情况，暗暗想好对策，打定了主意。正要吩咐士兵，突然发生了一个小插曲。

何进的小弟吴匡他们，一直看何苗不顺眼，因为一来何苗跟何进没血缘；二来何苗一直向着宦官，跟何进不对付。吴匡很怀疑，这回何进被杀，没准就是何苗给宦官报的信！现在一见何苗，吴匡又悲又恨，气不打一处来，突然朝着军士们大喊：“害死大将军的，就是车骑将军，你们愿不愿为主公报仇？”吴匡手下都是何进的铁杆，立刻痛哭流涕地高呼：“我们誓死要为大将军报仇！”

吴匡立刻带兵进攻何苗，跟他一起的，还有董卓的弟弟董旻。董旻是奉车都尉，掌管皇家车驾的武官。董卓、董旻名义上都是除宦官的，所以，对亲宦官的何苗，杀之后快全没迟疑。

袁绍在旁边一看，你们又内讧起来了？好得很！这个何苗，公子我早就不想留着了，要不是他，这事还不至于砸成这样，于是，袁绍在一旁坐视，吴匡和董旻疯狂扑上，就把何苗给砍了，尸体直接往皇宫园子里一丢。至此，何进、何苗兄弟在同一天全被灭。

袁绍扫视局面，南宫已经攻破，各方将领也都到了位，好，那就开始吧。

袁绍下令，封闭北宫门。士兵们从南宫朱雀门开始，捕杀宦官，不分年龄长幼，不分官位大小，格杀勿论！宦官已经全被装进了口袋，下面，就是把他们一个个清除！

士兵们人人亢奋，全天下哪有不恨宦官的，一说杀宦官，绝对是万众一心啊！

大清扫从南宫开始，没有一个宦官能逃脱。还有不长胡子、看着像宦官的，也被误杀；还有不是宦官的，只好脱了衣服向士兵验明正身，才侥幸保住性命。

两千多人被杀，到处尸体横陈，血流遍地。一夜之间，整个皇宫成了血淋淋的修罗场。

袁大公子的策划终于实现了。宦官近一百年积攒下的仇恨，终于以惨烈的方式进行了偿还。东汉六轮外戚和宦官的斗争，到这里完全终结。在成功地干掉外戚一天之后，宦官——这支东汉最毒最恶的政治力量，也全部覆灭。

袁绍在宫中一处处视察现场，也会极受刺激吧！如果我们仔细盘点他的经历，就会发现，这可是袁大公子第一次上“战场”！其实，他没见过多少血腥！在消灭黄巾军的战争中，他先是隐居，后是当何进的手下，一直琢磨玩政治，根本没有到过前线。后来当西园校尉，顶多是练兵，搞搞形式而已。相比曹操、孙坚、刘备，他实在太阳春白雪。

我想袁绍在这场大屠杀中多少受了点儿刺激，不然，他也不会没醒过神似的，错过了最重要的时机。

我们前面说过，在这场疯狂剧变中，最关键的轴心是何进。何进不死，万事俱成；何进一死，满盘皆输。当然，不是说何进这猪头有多关键，而是——他手中的兵权太关键！这个兵权，是整个京都的定盘！

本来，何进死了，也不是不能挽救，就该——在第一时间抓住何进的兵权！锁住董卓的两道保险锁，最要紧的第二道已经崩了！抓到了兵权，董卓再恶贯满盈，也不敢轻举妄动。

但是——袁绍晚了。也许，他沉浸在屠杀受到的刺激中；也许，是何进的兵权很不好交接。他虽然被任命为假节的司隶校尉，但没有调动北军五校的权力，让叔叔袁隗给他任命将军吧，也不太合适。他一直没军功，又隐居了多年，不属于那些混脸熟的，所以，接掌何进军权这事，袁家叔侄俩都挺迟疑，大约是想找到最合适的办法。另外，他们也真没想到，董卓能如此不按规则出牌！

那么，董卓又是怎么掺和进来的呢？我们回到皇帝这一路。

张让和段珪挟持着皇帝和陈留王，走到了小平津关。这时，已是二十七日晚上。小平津关在黄河边，眼看渡河无望，再也逃不了了。

卢植卢老师追了过来。自从救了何太后，他就一路追赶张让和皇帝。卢老师跟河南中部掾闵贡一起，在黄河边赶上了皇帝和陈留王。闵贡持剑上前，厉声呵斥张让他们："你们还不快死吗？非等我来杀你们！"说着，闵贡手起剑落，斩了几个宦官。

张让一瞧，完全没路了呀。心里忽然悲伤了，他跪拜在少帝面前，流泪叩头说："陛下，老臣们死了，您要自己保重啊！"

于是，东汉最后的这一群宦官，全都跳进了黄河。"皇帝的亲爸"张让，和赵忠一样，也走到了末日。东汉的宦官史，从此结束了。

闵贡和卢老师搀着少帝和陈留王，追着萤火虫的光，一步步往南走，打算回宫去。走了几里后，弄来了一架百姓家的大板车，大家就坐在板车上，走到了洛舍，可算休息了一夜。第二天一大早，少帝刘辩乘一匹马，刘协和闵贡乘一匹马，继续回宫。文武官员们陆陆续续赶来护驾。

这时，董卓出现了。那晚，他从显阳苑急速进兵，天不亮就到了洛阳城西，一打听，皇帝跑北边去了！他又赶紧一路朝北追，终于找到了。

董卓真的抢了先。来迎接的官员里，只有他带着兵！袁绍他们还在宫里忙着斩草除根呢，分不出人手来追皇帝。董卓自己也没料到，居然能摘到这么一个大桃！

董卓眼看所有人里就数自己牛，立刻就骄横起来了。明明是带兵冲撞了圣驾，也没半点儿收敛。少帝刘辩一看董卓那些怪模怪样的羌胡兵，吓得又哇哇大哭。

大臣们高声呵斥：董卓引兵往后退！陛下在此！

董卓瞟了瞟这帮人，不屑地说：退什么退，你们这些当大臣的，连王室都守不住，让陛下受这么大的罪，你们还好意思让我往后退！大臣们又愧又怕，谁都不敢吱声了。

董卓仔细瞧瞧刘辩，怎么还在那儿哭呢？他又装模作样地跟刘辩请示、对答。刘辩虽然已经 14 岁，不算小了，但早吓破了胆，一边哭一边说话，支支吾吾，说得乱七八糟，把董卓弄得晕头转向。

董卓心想，这小皇帝咋这么烦心！屠户生的儿子就是上不得台面啊！难怪先皇老子都不待见！

董卓烦得够呛，转脸又问陈留王。哪想到，这个 8 岁的小萌娃居然对答如流，稳稳当当，从头说到尾，又明白又合理。董卓立刻惊了：哇！这娃牛啊！对了，他可是董太后养大的，董太后跟咱家一个姓啊！我们姓董的养大的娃，还能错得了！杀猪的儿子可怎么跟我们比啊！嗯，好，这孩子跟我老董有缘！

于是，董卓认定刘协跟他“有缘”了，一瞬间，他就生出一个念头。当然，这个念头还得等他料理好其他大事后才能实施。现在，他抢到了迎驾这第一功，其实，不是抢了这个“功”，而是抢到了皇帝！皇帝在手，江山我有呀。

董卓寸步不离地护着少帝，回了皇宫，一下成了天下第一功臣……

08
那场惊天剧变：戏精董卓的夺权路

我们来看一下189年这场剧变的时间表：

八月二十五日：何进入宫，被杀

八月二十五日夜：袁术烧南宫门

八月二十六日：袁隗杀樊陵、许相

八月二十六至二十七日：袁绍杀宦官2000余人

八月二十七日夜：张让在小平津跳进黄河

八月二十八日晨：董卓迎驾回宫

短短三天之内，大汉朝最后一轮外戚和宦官，全都覆灭。少帝刘辩回到了血气冲天的皇宫，无论如何，该算大难不死，平安回来了。

大约是在太傅袁隗的指导下，刘辩宣布大赦天下，改年号为昭宁，任命火烧孟津的丁原为执金吾，主管京城的安全防务。然后又是一通忙，清点重要的宝贝。结果发现，传国玉玺不见了！另外的六玺都找到了，就是最重要的传国玺没影儿。最后，实在找不着，只好先不提了。

我们看现在京都的局势，有一件最重要的事，可能各位看官都已经想到了：何进的兵权，北军五校和西园军谁来管？

我们越想就越会有疑问：袁隗、袁绍叔侄俩除了杀宦官，对别的就真的不感兴趣吗？比如操纵天下的赫赫兵权！怎么就不见他俩有什么动作？难道要把足能扭转乾坤的棋子，让给董卓？

这时，回老家招兵的鲍信回来了，一看发生了这么大的变故，他暗想“不好”，跑去跟袁绍说：“本初啊，现在董卓的士兵太强悍，恐怕将有异心啊！如果不早点儿干掉他，就会被挟制了。不如趁他立足未稳，赶快突袭，把他抓了！”袁绍沉吟半天，没同意。鲍信一看这样，好吧，君子不立危墙之下，袁绍你自个儿对付董卓吧，我可回泰山去了。鲍信拉着队伍走了。

袁绍为什么不听鲍信的？而且，为什么没把何进的军权搞到手？这真是好大一个谜！我们论断古人时，不能轻易做愚蠢推定，特别像袁家叔侄这种，本来极有政治智慧，他们又不是何进，怎会那么容易犯低级错误！这里必有问题。

很可能是：董卓带着少帝回城，在袁隗面前，表现得没那么凶悍，很像个门生故吏！袁隗被蒙住了，对他放松了警觉。甚至可能是：董卓作为门生故吏，表示投靠故主，跟袁隗说，您录尚书事，我做大将军，一起管天下事，咱两家都发达，难道不香吗？而且，您是我的主公啊，您对我还不放心吗？表现得非常戏精！然后，袁隗就答应了，至少是默许了。

以上两种，都有可能。初来京都的董卓，只有三千兵，还顶着老袁家门生故吏的大红盖头，他只好表现得很乖很听话，至少在袁隗面前是这样。

董卓的戏精表演，让袁家叔侄高枕无忧，也不急着搞兵权了，甚至，让董卓弄去兵权也不是不能接受！袁绍更没理由跟董卓翻脸。鲍信吹了半天风，可袁绍想，董卓在我叔叔面前很乖呀！他再骄横，但在我家面前还是萌宝，让我怎么跟人家动刀兵！另外，我这边也没接管北军五校，真跟董卓打起来，他那些羌胡兵，可怎么对付？

不得不说，这时的袁绍对带兵打仗还是很陌生的，多少有点儿发怵。我们前面说过，直到现在，袁绍也基本没打过仗，没见识过血腥的战场（杀宦官是头一遭），所以一看那些羌胡兵，就像看见黔之驴一样，心里没底。如果这事搁曹老板，或是孙坚，那一定果断无比！一个字，干！俩字，干死！董卓早被灭了。孙坚这性子，根本就是董卓的克星！可惜的是，给他的机会太少了。

袁绍，也包括他叔叔袁隗，太相信世家大族那套行事法则，太相信规则的力量了，所以后来董卓随便一翻脸，就把他俩惊得目瞪口呆。

很可能——当时袁家和董卓达成了某种默契。

但是董卓——才不会满足那个默契。这是属于法则之外的，袁家叔侄都料想不到，因为他们对真正的野蛮实在缺乏认知。

于是，就在袁隗和袁绍的纵容和默许下，董卓更进一步地戏精起来。

董卓还没弄到何进的军队，眼看自己就这三千兵，只怕镇不住朝里的人。于是，他就想了个鬼主意，让军队在夜里偷偷潜出洛阳，到城外扎营，等到天亮，城里热闹起来，买卖店铺都开了，人们也都上街逛了，这些士兵才排成特威武的军阵，又呐喊又击鼓地进城，而且专走人多眼杂闹翻天的地方。人们赶紧躲到路边，又惊又怕，也都像看见黔之驴一样！这些都是什么人啊，看着好凶猛！什么？都是董卓的兵？哦，真厉害呀！

董卓这么戏精了好几回。百官百姓百工，从上到下，人人都看傻了眼。这一拨一拨的，得有多少啊！至少得好几万吧！看他们长得那怪模样，人还这么多，真是惹不起啊！

结果，董卓这番表演的效果相当好！人们都以为凉州的羌胡兵源源不断地到京都了呢！连官员和将领都被蒙了，看着董卓全都大气不敢出。

这时，何进已经死了好几天了，他手下的将领们，带着各自的军队，都不知听谁的，正在极度迷茫中。眼看董卓威风起来了，又是“杀宦官”阵营的，该算正义代表。于是，何进的手下就跟董卓开始了接触，双方一拍即合，这些人都愿跟着董卓！武人的心思本来简单，谁武力强就服谁，你牛，我们就听你的，跟你干。董卓怎么也没想到，就这么戏精了一把，居然顺来了何进的兵权！

必须得说，这几天董卓的戏做得相当好，看上去真不像祸害，所以，先忽悠了袁隗、袁绍，接着又忽悠了何进的手下。那么，从此以后，整个京都就再没人能跟他这头戏精恶狼抗衡了！

好了，大权到手，董卓可就要放飞自我啦，一直装蒜多不爽！

董卓瞄上了丁原。因为现在，只有丁原的并州军还对他有威胁。

我们看看丁原的实力。

丁原手下三位大将，吕布，张杨，张辽。丁原自己也是猛人，所以才得了武猛都尉这个衔。现在，张辽跟张杨，都被何进派去招兵了，跟随丁原的，就剩下一个吕布。

吕布是个啥样的人？

他是——狼。跟董卓不算一个品种的狼。

董卓这头狼，放肆，粗野，疯狂，残忍，还有，肥硕。一头戏精大肥狼！

吕布这头狼，狡猾，轻浮，反复，孤独，还有，矫健。一头无情无义的真豺狼！

吕布是并州五原郡九原人，就是现在的包头。五原郡那地方，本来就跟南匈奴亲密接触，就像董卓、马超在羌中长大一样，吕布也很可能从小就受到了匈奴人的“不言之教”，弓马骑射牛上天，力气大得惊人，身手矫健又敏捷。武力逆天，可文德却——没有。能跟匈奴人学的，都学来了；该跟汉人祖宗学的，半点儿不懂。

于是，豺狼吕奉先就这样出场了。因为武力牛，被丁原看上，任命他当主簿，还特别喜欢他。不过，主簿这个官是掌管文书的，跟吕布不对路。但他又没出身，又没学问，一出道能当个主簿，已经很不错了。

本来吕布还算踏实，丁原待他也挺好，一直留在身边。但是，一头对“忠义”“情分”等全无感知的豺狼，待他的任何好，都只能打水漂。因为，在他的脑回路里，压根儿就不认识那些东西。

吕布遭遇了诱惑的考验，被老戏精董卓看上了。董卓又开始做戏，派人引诱吕布干掉丁原。

《三国演义》里，是董卓拿赤兔马获得了吕布“芳心”，最终杀丁原、收上将。必须说，《演义》的这处情节，设计得极具匠心，很精彩。那么，正史中又是怎样的呢？

——吕布确实有赤兔马，但没说是董卓送的。董卓具体拿什么去诱惑了吕布，也没明确记载，总之，“高官厚禄”“稀世宝贝”这些玩意儿，对吕布这头狼来说，都是极有效果的。

我们可以想象一下，吕布是如何动了心——

董卓的谋士（简称董秘）：吕主簿，您的神武威名，董公早就听说了，对您可倾慕啦！

吕布（轻蔑）：你什么意思啊？

董卓的谋士（阴笑）：主簿难道看不出吗？董公威震京都，就将执掌天下。现在唯有丁建阳还在挡董公的路……其中的意思，主簿你自然明白。董公倾慕阁下，如果阁下肯发力相助，日后必爱重有加，前程无量啊！

吕布（拿糖）：丁建阳是我的主公，待我有恩情，你别跟我说这些话！

董卓的谋士（不屑）：什么恩情？就让阁下做主簿吗？董公早有交代，事成之后，以阁下为骑都尉，年俸两千石！

吕布（咽了咽口水）：当真？可是……这怎么能行？

董秘（取出礼单）：怎么不能行？自古成大事者，先择明主，丁建阳无能，怎怪将军不义呢？董公特有好礼奉上，礼单在此，请阁下过目。

吕布（瞄一眼，再咽口水），不说话。

董秘（加劲儿）：董公说啦，事成之后，董公还会……总之，董公的天下，也是将来您的天下啊！

吕布越听越心花怒放，终于再绷不住了：好！替我谢过董公恩义。董公所求，不就是丁建阳的人头，对吕布来说，这有何难！请董公少安毋躁，不日必能成功，吕布将亲自携头拜上！

董秘（哈哈大笑）：主簿果然是爽快人！鄙人这就回报董公，只等阁下的好消息啦！

……

于是，一天之后，丁原的人头就被放在木盒中，呈到了董卓案前。旁边站着戾气冲天的吕布，嘴角还挂着一抹自负的笑。

我们无从设想，这头豺狼究竟在何等情形下，向自己的主公挥起了屠刀。也许，死前十秒钟，丁原还在一脸宠溺地喊他“奉先”吧！在那

个门生故吏能把领导当皇帝爱的东汉，他吕布能一眼不眨地干掉主公，不愧不惧，还一脸得意，实在非人也！豺狼的心性，真的不是我们所能领会的。

不过，吕布有知音。别人领会不了，董卓能。

这俩本来就该算同类，或者说，同属不同种，在动物学分类里，属于近亲。一个是凶残的大肥狼，一个是枭猛的真豺狼。于是，两头狼一下就对上了眼。董卓看吕布，怎么看都像亲儿子；吕布看董卓，怎么看都像真爸爸。这俩一见钟情，立马就成了父子！吕布转眼就从小主簿跃升成两千石的骑都尉，威震朝野。董卓不管干啥，都让狼儿子持兵器往身后一站，再没人敢惹。

可怜大汉朝，外戚宦官的妖魔争霸刚结束，袁绍他们还没来得及弹冠相庆呢，就又蹦出了一对父子恶狼！真是天降巨灾，神魔鬼怪不算，甚至野兽都要出场了！

现在的董卓已经大获全胜，拿下了整个京都的兵权，又搞来了武力逆天的保镖。那么，他还有什么可在乎的！本来还顶着老袁家门生故吏的红盖头装戏精，现在——呵呵，去他的门生故吏吧！董卓一把扯掉红盖头，终于现出了恶狼本相……

这时，最目瞪口呆的该是袁隗太傅和袁绍大公子吧？但时机已经失去，哪还补救得了。这个京都，已经成了董卓的天下……

说个题外话，关于吕布的武力值，我们这里做一个小小说明。

真史上，有关吕布的武力，明确记载为：“布便弓马，膂力过人，号为飞将。”还有，袁绍命人追吕布时，将士们“皆畏布，莫敢逼近者”，还有，帅爆了的“辕门射戟”。可见，吕布确实极其神武。但他是不是就是《三国演义》中所说的一骑绝尘、远超众将、无可争辩的天下第一呢？

很难说，像吕布这个档次的，在三国还有多位，比如：

关羽：万人之敌，为世虎臣。

张飞：雄壮威猛，亚于关羽。

赵云：强挚壮猛。

马超：有信、布之勇。

孙策：骁雄，与项籍相似。

文鸯：姿器膂力，万人之雄。

曹彰：武艺壮猛，手格猛兽。

许褚：勇力绝人，力如虎。

……

不能说吕布有绝对优势，如果问，吕布和关羽谁厉害？吕布跟文鸯单挑怎么样？这个只能到游戏里去找答案啦。咱们这部三国，武将们不排位次，因为，没法排！巴西队和德国队到底谁厉害？深渊一样的话题，永远也不会有答案，其实，我们知道他们都很神武，也就足够。另外，武将的风格也不尽相同，比如许褚，突出的是“力”；孙策，突出的则是“骁”。

关于武将们的神武表现，后面会有他们各自的高光时刻，我们都会近距离观赏，这里就不赘述了。

09

咱家能族人！董卓的“真性情”

谁胜谁亡谁吐血

我们回看这场惊天剧变。

董卓胜利了，胜利得太意外。本来，他是快马加鞭来揩油的，揩到多少没有预期，哪想到一下端走了一整锅!

大跌眼镜的是何进，瞻东顾西，又庸又贪，一个大跟头跌下去，先跌掉了自己脑袋不说，也跌烂了何家中彩票一样暴发的硕果，还一把跌碎了袁大公子苦心孤诣的天下梦。

最吐血的当然是袁绍。作为乱局的第一推手，他真是呕心烧脑了，可最后，却给董卓当了顶级大厨。

袁绍……败了。一场精心设计的大好戏，最终却一无所获。那么，袁大公子究竟败在了哪里？其实，他没出昏招恶手，关键还是运数不济。

我们前面说过，何进之死，才是这场乱局的转折。何进不死，袁绍必成。根本不会有董卓啥事！何进能玩死自己，实在太出戏，袁绍就是神算子也预料不来。队友智商条件属于先天，不是袁绍能左右的。

再后来，董卓玩戏精，伪装世族那套逻辑，又把袁绍和他叔都忽悠了，让袁绍失去了控局的最后时机。关于袁绍的性子，曹操曾评价说："袁绍虽有大志，而见事迟……"评得好准！"见事迟"，的确是袁绍的特色。他太"世族"了！世族讲究的是风范，是手腕，不是快速机变，临事爆发。所以"见事迟"，也不能说就是缺陷，那是身份的象征！其实，这就叫成也世族，败也世族，成也风度，败也风度。

不过，仅就当时而论的话，风度这东西，在天下完全崩碎、只有强盗逻辑才能站住脚的时候，还真不是第一等选择。"乱世当行霸道"，才是正理儿。

现在，袁大公子满脸的黑线，心情简直跌进深渊了。那么，上位的董卓，又是怎么继续戏精的呢？

咱家能族人！

其实，董卓既已兵权在握，就犯不着那么戏精了。果然，他表现得相当"真性情"。

吕布拿来了丁原的人头后，董卓马上就找个理由，说大雨老下个不停，得策免三公，就把司空刘弘给免了。然后，自己上。

接着，董卓瞄一眼身边这些人，牛辅、华雄、李傕、郭汜、张济、樊稠，全是只会干架的类人猿风格。现在，又多了个干架顶尖的吕布，武行大盛啊。可嫡系的像样文官，一个没有。

董卓就问手下：你们说说，这国家里谁特有学问，还没被任用啊？

手下立马回答：蔡邕啊！那学问，那辞赋，那书法，那音乐修养，没人能比，名满天下！他从前得罪过宦官，又遭人陷害，现在都成流浪汉了！明公您不如把他召来吧，必然大有面子，正义指数高高的！

董卓点点头：嗯，挺好。那就召蔡邕！

蔡邕是东汉文艺界的顶级存在，传奇大才女蔡文姬的父亲。其实，他更趋向于文艺范儿，不是搞政治的类型。但名声高就行啊！董卓需要的，就是马上能给自己脸上镀金的人物。于是，他立刻派人征召蔡邕。

结果，人家蔡邕……不来。董卓这熏天的恶气，谁愿意沾？躲还来不及呢。董卓一听立马暴怒，震天地咆哮：“我能族人！”（我能杀你全家！）呃，好真率，好简洁……

董卓的“真率”果然高效，一声“我能族人”之后，我们的大艺术家……就来了。而且，很快。

董卓一看蔡邕听话了，忽然又变了脸。这突变能力，还是很有戏精天分的。

董卓对蔡邕喜欢得不行，立马开始了火箭式提拔。三天之内，给蔡邕连升 N 级，司空祭酒、侍御史、治书御史、尚书、巴郡太守，最后定格在了侍中。任命书一个接一个地下达，把蔡邕瞧得眼花缭乱，唬得晕头转向，原来皇帝的任命也能这么玩！

最后，董卓给自己确立了这样的定位：武有吕布，文有蔡邕！

朝臣们在一边瞧着，个个目瞪口呆。这哪还是朝堂大事，简直是……过家家啊！官员们人人惊骇，又人人不敢出声。

董卓玩得挺美，现在自己也算“文武用命”了，那下面干啥？——立威、立威再立威。“咱家能族人”，董卓就不信，这句话往这儿一搁，你们谁敢不听命。安置好蔡邕后，他就把一件最能立威的事儿，提上了议事日程，这就是——行废立。

你有剑，难道我就没有刀

还记得几天前那个早晨不？就是董卓接皇帝和陈留王回宫的那天，董卓跟刘协结了眼缘，一下就看上了。因为董太后跟他一个姓，董卓又觉得，嗯，是亲人。这样，跟死了的董太后扯扯关系，还能装个皇亲国戚呢！于是，既然想好了，那就干。

不过董卓现在的成事，是得了袁家默许的，又碍于从前的旧关系，在行事前，他还得给袁家面子。于是，董卓耐着性子，跟袁绍商量去了。

董卓说：我看这天下的君主，必须得英明。一想起灵帝干的那些事，我就恨透了！所以，咱们得立明君。现在，我瞧董侯刘协不错，一定比史侯强吧？不如把他俩换换。当然，将来的事也不好说，虽然刘协现在看着聪明，谁知道以后会不会糊涂？如果到时他也不行的话，那刘家的种，就不用再留了！

“刘氏种不足复遗！”这是臣子说君主的话？董卓果然率真，果然实在。

袁绍黑着脸，强忍着听。你董卓还真不戏精了呀！这么不忍猝听的疯话，都敢对我说！

袁绍真是气炸了，但他袁大公子总不能像董卓一样“率真”，只好冷冷地说：大汉朝四百年，恩德深厚，万民拥戴。当今天子年龄还小，没有什么过失宣布于天下，董公要废长立少，恐怕大家不会听你的！

袁绍还是相当克制，不过，他的态度也已经表明了，“大家不会听”，当然也包括他袁绍，而且，他不会听，得有多少人跟着都不会听！

董卓暴怒！心想，袁绍我把你当个人，你还真敢违背我！真以为没你不行了！难道忘了“咱家能族人”吗？

董卓手按佩剑，朝着袁绍吼：你小子敢不听我的！这天下的事，难道不是我说了算？我就要行废立，谁敢不服？你以为我老董的刀不快？

史书原文是：竖子敢然！天下之事，岂不在我！我欲为之，谁敢不从！尔谓董卓刀为不利乎！

袁绍再不能忍！这几天以来的愤恨、郁闷、后悔、失落，通通冲上了头顶，风度翩翩的袁大公子也暴怒了！

这时候，袁绍是真的命都不要了。他两眼喷火地盯着董卓，说：“天下健者，岂惟董公！”天下的牛人，难道就只有你董卓？说着，猛地一转身，横刀在手，深深地向诸位官员长揖，然后昂首向天，大步出门而去……

袁绍就这么帅帅地跟董卓决裂了。大家瞧着，心想咱袁大公子果然不一般！这是何等胆色啊！

袁绍身后，董卓上蹿下跳地怒骂：你个不知天高地厚的小子！敢跟我老董为敌！我誓杀汝！来人！

大臣和手下立刻拥上前劝说：司空息怒、息怒！袁本初不能杀啊！您想，您初到洛阳，老袁家是世代公卿，您杀了袁绍，必失人心，大大不利啊！袁本初不能杀！

董卓气得眼冒金星，半天才咽下这口气，恨恨地想：嗯，这小子确实不能杀。行，你等着，好好等着！

从此后，海阔天空

洛阳上东门前。袁绍带着一众车马行出城来。

他回头凝视这座都城，心潮荡荡。这是从小长大的京都啊！他在这里跟曹吉利猴耍，在这里结交各路高人，在这里树立清誉名满天下。而现在，却只能离开！造化弄人，半步错失，结果功亏一篑！沉吟多年，这第一次出手，居然败得几乎丢了身家！

不过，他并没有真的输掉。袁绍掉转头，望向远方旷野，更广阔的天地在等待着他！他没了洛阳，可是，他还有天下！他有那么多精英朋友，遍布中原；他有引领时代的名声，一呼百应。走出洛阳，也许才是更壮丽的开始！他袁本初能做的，比这世上任何一个年轻人都多！

袁绍缓缓拿起司隶校尉的符节，挂在了上东门。然后沉稳地策马，向着更远更宽广的地方走去了。

董卓没有想到袁绍真会溜，这是他当权以来，第一个敢于逃跑的。他当然是气急败坏，狂吼着要“族人”。不过，眼前行废立才是头等大事，袁绍的账事后再算不迟。“族人”，有什么可难？袁绍叔伯兄弟全在京里，要“族”的话，还不是易如反掌！董卓暂时压下恨，继续推动他的废立大计。

第二天，也就是189年八月三十日，董卓叫公卿百官都来开会。这些人里有太傅袁隗，有袁术，也有曹吉利。

董卓说：皇帝没本事，担不起祖宗的基业，当不了天下之主。我要像伊尹、霍光那样，另扶明主，改立陈留王，你们觉得怎么样？

没人说话。

董卓更急，厉声吼：当年霍光行废立的时候，田延年就在旁边手里按着剑，看谁不听就杀谁。现在，谁敢反对，必然军法从事！

还是没人说话。

好一会儿，突然一个声音坚定地响起：不可废立！

大家战战兢兢地一看，是卢植卢老师！

卢老师好不正气凛然，声如洪钟地说：太甲昏乱，昌邑王有罪，所以才有废立的事。现在陛下年小，没有失德，跟从前不可比！

董卓狠狠盯着卢植，你这老头儿还真厉害啊！我三令五申地告诫，谁敢反对就“族”谁，你还真不怕！董卓霍地就从座位上蹦起来了，挥剑就要杀卢植。

幸亏蔡邕跟卢老师关系好，仗着董卓喜欢他，赶紧上前替卢植说话，另外议郎彭伯也壮着胆子来劝：卢尚书是海内大儒，极有人望呀；明公您不能杀他！杀了他，整个天下都会震动！

董卓气得，袁绍你们说不能杀，卢植你们也说不能杀！不过……再细想想，嗯，算你们又说对了，还真是不能杀。真是气死咱家！

终于，卢老师保住了性命。被董卓免官，回了涿县老家。由此，他也成为继袁绍之后，第二位跑掉的。

卢老师被免官，再瞧朝堂上，更没人说话了。这其中，也包括我们的大佬曹吉利。

不知大家发现没？曹操学乖了。现在的他，跟当初那个棒杀宦官叔叔、禁断淫祀的厉害小伙已经不一样。吉利早就看出，这个又楞又横的董卓，没法搞。讲道理，他不通；对着干，准丢命。不能为一个楞货枉搭了性命啊！董卓不敢杀袁绍，不敢杀卢植，可不是不敢杀他这没声望的阉党之后！所以，在性命的裉节儿上，吉利老老实实地没敢逞能。只想，哪天找时机溜之大吉才是正理！现在袁绍逃了，倒真的海阔天空了，所以先忍着吧，忍到时机到来的那一天。

董卓一看众人再无异议，只差最后一锤定音，于是，就把废立计划书给太傅袁隗递过去了。董卓挂着冷笑，心想，昨天你侄子跑了，现在我就看看，你究竟什么态度？

其实，袁隗早没心劲儿了。

董卓杀丁原的时候，他就一下明白了，自己是被这个戏精“故吏”给忽悠了！袁隗当然也恨得不行，但他跟侄子不一样。他没有袁绍那血气，那志向。眼看董卓强横，没法弄，那好，我认㞞行不？你杀丁原，杀吧，反正不是杀我；废皇帝，废吧，反正不是废我。而且，我在朝里有位置、有资源，你董卓待我好一点儿，我还能给你帮帮忙。所以，你也不会让我损失太多吧。

袁隗缩头了。就是昨天袁绍这一闹，弄得他很难办。（当然，他不会料到，袁绍真正让他难办的，还在后面呢）袁绍一跑，董卓瞧袁隗的眼神立马狠狠的，袁隗心里直打鼓，要是再不跟他合作，肯定惨透啦！本初你倒是怼得解气，跑得干净，让叔叔我可怎么办？

袁隗只有更顺从，他没得选。只有更听董卓的，才能不背袁绍的锅。于是，袁隗对自己这个“故吏”更低声下气，董卓让干啥就干啥，再不敢多说了。

董卓说：这个废立的议程怎么样？太傅有意见没？

袁隗答：没有意见。

董卓说：那请太傅来主持废立的仪式吧！

袁隗答：没有问题。

于是，第二天，废立大典就如期举行了。刘协终于登上皇位，开始了他习惯式被惨虐的一生，并出神入化地活到了53岁。灵帝当年的遗愿，就这样，被董卓在冥冥当中变成了现实……

10
看董胖当领导：治天下还是过家家

出来混，迟早要还的

公元 189 年九月初一，董卓命令公卿百官齐集崇德殿。

崇德殿是哪儿？洛阳南宫的正殿。咱们本书第一个故事里，汉和帝小刘肇登基的那地方，那是——公元 88 年，已经整整过去 100 年了！

100 年前，刘肇在这里登极，开启了东汉外戚和宦官的魔性循环；100 年后，刘协又在这里上位，映射了大汉朝的最后“荣光”……

天道轮回，崇德殿见证了多少兴衰和血泪！

14 岁的刘辩颤颤地缩在皇座上，一句句地听司空董卓给自己宣判：“皇帝在服丧期间，没有孝子之心，更没有人君的威仪，现在，把皇帝废为弘农王，立陈留王协为帝……”

太傅袁隗走上前，亲手解下刘辩的玺绶，向陈留王刘协呈上。然后，又扶弘农王下殿，请陈留王登位。

小娃娃刘协听话地坐上皇座，不哭不笑不闹腾。瞧着昨天自己还朝他跪拜的哥哥，现在却跪在阶下，哭哭啼啼地给自己磕头，刘协很怕，也很想哭，但他知道不行。他还记得，哥哥就是因为太爱哭，又不会说话，才惹来董司空嫌弃的。

刘协配合得相当好！

从现在开始，“配合”这俩字就种进了他的血液里。这辈子，排成队的大佬跟他进行过“配合”，刘协“配合”的功夫也终于炼到了炉火纯青，直到最后汉魏禅代，跟曹丕一起，为我们演出了史无前例的完美双簧啊！

好，刘协很省心，董卓也满意。现在搞掉了刘辩，接着就是何太后。

董卓又宣判：“太后逼迫自己的公婆，以至董太后忧死，作为儿媳，违背了人伦大礼，所以，把太后迁到永安宫居住。”就是打入冷宫。

其实，现在的何太后，还有什么可在乎的？她的心比那冷宫还冷！几天内，两个哥哥都死了，儿子被废，眼看小命也不保了，自己呢？还能有什么好下场？何家完了！想当初风光的时候，其实哪用“想当初”，就是七天前，七天前何家还权倾朝野，富贵在人尖上啊！

所以说：一日为恶，闻于天下。不要以为你风光得势，做下的恶事就会真的被雪藏。罪孽虽能被权势掩盖，但善恶早就自在人心。一旦失势，一旦压不住，必然排山倒海。出来混，迟早是要还的！几个月前，弄死婆婆的时候有多得意，几个月后，族灭人亡的时候，就有多凄惨，甚至是更加。

暴发户何家，来的时候犹如烟花爆裂，爆得炫目惊人；现在去了，也像爆竹飞炸，好不热闹喧腾，然后，灰飞烟灭。

何太后哭干了眼泪。其实，她自己比谁都清楚，以后恐怕连哭的机会都没有了。

果然，九月初三，董卓命令刘辩的郎中令李儒，鸩杀何太后。然后，又杀了何太后的亲妈舞阳君，把尸体随便扔进了花园。至此，何家没剩下一个活口。那个小女儿，就是张让的儿媳妇，在“杀尽宦官”的大势下，想必也落不了好下场。

屠户何家消失了，只剩一个被监视的弘农王刘辩，董卓先收藏着，没准什么时候拿来一用，如果实在没用了，就随手一撕。

于是，董卓妥妥地立威成功，现在整个天下，就看他一个人玩了。

朝堂太好玩，真像过家家

摆弄国家大政，对董卓来说，还真是新鲜有趣。

董卓是很有原则的。他就认，有这三条，天下没什么摆不平。第一，咱家有兵；第二，咱家能族人；第三，咱家有吕布，连暗算都不怕。剩下的都去他的吧！

于是，他就轻松愉快地治理起国家来，这辈子头回玩这种游戏，别说，还真好玩。

那怎么玩呢？第一件，老董我要干好事！干天下第一的大好事！

董卓就问董秘还有朝里的大臣们。董卓是有一些董秘的，不过都是小人物，在史上没留下记载。现在，董卓一掌权，连朝里的大臣都可以充当董秘了。但他们无疑是伪董秘，九成是想利用或者干掉董卓的。

董卓就问：啥是天下第一大好事啊？

伪董秘们说：天下第一大好事，就是灭宦官！不过，这事儿袁绍已经干了。

董卓怒：那你们还扯个啥？不想活啦！

伪董秘们赶忙说：还有一件大好事，专等着明公您呢，一定能名垂千古！

董卓眼睛亮了：啥事？快说！

伪董秘们：给党人平反，这个比灭宦官一点儿不差呀！

董卓转着眼珠：真是天下第一大好事？

伪董秘们：是啊！您就放心干吧！

于是，董卓真的干了。率领三公上书，重审陈蕃、窦武和党人案，给他们都平反。又恢复他们的爵位，又派人去他们的祠堂悼念，还下令任用他们的子孙当官。

可叹啊，多少正义之士叩头泣血地为党人平反，甚至搭上了性命都没能实现，到董卓这儿，简单得真就像过家家！看来，这个“咱家有兵，咱家能族人”虽然野蛮，但绝对高效呀。

刘协玩儿一样就当了皇帝，党人玩儿一样就平反了！东汉血腥的党锢之祸，最后的终结者，居然是董卓！

干了这件大好事，董卓自觉脸上冒了金光，还跟宾客们说：“你们瞧瞧，咱家这相貌，是不是天下最尊最贵的！”自觉是大汉朝头号吉祥物了。

宾客跟伪董秘们，都忙不迭地点头：是是是……董公真是天下第一大贵人！

干完了这件“第一大好事”，董卓更起劲了，还有啥好事？咱家接着干。

这时，凑到董卓跟前的伪董秘们，其中有两位，一个是侍中周毖，一个是城门校尉伍琼，这两位都是名士，也是袁绍的朋友。

这俩装成董秘的贴心样儿，跟董卓说：“明公想进一步得天下人心，必得重用有声望的名士啊！”其实，有声望的名士大多都是世族，重用这些名士，正是袁绍这些世族大家的需要。

董卓又转转眼珠，心想，有理。现在世族确实牛，想坐稳位子，他们的支持绝对有用！何进不就招了一帮这样的人嘛！

于是，董卓一挥手，去给咱家招名士去！那个谁，何颙、郑泰，你俩在名士里混得不错，你俩去招！

何颙、郑泰，我们已经比较熟了，都是袁绍一伙的。袁大公子真是无处不在啊！

何颙、郑泰招来了谁呢？

荀爽、陈纪、韩融、申屠蟠，全都既有德行又有才学。而且，这个名单，几乎是打了水印的，一个金光闪闪的名字，就在名单的背后若隐若现，它就是颍川。荀爽、陈纪、韩融，全来自颍川。颍川荀氏、颍川陈氏、颍川韩氏。

我们说过，三国最顶尖的两个世族，一个是汝南袁氏，一个是弘农杨氏，再往后数，第三名和第四名。恐怕就是颍川荀氏和颍川陈氏了。荀氏和陈氏，都是在汉末三国时走向鼎盛的，相对于老牌的袁家和杨家，他们该算新生代，正蓬勃兴起呢。荀家最出名的，是倾倒了不知多少后人的荀彧；陈家呢，最牛的是给曹丕搞了九品中正、当了魏国首席宰辅的陈群。当然，他们家族里的炫靓角色实在太多，绝非只有这二位。关于荀家和陈家的名人故事，我们后面还会细说。

总之，何颙、郑泰报上的这份名单，含金量极高，荀爽和陈纪，都是顶尖的颍川俊才，韩融也是他们那个圈里的。只有申屠蟠是陈留人，但也名声极好，学问倍儿棒。这几位大才，除了申屠蟠真坚决，够有胆儿，没听董卓的征召，剩下的三位，在接到调令后就赶紧上路了。关键董卓放话“能族人”啊！大家还是识实务点儿吧。

于是，非常传奇的故事就发生了。

这几位里，名声最响的是荀爽，号称“荀氏八龙”之一，董卓听伪董秘们一夸，哦，既然荀爽这么牛，就得让他当大官啊！这才显得我老董有眼光、有见识嘛！可是，荀爽现在是布衣，也不能一上来就给他个三公呀！不过没关系，董卓有创意，既然蔡邕三天内能连升N级，荀爽当然也不在话下！

董卓先任命荀爽当平原相，让荀爽出发上任，结果荀爽刚走到宛陵，还没到任呢，朝廷第二道任命就来了，提拔荀爽为光禄勋，到朝廷任职。荀爽赶忙又改道洛阳。等当上光禄勋，只干了三天，连衙门在哪儿还没记清呢，第三道任命又下达了，拜荀爽为司空！当上三公，成了宰相！

荀爽打从家乡出来，到干上总理级别，前后一共93天。而且，这93天，还主要是耽误在路上的。如果他住在洛阳，那从白丁到三公，肯定10天都超不过！这是不是史上最快的逆袭？有老董在，真是没啥事不能想象！太有创造力啦！

荀爽当了三公，董卓倒比他还美，脸上更金光四射了。好啊！还有什么人才推荐？咱家一并办了！

伪董秘周毖和伍琼一看，董卓这货真好哄啊！立刻目光闪烁地又凑上来了，一边称颂老董的“美德”，一边接着推荐。当然，全是他们看着顺眼，跟他们一伙的，我们观摩一下名单：

韩馥：冀州牧；

刘岱：兖州刺史；

孔伷：豫州刺史；

张邈：陈留太守；

张咨：南阳太守。

熟悉三国的朋友看到这个名单，有没觉得挺眼熟？这根本是后来天下英雄讨董卓的联军阵容嘛！除了一个张咨被孙坚给杀了，剩下的都是讨董干将！原来，周毖和伍琼这俩伪董秘，给老董推荐的“人才”，都是“反董联盟”里的！他俩哪还是董秘，连“伪”的都不能算，该叫

“董害”才对！

后来，董卓也回过了味，发觉自己被这俩给耍了，于是等到袁绍带领联盟一反，他立马把两人都给杀了。周毖和伍琼，实在该算打入敌人内部、与凶残的敌人周旋、把敌人玩得团团转、最终为光荣的讨董正义事业牺牲的“革命先驱”了。

当然，现在两位先驱还活得好好的，继续当他们的“董害”，继续艰苦卓绝的地下工作。

史书说，董卓听了周毖和伍琼的，任用名士俊才，他自己的亲信都不担任要职，只是当中郎将、校尉这样的武职，都不掌大权。貌似老董还挺贤明似的！

其实原因是，在董卓看来，任用这些官员根本就不重要！不过是老董我让你们过过当官的游戏罢了，让你当当三公，让他当当刺史，多好玩！官不就是个名嘛，咱家今天能让你当，明天就能不让你当，这些官职，有个啥用！

最关键的是军队！所以咱家的亲信，才不去当那些没用的官呢！他们得去带兵，咱家有了兵，想让谁当官就让谁当官，想族谁就族谁！所以，董卓并不重视这些官职，真快把任命朝廷大员玩成经营类游戏了。

很快，董卓就凌驾于百官之上，当了相国。这时是 189 年十一月。刘协还特许他“赞拜不名，入朝不趋，剑履上殿”。

说说这几个词。

赞拜不名：古代官员上朝的时候，如果有什么事奏请皇上，都由赞礼官先报出这个官的官称和姓名，好让皇上知道是谁。比如，董卓当司空，他上朝奏事，赞礼官就会报“司空董卓奏上”。赞拜不名，就是只报官职，不说名字了。现在，董卓上朝，赞礼官就会报“相国奏上”。是为了表示皇帝对这个官员极度尊重。皇帝的潜台词是：您真是老了不起了！

入朝不趋：古代官员见皇帝，规矩有很多，走路不能是正常姿态，更不能大摇大摆，必须小步急趋，就是把身子弯成大虾状，一溜小跑，速度要偏快，但也不能太快。姿势、速度必须拿捏精准，一个不达标，罪名可非同小可：大不敬！入朝不趋，就是上朝不用装大虾一溜小跑了，像个人样儿地走路就行。在一群虾样儿的大臣里，他董相国可以时刻腆个大肚子。皇帝的潜台词是：怎敢让您老这么麻烦呀！

剑履上殿：古代朝会，官员们上殿时，必须脱鞋，有的朝代甚至连袜子都得脱，见个皇帝，先装大虾，然后还得光脚。像随身的兵器，刀剑什么的，更是不可能带了，必须放在殿外。剑履上殿，就是入朝上殿时，可以带剑，也可以不脱鞋。皇帝的潜台词是：最信任的就是您啦！

赞拜不名，入朝不趋，剑履上殿。真是权臣的顶配！虽然刘邦曾赏过萧何，但历史上大多没这么美好。基本上是傀儡皇帝讨好大权臣用的，比如梁冀、董卓、曹操，都享受了这套豪华待遇。

现在，大汉朝真是董相国的天下了。玩儿朝廷，玩儿官员，董相国还觉得不过瘾，那就接着玩儿！想咋耍就咋耍，想咋祸害就咋祸害。只要咱家有兵，你们能怎样？

三国说说

第六章

兄弟们，路在远方！

01

当洛阳城变成了阎罗殿……兄弟，快跑！

啥叫洛阳城

董卓在朝廷上玩够了，又一想，这国家哪里不是咱家的，哪里都能可劲儿“玩”啊！

于是，老董露出了肥狼本色。

史书说，董卓性残忍，无仁义，动辄以严刑威众，睚眦必报。然后，整个洛阳城就再不像京都，犹如阎罗殿了。

比如，侍御史扰龙宗到董卓这儿汇报，没解佩剑，董卓立马下令，“挝杀之”，就是当堂打死！

“不许带剑”是见皇上的规矩，谁知他董卓也有这要求。官员们人人自危，谁也不知道这老狼会不会看自己不顺眼，自己还能不能活到明天。官员们感叹，这哪里是“相国”，明明是活阎王啊！

又如，当时洛阳城里住着很多皇亲贵戚，府第相连，豪华得很。董卓一看心里不高兴，天下都崩成这样了，你们倒挺风光啊！于是，立刻放出他的羌胡兵，直接冲进府里，想抢啥抢啥，想咋闹咋闹。妥妥的董卓版吃大户，疯狂式抄家，瞧瞧，老狼待自己的兵们还真是不薄！

羌胡们闯进府去，烧杀打砸，欺男霸女，管你是不是皇亲，是不是高官，我们相国说了，咱家想干啥就干啥！被抢的起初还以为来了强盗，后来一听是董相国指使的，真是叫天不应、叫地无声，董相国代表的可是国家呀，这是政府行为！

城里的大户们个个奔走风传："你知道不？连谁谁谁家都被抢了！""什么？又抢了！下回会不会轮到我家呀……"这些人感叹，这哪里还是政府军，明明是魔鬼军团呀！

又如，连皇帝家董卓都不放过。灵帝攒了二十年的宝贝，现在全归他了，可董卓还不罢休！趁何太后下葬到文陵、跟灵帝合葬之机，他就把灵帝陪葬的珍奇宝贝全抢走了。这时，灵帝才死了六个月！而且，后宫里的女人们也全成了猎物，下到宫女，上到公主，都没能逃脱老狼的魔爪。宫人们感叹，这哪里还是人，明明是野兽呀！

……

董卓近于原始的祸害和残忍方式还有很多种，后来，他被关东军搞得很头疼，打算迁都长安时，又整了一大箩筐的残暴事。

有一回，董卓派兵到阳城去。正赶上当地的二月社，老百姓们祭祀土地神，大家一起搞活动呢。这帮羌胡兵立刻冲上去，把所有男人都砍了，然后驾着人家的车和牛，把头挂在车辕上，把女人们都赶上车，一起带回洛阳。这些人一路进城，还一路又唱又喊，手舞足蹈，说什么讨贼获胜了，赶回来庆功。等进了开阳门，就把人头都烧了，把车上的女人赏给当兵的做老婆。

活脱脱一幅羌胡杀掠写真图！车前悬头，车后载女，是羌胡抢掠的一贯风格。大才女蔡文姬在她的《悲愤诗》里，曾给董卓的部下做过一个素描，场面是一样的：

卓众从东下，金甲耀日光。平土人脆弱，来兵皆胡羌。猎野围城邑，所向悉破亡。斩截无孑遗，尸骸相撑拒。马边悬男头，马后载妇女。长驱西入关，迥路险且阻。还顾邈冥冥，肝脾为烂腐。

好惨烈！这就是董卓的羌胡兵！话说，野蛮真是人类进步的最大宿敌啊！已经羌化很深的董卓，对这些根本视而不见，习以为常，还很欣赏呢！

有一回董卓请公卿百官去赴宴，席间他要弄死从北地郡诱降来的叛军给大家看。董卓命令把这些人割鼻子，砍手脚，挖眼睛，然后扔锅里去煮。还没死的，就在宴席间翻滚挣扎，狂叫不停。大家真的受不了啦，个个发抖，人人惊心，手里的筷子都掉到了地上。再看董卓，继续吃得香喝得美，还很得意、很过瘾的样子！董卓又下令，你们都好好看着，谁敢说不该说的话，当场诛杀。朝臣拼命忍着恐怖和恶心，大气也不敢出。

这就是董肥狼，原始懵懂，残暴兽性。我们无法用诸如“道德”“仁义”等人类的词汇去衡量他，因为，在人和兽之间，他更倾向于后者。所以，说什么都没有用！对付这种狼，只有一个办法——干死他！说起来，当初的孙坚真是对的。

快快，逃离阎罗殿

现在的洛阳，实在不是人能待的地方。天天看杀人、煮人，用不了多久，大家都得变成疯子。不知有多少人都在暗暗打算，想辙逃跑。被周毖和伍琼俩地下党推荐的刺史、太守们，一看能离开洛阳，人人庆幸啊。

走不了的还在想，当初袁绍、卢植溜得早，真是明智。其实，这两位也没多幸运，董卓没有真饶了他们。卢老师出了洛阳，料定董卓必会追杀，就抄小道奔了幽州，董卓果然派人暗算，幸亏卢老师机智躲掉了。然后卢老师就隐居到幽州上谷郡，再找不着了。

袁绍呢，把司隶校尉的符节挂在上东门，就一路奔向兖州。他的好朋友现在都在那里，刘岱、桥瑁、张邈、鲍信、王匡。董卓急火火地抓袁绍，但袁绍在好朋友的庇护下，愣是让董卓怎么也抓不着。

董卓在朝里暴跳如雷，周毖和伍琼一看，这肥狼是真怒了呀，不会因为抓不到袁绍又滥杀无辜吧？两人暗中合计，想了个险招。这招，一来给袁绍谋得了最大的好处，二来也缓缓董卓的怒气，免得他再心情不好，倒行逆施，乱砍旁人。

这俩又装成董秘的样儿，凑在董卓跟前，神神秘秘地说：主公，反正您现在也找不着袁绍，还不如……

董卓怒吼：还不如咋滴？

周毖说：还不如收买他呢！

董卓再吼：袁绍这小子胆敢背叛我，咱家还要收买他？

周毖暗暗擦把冷汗，说：我给主公您分析分析。您行废立，这样天大的英明之举，不是一般人能理解的。袁绍傻，没您的智慧和眼光，他不懂，所以才干了蠢事，然后被您的神威吓住了，害怕得不行就跑了，他没本事，干不出大事来！现在您急着抓他，这小子反而该起异心了……

董卓一听，心情好了点儿，嗯，周毖说得有理，咱家确实很智慧呀！

伍琼也凑上来，接着说：是啊是啊。明公您想，他们老袁家四世三公，门生故吏遍天下，多少人都听他们的呀！袁绍要害怕了，真要反您，就算他笨，但聚众搞起事来，也会有好多人跟着，山东（指崤山以东）可就彻底乱套，您就不好镇住啦！

董卓沉思不语。

俩人一唱一和，接着演：主公您不如……赦免了袁绍！给他个官当，比如一个郡太守啥的。袁绍这种笨蛋，一听说您赦免了他，还给他封官，肯定美死了，啥事也不会干了，您不就再不用担心了吗？

两位地下党提这个建议，其实极凶险！董卓正恨袁绍恨得牙痒痒，他俩胆敢建议给袁绍封官！真是冒着被煮熟的危险啊！但能搞地下工作的，素质都非同一般，胆色骨气都是一等一的。

结果，这个建议真就奏效了。大概是他俩捧董卓捧得够夸张，捧得董卓都把他们当知己了。能看出我老董天人般智慧的，就是周侍中和伍校尉啊！结界，董卓就听了这俩的忽悠，决定收买袁绍了。而且，他确实也不太想跟老袁家为敌，毕竟袁隗在朝里还能帮衬他。

于是，董卓让刘协下诏，拜袁绍为勃海太守，还给他封了邟乡侯！我们袁大公子这么多年的心机，又立名声又交朋友，到了危难时候，效果真是惊人！行走江湖，真朋友就是给力啊！

现在，董卓一想，既然收买了袁绍，干脆顺水人情做到底，连袁术也一块儿收买了吧。于是，又封袁术为后将军。想一想，对，还有个曹操，也跟他们一伙，而且这个曹操不是世族，还挺有能耐，好好拉拢一把，没准能成心腹呢。然后，董卓又封曹操为骁骑校尉。其实，提拔这俩，董卓也是想借机看看他们到底什么心思。

袁术和曹操接到任命，马上就串通到一起了。其实，袁绍跑了以后，他俩也憋着要跑呢，就是一直没下定决心。现在，可是被逼到了裉节儿了，董卓在逼着他们表态——你俩听不听话？给不给我当官？

俩人就合计上了，如果不跑的话，害处至少有三条：第一，留在朝里侍候董肥狼，谁知哪天会不会就被挝杀了，太危险；第二，他俩跟袁绍一样，都是有心思的年轻人，都想干点儿什么。可在董卓的肥硕阴影下，啥也干不了；第三，他俩都认定，董卓肯定会崩盘，而且不会太久。因为他太疯狂！疯狂必定不可能长远，这是世间万物的运行之理。难道董卓崩了之后，他俩还要顶着董卓一势的黑盖头？

这俩暗暗地商议决定，跑，必须的！哪怕成为通缉犯，也得跑！两害相权取其轻。当通缉犯去整事儿，也比待在朝里被玩死强！然后，俩人都跑了，全都学了袁绍，从此以后，海阔天空。

袁术奔了南阳，曹操奔了陈留。

袁术为什么要逃奔南阳？史书全无记载。只知道，转年的正月，关东群雄就一起讨伐董卓了。按《资治通鉴》的说法，这时袁术屯兵鲁阳，有几万人。这个“几万人”怎么突然冒出来的？疑问好大！不过，我们退一步判断，袁术作为讨董大军的一支，兵力即使没有“几万”，也必是有实力的，几千兵应该不在话下。那么，这些兵是怎么来的？我们不妨进行个常理性脑补，解解这个大谜团。

袁术选择南阳，有以下原因：第一，南阳是大地方，能成事，兵源多，财货足。那时的南阳是天下第一大郡，各方面资源都优质；第二，南阳地理位置重要，它就像一个交汇南北、沟通东西的大立交，连接着关中、汉中、中原和湖北，乃兵家必争之地；第三，也是最重要的一点，南阳一定有老袁家能依靠的当地豪强！大家出逃，必是去投奔好友，都会有极信任的人来接洽。不可能跑到别人的地盘上当流浪汉。所以，袁术出逃南阳，必定在当地有极硬的关系，而这个关系，还特给力。最大的可能就是，南阳当地的宗族豪强欢迎了他，地点就在鲁阳县。

其实，袁术跑到南阳，就是拿着老袁家的金字招牌，拉赞助找金主去了。正好，当地的一些实力豪强也想搞政治投资，于是一拍即合。袁术可是老袁家的正牌嫡子，当朝的后将军，豪强们正求之不得啊！就像马贩子苏双、张世平给先主刘备进行投资一样，鲁阳的豪强们也十分看好袁术，当即决定，这个大风投，我们做定了。

所以，袁术就在极短的时间内既搞到了地盘，又搞来了兵。看看“汝南袁氏”这招牌，得有多高的含金量！

这时，曹操奔了陈留，也成了通缉犯。然后，在逃跑的路上，他就干了一件闻名千古的“大事”。

02 吕伯奢血案：留着你的锤子吧！

曹操跑了。往哪儿跑？当然是家乡方向。

其实，他跟袁术一起合计的时候，俩人就都想定了，你回老家，我奔南阳。干什么去？招兵买马，反董卓！咱可不是白白当逃犯的。也有可能袁绍在跑路的过程中，早暗暗跟他们联络过，兄弟几个踌躇满志地商量，干吧！天下汹汹，必须要扶正祛邪，咱们是时代精英啊，大任正在吾辈！

实质就是造反，成贼了！虽然，他们反的是董卓，但董卓挟持皇帝啊，这个“反贼”的大红戳，无论怎样你也洗不清的。四世三公、根正苗红的袁公子，三代高官、厚享皇恩的曹吉利，终于决定做贼了。

其实，这需要多大的魄力！

这几个，不但是朝廷的叛贼，还是家庭的逆子。袁绍、袁术把老袁家往朝里一扔，你们的安危自个儿负责吧，我们要追求理想去了！曹吉利呢？一样。老爸曹嵩也极不同意他整事儿，他索性就独自跑了，比袁绍跑得还彻底，不但把老爸弟弟们扔了不管，连自己的家眷也没带。

这里还有个小故事。

本来曹吉利这次到洛阳是把卞夫人和曹丕、曹彰带在身边的，他这一跑，小妾儿子都扔在京都了。在跑路中，袁术不知从哪儿听到了讹传，说曹吉利死了，他就把这消息通知了卞夫人。结果曹操身边的人都慌了神，打算干脆跑回老家去。这时，卞夫人特稳当地出来说话了：消息还不确定呢，我们就都跑了，如果将军回来，还有什么脸面见他？所以，咱不能走。就算真大祸临头，那我们跟他一起死，又有什么难的？结果，大家都听了卞夫人的话，横下心来等吉利。

后来曹操知道了这事，又感动又欣赏，我这个小妾心性非同凡人，真是纳对了呀！

从这个故事，我们就能感觉出来，当时有多凶险。那时的吉利，毕竟是通缉犯啊！曹操真是一万个小心，每根神经都像绷紧的琴弦，大事还没做，小命是绝不能含糊的。

于是，那件恶名昭著的大血案，就在曹吉利惊弓之鸟一般的心态下，猝然发生了。

曹操从洛阳跑出来没多远，一天傍晚，到了城皋（现在的荥阳市汜水镇）。突然想起，城皋县还有一位故人呀。这人名叫吕伯奢，具体怎么认识的不知道，但既说是“故人”，想必交情该是不错的。曹操一边警惕地跑路，一边就琢磨上了。

吉利暗想：这个吕伯奢，从前交情不错，不然……到他那儿去借个宿？可是，现在我是通缉犯呀，他会收留吗？会不会翻脸把我上交给董卓？唉，人心难测，不好说，不好说。但实在没地方躲，先上他那儿试试吧。他要真念旧肯收留，当然最好；如果想要害我，我再另作打算……

还没到吕家门口呢，曹操这心事就已经拐八道弯了。

上前叩门，吕家人出来了，是吕伯奢的儿子。吕伯奢不在家，家里只有儿子们。曹操又开始念小九九了：就算吕伯奢会念旧对我好，他的儿子也不一定吧？谁敢担保。我还是察言观色，当心着吧。

曹操犹豫着报出真姓名。要知道，他从一开始跑路，就是又化妆又改名，这次报上名字，也是顶了极大的心理压力。

不想，吕伯奢的儿子一听是曹操，特别欢乐。

“早知道您是家父故友，今天不知贵客到来，真是失敬失敬啊！”立刻把曹操让进门里，先是接风慰问，把吉利安置得舒舒服服，然后，几个人就一起忙活，置备酒菜款待贵宾。（《三国志》注引《世语》：五子皆在，备宾主礼。）

曹操坐在房里，越想他们那欢乐样儿，心里越发凉。不对呀！我是犯人啊！正常剧本难道不该是这样：吕家儿子一听是他，立刻神情紧张，一把把他拉进门，然后探头出去四下观望，看看是不是有人瞧见。随后关紧院门，把他拉进柴房中，尽量压低声音说：“大人！我们知道您处境凶险，这里不是安全的地方，今晚您先在这里将就一夜，我们再给您想办法！”

完全不是这样啊！这几个儿子居然大张旗鼓，欢天喜地，一点儿窝藏逃犯的警惕都没有！难道……他们不知道董肥狼通缉我？还是……哼哼，先稳住我，然后杀我去请赏吧！

曹操的怀疑有理吗？怎么没理！如果我们判定吕伯奢的儿子们都是无辜的，那他们这么欢乐，只有一种可能，就是他们不知道曹操是通缉犯。也许曹操出逃得快，通缉令只传达到了县令那里，还没有到乡间。但如惊弓之鸟的曹操，怎敢做这种乐观假想。他当然更怀疑是后者。

本来一路上就嘀咕，现在更是草木皆兵，有点儿响动心里就翻船。曹操已经做了最坏的推定，然后他就把那几人的行为按套路解读了。那么……现在逃跑行不行？不行！这么多人，能否逃得掉很难说，而且，就算逃了，这些人也会泄露他的行踪，以后的路更没法走。曹操惊疑之中，狠狠决定，我再看看，你们如果真要害我，那你不仁，就别怪我不义了！

偏在这时，曹操最疑最怕的时候，突然，一阵利器的响声从厨房传来！这一声，终于刺穿了曹吉利的心理底线。好啊！你们果然是想杀我！亏得我早看出来了！我跟你们拼了！

曹吉利操刀冲出门来。几个儿子全无防备啊！吉利的身手本来相当不错，加上现在为保命，更是刀刀狠辣，转眼间几个人全被他砍了！吓蒙了的吕家人冲出来保护主人，也都被吉利一个个砍倒。最后，干掉了八个。

曹吉利杀红了眼，在一片血泊里找线索，发现刚才那“利器声”其实是碗碟之类发出的，又看了一圈，也没见什么凶器。这时，曹吉利心里的天平不知翻转成什么样了，他发狂地凄怆大喊，就留下了那句遗臭万年的名言：“宁我负人，毋人负我！”

关于这话，我们后人熟知的版本是：“宁教我负天下人，休教天下人负我。”出自《三国演义》。这个改动，其实，是一个很有用心的过度解读！

“宁我负人，毋人负我”，曹吉利本来在就事论事，其实到这时，他也没有肯定，吕家儿子是不是真要杀他。如果是，那么他没杀错（虽然狠辣了些，但毕竟为了保命嘛）；如果不是，自然就错了。曹操在说：不是他负我，就是我负他，谁能搞清啊！我宁愿选择我负他吧！事实上，从后人角度看，我们也没有证据推定，吕家儿子真的不想杀吉利。这只能是一个谜，到底杀错没杀错，曹操没搞清，我们也不可能搞清了。

再看“宁教我负天下人，休教天下人负我”——真真很有用心地把曹操作恶的格局放大了，而且，是无限放大！老罗黑吉利的心思和手法，实在深入骨髓，又细入笔端。吉利还处在杀人的癫狂失智状态，这八条人命就够他疯的了，他哪有工夫去想什么“天下人”！

“宁我负人，毋人负我”，只是做了个局部小恶，多简单没趣；“宁教我负天下人，休教天下人负我”，这恶作得多有个性！多大格局！越琢磨越带劲儿，于是，“曹操真是天下巨恶啊”，也就呼之欲出了。

但是，这个解读实属过度。就算吕家儿子确实杀冤枉了，也跟“天下人”没任何关系。

说到这里，曹操的心理，倒让我想起一个梗来。

话说有一人急着要钉栅栏，没有锤子，就想跟邻居借。但他跟邻居又不是特别好，没把握人家会不会借他。还没去借呢，这人就坐院子里嘀咕上了：去年因为门口停车的事，跟他发生过不愉快，他会不会还记着，就不借我啊？嗯，有可能，他就是个小气鬼！上星期娃的气球飞他家院子里了，他倒是给送回来了，但看那表情，连个笑模样都没有，不就是一个气球嘛，真小气！还有……还有……这人翻过来掉过去地想，越想越生气，还没去邻居家呢，自个儿却得出结论了，邻居是小气鬼，邻居记恨他，邻居肯定不会借他锤子！

这人气得不行了，噌地跳起来，直奔邻居家而去。敲开门，邻居刚一露面，他就对着人家的脸，大喊一声：“留着你的锤子吧！”然后气哼哼地走了……

其实，这个梗在生活中屡见不鲜，谁能说，自己从没干过这样的事？曹吉利在发疯前，跟这借锤子的心理是一样一样的，没啥不可理解。当然，最后他比借锤子的有主观能动性，也敢干得多，不是跑过去喊“你们拿我的命去领赏吧”，而是直接操刀，“你们想要我的命，先拿命来吧”。这里表现的，才是真正的“曹操特色”。

那么吕伯奢血案，就解得差不多了。这整个事件，对曹操来说，很可能是一场冤杀，但也有可能不是。这里，我不想过多地谴责他，因为他的心路，不是不能理解。不过，曹吉利在其中表现得多疑、野性、逞能、敢干、残酷、绝杀，也实在是他的特征，不容推卸的，因疑而杀人，他也不是仅此一次，以后还有更充分的表现呢！

最后还需提一笔的是，事实上，吉利杀的是吕伯奢的儿子和家人，没杀吕伯奢。当然，这事对吕伯奢来说，还不如杀了他！无法想象，吕老爷子推开家门，看到如此惨状时，会是何等摧心。

03

出道儿谁比亲兄弟：曹操家的神将天团

路人甲的救命恩

曹吉利干掉了吕伯奢的儿子们，擦擦刀上的血，整整心里的悲，管它是我负他，还是他负我，就算留下千古骂名，我也认了！

继续上路，还有大事要干呢。

曹操接着逃，跑到了中牟县。结果，他被一个亭长发现了。亭长相当于现在的派出所所长，基层公安人员。派出所所长立马抓了曹操，这是通缉犯啊，谁敢窝藏！

曹操被送到县令这里，县令没想好咋办。这时，县功曹跑来劝他了（县功曹相当于县令助理）。功曹目光悠悠地跟县令说：“大人呀，现在天下大乱，正是英雄用武的时候，这个曹孟德是天下俊杰，咱不能干这违背时运的事啊！”这位县令琢磨一会儿，嗯，有理。于是，就偷偷把曹操放了！

这个功曹是谁？县令又是谁？不知道。

难得的是，这两位虽然官小，但有眼光。“世方乱，不宜拘天下雄俊”，这话至少说明了俩意思，一来，曹吉利已经很出名啦，而且，名声不错。连一个县的功曹都已经知道他是“雄俊”，而不是“阉党”。

二来，这个乱世，已经如此深入人心！连县级的小官小吏们，都敢于不理会朝廷命令，开始发挥自己的主观能动性了。那么整个天下，该是多么蠢蠢欲动！

这个县令和功曹，路人甲一样的小人物，竟是曹吉利的大恩人！在《三国演义》里，老罗把县令移花接木地安到了一个人身上——陈宫。编故事说陈宫跟吉利一起逃跑，还观摩了曹操怎么血洗吕家，怎么神补刀又杀了吕伯奢，最后陈宫嫌弃吉利残暴，又把他甩了，上演了一出特有名的《捉放曹》。当然，文学和历史两码事，其实陈宫这个人，在吉利的逃亡路上，压根儿就没出现过。

曹操到了陈留，可算找到好朋友啦！张邈正在这里当太守。张邈这个官儿，正是两位地下党周毖、伍琼推荐给董卓的，跟曹操和袁绍原是一伙！袁绍第一个脚底抹油，先奔了这伙人来，很可能在兖州这边，已经跟小伙伴们密谋好几圈了。张邈一看又来了一位生力军，自然大大地欢迎啊。于是，曹操也不打算回家乡了，就待在陈留，准备跟好朋友一块儿起事。

大佬也能当铁匠

曹操打算在陈留起兵了。起兵需要啥？千古不变的刚需：第一，兵；第二，将；第三，装备。吉利现在除了通缉犯的名头，啥啥也没有。但是……那也要干！

吉利风风火火地干起来。

第一件，散家财，招兵买马，打造兵器。有时，他还亲自钻进打铁作坊，监督兵器的打造质量。自己来了兴致，也跟着铁匠师傅们一起干。有一回，他正跟师傅叮叮当当满头大汗地打刀呢，有个叫孔宾硕的北海人来找他。半天找不着，最后在铁匠棚子里把吉利逮住了。孔宾硕笑话他：你个曹阿瞒还什么都能干啊？你不是要干大事吗？怎么当起铁匠、打上刀了？吉利立刻回敬：先把小事做好，才能干大事啊！孔宾硕，你不懂！

当时曹操打的这个刀叫“卑手刀”，是一种军中常用的短刀，不算啥宝器。可见，吉利对武器的精良等还是非常重视的，装备的优质是战斗力的基本保障啊。

当然，关注装备质量属于一些小细节，最重要的大事，曹吉利也半点儿没放松，这就是——找金主，拉投资。

这里是好朋友张邈的地界，在张邈的照拂引见下，自然事事顺畅。吉利没费大多力气，就对接了一位金主。这位名叫卫兹，在陈留也是一号人物。卫兹举过孝廉，“明虑渊深，规略宏远”，特有思想、有眼光，三公征召他都不去。而且更重要的是，卫兹家有钱！现在要整大事，缺一缺二缺三，说到底，缺的是钱！

所以，钱这东西，虽然不是人生头等大事，但实在是次等大事啊！那句话说得好：“钱永远不是第一位的，但永远——是第二位的。”书到用时方恨书少，事到办时才知缺钱啊！

这位有眼光、有气量的金主卫兹，是个高品质投资人，一见曹吉利，两人一番海阔天空的务虚，没想到立刻心气相投！有眼光、有格局的卫兹说了：平天下者，必此人也！——能平定天下的，就是你曹操啊！又说：乱生久矣，非兵无以整之，兵之兴者，自今始矣。——天下已经乱很久了，除了起兵没有可选择的，起兵的日子，就是现在！

态度相当明确！第一，我看好你曹操；第二，我跟着你起兵，钱嘛，不是问题；第三，别犹豫了，咱马上干！

曹吉利当然是花心怒放。这么好的投资人，哪儿找去？

好，这下有了钱，小喽啰和装备都不愁了，那……还缺啥？将领！曹吉利不能一人带着几千小弟冲锋陷阵，那么将领哪里来？

曹操犯了愁。人家袁绍振臂一呼，施展个召唤术，人才们立马雨后蘑菇一样地拱出来，聚到他那棵大树跟前。可曹操呢？他振半天臂，作半天法，也拱不出几个蘑菇。

罢罢，曹操换了个思路。别人家的蘑菇不好采，俺不能用自家的吗？我们家本来就盛产蘑菇啊！能整事的人头有的是！也不见得就比别人家的差！索性，他也不振臂了，干脆改成了——写家书。

吉利一封家书发到谯县。哇，立马热血沸腾！自家的蘑菇田里立刻生机翻涌！

效果是，一个在三国里堪称最牛的天团，就在一夜之间拱出了地面！

最小武力值不下 85 的曹家天团

曹吉利家的武将“天团”，论综合指数，绝对是三国之“最”。虽然论武力，他们当中没有像吕布、关羽这种超一流的，但论平均水准以及全团能量，三国里哪个团也比不了。你说孙家牛、司马家牛，不，综合指标谁也飙不过曹家！

先列个天团的名单：

夏侯惇，夏侯渊，曹洪，曹仁，曹纯，曹休，曹真。

里面的关系丰富多彩，有亲家，有担儿挑，有族兄弟，有亲儿子，有侄子，有养子。老曹家真是人才丰富，开个家庭会议就能唱一出《群英会》了。夏侯家是西汉开国功臣夏侯婴的后代，跟同乡老曹家真是好成了一体。这在当时太正常，颍川荀氏跟陈氏能好到一块儿，那曹家、夏侯家当然也不例外。

我们逐个撸撸天团中的神将们。

夏侯惇（武力值：87，最后官职：魏大将军）：

天团里性子最烈的一位。年龄跟吉利差不多，或稍大，是吉利的亲家。后来，吉利把长女清河公主嫁给了夏侯惇的次子夏侯楙。夏侯惇绝属“忠烈”型的，从小就像被刺了“精忠”俩字一样。14 岁的时候有人羞辱他的老师，他当即暴跳，就把那人给杀了。果然“忠”，果然“烈”，果然“勇”。后来对吉利，他也是忠烈到底，最后被曹丕拜为大将军。

夏侯渊（武力值：90，最后官职：汉征西将军）：

夏侯渊是夏侯惇的族弟，年龄也跟吉利差不多，或稍小。他娶了曹操丁夫人的妹妹，跟吉利是“担儿挑”，也就是连襟。夏侯渊打小就跟吉利好得不得了，特讲义气。吉利小时候在家乡厮混，牵连进了一桩案子，按理得抓走，这时夏侯渊就冲出来替他顶罪。后来，吉利又上蹿下跳地多方周旋，终于把夏侯渊弄出来了。绝对是打小的铁哥们儿。

关于夏侯渊的“义气”，还有一桩传奇。当时天下大乱，夏侯家的日子也不好过，经常吃了上顿没下顿。夏侯渊的族弟，夫妻俩都死了，留下一个女儿，由夏侯渊抚养。可现在的日子太难了！虽然只是多了一张嘴，但真就养不起！最后，夏侯渊居然克扣了自己小儿子的口粮，把族弟的孤女养大，自己娃却饿死了！这是多有情有义的大伯！最传奇的是这个女娃，等她十三四岁的时候，有一回到城外拾柴，碰上了张飞，居然就被张飞搞走当老婆去了！再后来，这女娃给张飞生了俩女儿，先后都嫁给了刘禅，成了蜀国的皇后！话说这个三国，真是你中有我，我中有你呀。

曹洪（武力值：85，最后官职：魏骠骑将军）：

曹操的从弟。这位是天团里最惹争议的一个。在同辈里，不在夏侯惇、夏侯渊、曹仁的水准，甚至也不如小辈，但他对吉利真是不要命的忠心！仅这条，就足够走远了。另外，曹洪还有各种毛病，比如钱多又吝啬，好色又放纵，结果得罪了侄子曹丕，险些丢了命。不过，这并不是说，曹洪就是垃圾人了，虽然本事比不了那几位，但“一定水准”必是有的，关键那几位太强悍，基准太高，他只好被比惨了。

曹仁（武力值：90，最后官职：魏大司马）：

曹操的从弟。天团里唯一有明确年龄记载的神将。曹仁比曹操小 13 岁，这年才 22。虽是从弟，年龄上都快成叔侄辈了。吉利起兵时，曹仁是准备得最好的！他打小就放荡不羁爱自由，特喜欢弓马骑射。曹操起兵前，他已经在淮泗那边拉起了队伍。不过，那个拉队伍是爱好，为过瘾。现在一听说吉利大哥要反董，曹仁立刻给自己找到目标了，好啊！这回就能干得更带劲儿了！于是，立马带着一千多追随他的小青年，飞马直奔陈留而来，成了曹操起家时最早的主力军。

曹纯（武力值：87，最后官职：汉司空参军，虎豹骑统帅）：

曹操的从弟，曹仁的亲弟弟。这年才 20 岁。他是天团里最偏文的一个，跟好游荡的哥哥很不同。曹纯从小就善于持家，尊敬儒士，名声相当好，才 18 岁就被召进朝里当了黄门侍郎。所以，这回曹纯奔赴陈留，跟曹操一样，是从朝里跑来的！曹纯虽然偏文，但武力也相当牛。后来，他成了曹操最精锐的虎豹骑的第一号首领。

曹休（武力值：87，最后官职：魏大司马）：

曹休是曹洪的亲侄子，曹操的族侄。《三国志》记载，曹休十几岁死了爹，剩下他们孤儿寡母，曹休独自跟一位门客安葬了老爸，就带着老妈到他爷爷做过官的吴郡去避难。曹操在陈留起兵，曹休隐姓埋名，偷偷从吴郡先到荆州，又从小道赶往陈留，投奔曹操。吉利特别高兴，跟身边的人赞不绝口："你们看看，这就是我家的千里驹啊！"他让曹休跟曹丕一起住，像待亲儿子一样。后来，曹休也在虎豹骑中当了首领。其实，这时曹休的年龄在十五六岁，曹丕是 187 年冬天出生的，这时才满两岁！让曹休和曹丕一起住……我们脑补一下画面，难道，曹休千里迢迢投奔他叔，不是冲锋陷阵干大事，而是带娃来的？难道，起兵是大事，后勤也同样是大事？

当然，曹休肯定不是来当看娃大哥哥的，而且这时，卞夫人母子是不是在曹操身边都很难说。最合理的推测是，曹休这时候的确加入了天团，至于跟曹丕一起住，又建立起感情，那得等曹丕长大到不用被哺育了之后……

曹真（武力值：92，最后官职：魏大司马）：

曹真是吉利养子。曹真的亲爹叫秦邵。曹真是怎么从秦家儿子变成曹家儿子的呢？首先，曹真的老爸跟曹操关系很铁，然后……说法就乱套了。一种说法，吉利在陈留起兵，秦邵帮他在老家招人，结果豫州牧黄琬把秦邵当反贼了，毫不留情地镇压，秦邵就挂了；另一种说法，秦邵是在后来曹操和袁术的战争中死的，那回特凶险，如果不是秦邵顶替，吉利就玩完了。这两种说法，其实核心是一致的，就是曹真他爹为曹操贡献了生命。真是天大的恩情！两种说法不一样的，主要是时间，如果第一种为真，那曹真就是在这个时候加入了天团；如果第二种为真，那曹真就是几年后才过来的。其实，仔细理理这段时间表，我认为第二种说法更可靠。

而且，很吊诡的是，两岁的曹丕这时候又出场了。曹操给曹真改了姓，当成了亲儿子，也让他跟曹丕一起住。曹丕那里简直是曹家侄子和各种儿子的收容所。当然，这也无形中壮大了曹丕的发小团，后来，曹丕从这个发小团大大收获了能量和感情。

如果，曹真现在就死了亲爹加入天团，那不，就跟曹休住一起了？敢情……他也是来当看娃大哥哥的？

所以，在曹丕没脱离哺育之前，曹休、曹真跟他住一起的可能性都不大。曹真也很可能是过些年才加入的。不过，虽然来得晚，但绝不代表实力不济。曹真在小字辈里，是最出类拔萃的。虽然目前军事才能还没展露，但身手已经相当惊人。一回，曹操带着真儿子假儿子还有侄子们一起射猎，一头猛虎跟在曹真身后狂追，眼看曹真不慌不乱，弯弓搭箭，瞬间李广附体，箭声呼啸而过，那猛虎应声而倒，一下就被射中了要害！把曹操乐坏了，怎么看曹真都像亲儿子。后来，曹操也让曹真统领了虎豹骑。

说到这里，有些读者可能会问，你是不是忘了黄须儿曹彰了，那武艺，那彪悍，徒手干猛兽简直如日常，这等实力还进不了天团？这个……不是实力问题，而是时间问题。这时的黄须小子，才刚出生，不满一岁！比二哥曹丕还需要哺育呢！等到曹彰成人，天团神将们已经各就各位，都独当一面了，所以，黄须小子就没赶上天团最热闹的时候，一身能耐没见如何施展，倒是跟哥哥弟弟争上位忙得不亦乐乎。

好，现在，战争刚需全到位。有了资金，有了兵源，有了战将，曹吉利上道了！

公元 189 年十二月，曹操和曹家天团在陈留合兵五千，从此开启了逐鹿中原的漫漫征途。曹操当然是踌躇满志，一抬头，全是诗和远方。

古利准备好了，袁绍也准备好了。小伙伴都高高燃起了志气。

新的时代就要开启，新的格局就将呈现，天下，将会是他们的！

一首小词，送给上道的小伙伴们：

紫阙怨似海，落日风如刀。谁歌谁哭谁笑傲，大河燃夕照。

万里英雄路，千山木叶萧。虽成虽败虽寂寥，不负我襟抱！

去放飞吧，且待风舞九天！